智慧校园

实现智慧教育的必由之路

王运武　于长虹　著

电子工业出版社·

Publishing House of Electronics Industry

北京·BEIJING

内 容 简 介

智慧校园是数字校园发展到一定阶段的产物，是实现智慧教育的必由之路。随着智慧时代的来临，智慧校园已经成为数字校园未来发展的必然形态。本书以智慧校园建设实践为导向，重点关注智慧校园的概念、内涵与特征，智慧校园建设与研究现状，智慧校园战略规划与设计，智慧校园关键技术，智慧校园基础设施，智慧大数据中心，智慧校园应用系统，以及智慧校园管理与评价等内容。本书旨在为智慧校园的建设和研究人员提供参考，也可作为高等院校教育技术学本科生和研究生智慧校园课程的教材或参考书，以期促进中国智慧教育的发展。

图书在版编目（CIP）数据

智慧校园：实现智慧教育的必由之路 / 王运武，于长虹著 . —北京：电子工业出版社，2016.12

ISBN 978-7-121-30310-4

Ⅰ . ①智… Ⅱ . ①王… ②于… Ⅲ . ①信息技术－应用－学校管理 Ⅳ . ① G47-39

中国版本图书馆 CIP 数据核字（2016）第 270352 号

策划编辑：秦绪军

责任编辑：董亚峰

特约编辑：田学清　　赵海军

印　　刷：涿州市般润文化传播有限公司

装　　订：涿州市般润文化传播有限公司

出版发行：电子工业出版社

　　　　　北京市海淀区万寿路173信箱　　　　　邮编：100036

开　　本：720×1000　　1/16　　印张：17.25　　字数：332千字

版　　次：2016年12月第1版

印　　次：2022年4月第12次印刷

定　　价：79.80元

凡所购买电子工业出版社图书有缺损问题，请向购买书店调换。若书店售缺，请与本社发行部联系，联系及邮购电话：（010）88254888，88258888。

质量投诉请发邮件至zlts@phei.com.cn,盗版侵权举报请发邮件至dbqq@phei.com.cn。

本书咨询联系方式：（010）88254750。

前　言

目前，人类社会已经步入了创新 3.0 时代、工业 4.0 时代、大数据时代，"互联网+"作为一种新的经济形态已经与工业、商业、金融、教育等全面深度融合，智慧时代已经悄然来临。近年来，全国掀起了智慧教育浪潮，智慧校园作为智慧教育的实践场所越来越受到幼儿园、中小学、高校等各级各类学校的关注和青睐。智慧校园是数字校园未来发展的必然形态，智慧校园是实现智慧教育的必由之路。智慧校园作为一种智慧学习环境，必将会变革学习、教学和管理方式，必将会促使教育重塑业务流程，促使学校营造浓厚的创新氛围，形成创新文化，全面推动教育现代化和教育信息化未来发展，从而有利于培养 21 世纪亟需的创新型、智慧型人才。

全书分为 9 章：

第 1 章　智慧校园概述。在分析智慧校园建设背景的基础上，阐述了自带设备、学习分析和自适应学习、增强现实和虚拟现实、创客空间、情感计算、机器人等将会如何变革教育，剖析了学习方式的内涵、典型学习方式、学习方式变革的标准与原因、学习方式的变革路径和趋势，提出了教育未来发展面临的机遇与挑战，以及智慧校园是数字校园未来发展的必然形态。

第 2 章　智慧校园建设与研究现状。在分析教育信息化建设现状的基础上，阐述了智慧校园建设的理论基础，剖析了智慧校园的内涵，以及智慧校园的国内外建设和研究现状。

第 3 章　智慧校园战略规划与设计。阐述了智慧校园战略规划现状、建设团队的组成与特点、研制原则和理念、构成要素、战略目标和战略重点、战略规划流程、建设规划方案等内容。分析了智慧校园主要具有智慧教学、智慧学习、智慧管理和智慧生活服务四个方面的功能。剖析了智慧校园建设内容、智慧性设计构成要素、设计的方法和原则，以及智慧校园体系架构。

第 4 章　智慧校园关键技术。阐述了物联网技术、云计算与虚拟化技术、大数据技术、先进组网技术、学习分析技术、3D 打印技术、可穿戴技术、仿真技术、全息投影技术、3D 成像技术十项智慧校园关键支撑技术，及其在智慧校园建设中的典型应用。

第5章　智慧校园基础设施。阐述了智慧大楼、智慧交通、智慧研创室、智慧实验室、智慧图书馆、智慧办公室、智慧校医院、智慧宿舍、智慧餐厅、智慧健身场馆十个典型基础设施。

第6章　智慧大数据中心。阐述了智慧大数据中心机房、建设原则、整体设计与标准、体系架构、主题库设计、角色库定义、元数据描述、功能描述、数据交换技术。

第7章　智慧校园应用系统。阐述了智慧校园应用系统构成，以及具有代表性的8类智慧应用系统：学生成长类智慧应用系统、教师专业发展类智慧应用系统、科学研究类智慧应用系统、教育管理类智慧应用系统、安全监控类智慧应用系统、后勤服务类智慧应用系统、社会服务类智慧应用系统和综合评价类智慧应用系统。

第8章　智慧校园管理与评价。阐述了智慧校园的利益相关者分析、智慧校园组织机构和制度建设、智慧校园建设管理、智慧校园智慧管理、智慧校园协同效应、智慧校园评价。

第9章　智慧校园建设实例。以洛阳师范学院新校区智慧校园建设为例，在分析教育信息化概况和建设智慧校园必要性的基础上，介绍了智慧校园建设方案、实施方案、过程管理、应用举例等。

尽管对数字校园/智慧校园进行了近10年研究，对高校和中小学数字校园/智慧校园进行了深入调研，在期刊发表了近20篇数字校园/智慧校园方面的学术论文，并于2013年出版了著作《基于协同理论的数字校园建设的协同机制研究》，但是由于作者能力和水平有限，书中难免存在一些值得进一步商榷和研究的问题，敬请各位专家批评指正。

王运武撰写第1章、第4章、第5章、第6章、第7章。于长虹撰写第2章、第3章、第8章、第9章。最后，感谢在课题研究过程中，各位领导和专家给予的帮助和支持，以及在读硕士研究生丁超、唐丽、王洪梅、刘甜、姚宇翔、田佳欣、吴若晨、李璐对书稿校对所做出的工作。感谢电子工业出版社吴长莘、朱雨萌等编辑在出版过程中付出的辛苦劳动。

2016年8月于江苏师范大学牛山公寓

目　录

第 <big>1</big> 章

智慧校园概述

1.1 智慧校园建设背景

1.1.1 创新 3.0 时代与工业 4.0 时代

"大众创新，万众创新"是这个时代的最强音，人们已经悄然步入了创新 3.0 时代。创新 1.0 是工业时代的创新形态，创新 2.0 是信息时代、知识社会的创新形态，创新 3.0 则是智慧时代的创新形态。从创新 1.0 到创新 2.0，再到创新 3.0，创新的形式、内容、工具、方法等都发生了革命性变革。

18 世纪 60 年代～19 世纪中期，随着蒸汽驱动的机械制造设备的出现，人类步入了蒸汽时代，迎来了第一次工业革命。19 世纪下半叶～20 世纪初，随着劳动分工细化、电力驱动的大规模生产的出现，人类步入了电器时代，迎来了第二次工业革命。20 世纪 70 年代～21 世纪初，随着电子和 IT 技术实现制造流程的进一步自动化，人类步入了电子信息时代，迎来了第三次工业革命。目前，随着物联网、大数据、人工智能等技术的迅速发展，将会大力提升制造业的智慧化水平，变革工业生产、管理、物流与创新模式，建立一批智慧工厂，人类步入了智慧时代，迎来了第四次工业革命。

目前，社会信息化发展迅速，创新成为经济社会发展的主旋律。这对人才培养提出了更高的要求，迫切需要教育能为社会和经济发展培养智慧型、创新型人才。智慧校园作为人才培养的主战场，被赋予了智慧型、创新型人才培养的重任。

1.1.2 智慧时代的来临

人类社会经历了从农业时代到工业时代，再到信息时代的变迁，目前正在步入智慧时代。2008 年 11 月，IBM 首先提出"智慧地球"的概念。近年来，智慧国家、智慧岛、智慧城市、智慧社区、智慧交通、智慧医疗、智慧能源、智慧旅游、智慧餐饮、智慧生活、智慧服务、智慧物流、智慧商贸、智慧管理、智慧评价等具有智慧时代特征的词汇逐渐进入人们的视野，智慧教育、智慧校园也日益引起人们的关注。智慧时代以"智慧"为主要特征，人们的学习、工作和生活面临着新的机遇与挑战。智慧教育和智慧校园既是智慧时代的产物，又是智慧时代的重要组成部分。智慧校园作为重要的智慧学习环境，是实现智慧教育的必由之路。

以教育信息化带动教育现代化成为中国教育事业发展的战略选择。教育行业对信息化的重要性认识越来越深入，对信息化建设的投入越来越多，对教育信息化的应用重视程度越来越高。有感于 IBM "智慧地球"理念的诞生，以及感知技术、物联网、云计算技术的快速发展并由于大数据时代的到来，信息化时代的智慧教育的概念逐渐普及，这给教育信息化的发展带来了新的跨越的机会，智慧校园应运而生。

1.1.3 智慧城市建设方兴未艾

智慧城市基于物联网、云计算等新一代信息技术及社交网络、Fab Lab、Living Lab、综合集成法等工具和方法的应用，营造有利于创新涌现的生态，实现全面透彻的感知、宽带泛在的互联、智能融合的应用，以及以用户创新、开放创新、大众创新、协同创新为特征的可持续创新。

近年，中国智慧城市建设方兴未艾，大力推进了城市智慧化水平。2012 年 11 月 22 日，中国住房和城乡建设部办公厅发布了"关于开展国家智慧城市试点工作的通知"，并印发了《国家智慧城市试点暂行管理办法》和《国家智慧城市

（区、镇）试点指标体系（试行）》。① 这两个文件的发布有利于规范和推动智慧城市的健康发展，构筑创新 2.0 时代的城市新形态引领中国特色的新型城市化之路。截至 2016 年，国家智慧城市试点已经多达 277 个（第一批 90 个、第二批 103 个、第三批 84 个）。

智慧教育和智慧校园是智慧城市的重要组成部分，全国掀起的智慧城市在很大程度上为智慧教育和智慧校园的发展营造了良好的氛围。智慧校园与智慧城市之间可以实现数据互联互通、实现资源共享，以及丰富校园的文化内涵。

1.1.4　大数据时代的来临

大数据最早由产业界的科研人员提出，技术的发展紧接着引起各个行业对大数据的关注。自 2008 年以来，Nature、Science、麦肯锡、达沃斯论坛等相继都发表了专门的大数据研究报告，美国政府也于 2012 年 3 月发表了"大数据研究和发展倡议"，作为信息科学领域又一重大举措。② 这说明大数据越来越成为学术界、企业界和政府机构的研究和关注对象，大数据越来越受重视，大数据时代已经到来。具有代表性的学术研究论文如 Detecting influenza epidemics using search engine query data，③ 代表性学术著作如 Big Data: A Revolution That Will Transform How We Live，Work，and Think。④

2012 年 10 月，中国计算机学会和中国通信学会各自成立了大数据专家委员会，从行业学会的层面来组织和推动大数据的相关产学研用活动。⑤ 大数据已然成为越来越多国内研究者的研究内容，大数据时代已经到来。

物联网、虚拟化应用、云计算在数字校园建设中的勃兴，扩展了教育数据的来源，随之而来的"大数据"成为数字校园新的选择，非结构化和半结构化的数

① 住房城乡建设部办公厅关于开展国家智慧城市试点工作的通知 [EB/OL]. http://www.gov.cn/zwgk/2012-12/05/content_2282674.htm.2012-12-05.

② Big Data Across the Federal Government [EB/OL].http://www.whitehouse.gov/sites/default/files/microsites/ostp/big_data_fact_sheet_final_1.pdf, 2014-09-01.

③ Jeremy Ginsberg, Matthew H. Mohebbi, Rajan S. Patel1, Lynnette Brammer, Mark S. Smolinski1 & Larry Brilliant.Detecting influenza epidemics using search engine query data[J].Nature, 2009, 457：1012-1014.

④ Viktor Mayer-Schönberger, Kenneth Cukier. Big Data：A Revolution That Will Transform How We Live, Work, and Think[M]. 盛杨燕，周涛，译. 杭州：浙江人民出版社，2013.

⑤ 中国计算机学会 . 大数据专家委员会 [EB/OL].http://www.ccf.org.cn/sites/ccf/dsfzw.jsp，2014-09-01.

据采集、存储、分析、应用成为可能，这给数字校园建设带来新的机遇和挑战。

大数据时代的教育会有什么变化？大数据时代的校园信息化走向如何？已有的案例可以为教育教学实践提供一些思路，例如，谷歌对流感趋势的预测、百度迁徙用于交通调度和疏导、百度旅游预测用于旅游出行等，均是大数据的预测与洞察功能。教育本身的研究热点如学习分析也是基于大数据的。校园作为教育的主战场，其信息化也应进行新的探索，智慧校园是一个恰如其分的必然选择。

大数据带来的主要变化可归纳如下。

第一，大数据是一种新的理念。这种新的理念包括三个层次的含义。首先，大数据就像基础设施一样，成为基础资源，不是抽样数据，而是全部数据，其重要性前所未有。未来的应用需要大数据进行优化和预测，哪个行业拥有的大数据越多，大数据分析能力越强，哪个行业就能更好地发展，大数据成为基础资源，凸显数据的价值，从没像今天这么重要。其次，某种程度上放弃对精确性和因果关系的追求，更关注事物的相关关系。通过对海量数据的分析，找出数据之间的相关关系，揭示现实世界事物的相关性，在某种程度上，具有统计学的特点。再次，数据应用于预测，通过洞察事物的发展方向，为社会提供巨大的价值，可以说数据是广泛可用的，重要的是从数据中提取价值的能力。

第二，大数据来源广泛，结构多样，传统的数据库无法满足大数据的需求。物联网的出现大大增加了数据的来源渠道和数据量，如果说以前多是结构化数据，现在则以非结构化数据为主。

第三，需要新的性能强大且易用性强的数据存储、分析方法和数据处理模型。

第四，数据更具有客观性。因数据采集的无微不至及时间上的延续，加之数据规模的巨大，保证了数据的客观性。在设计良好的数字校园中，一切都以数据在无形中记录下来，这样的数据其客观性更强。其应用于科研和信息技术与教育教学深度融合的前景是广阔的。

大数据的特征决定了大数据在数字校园中的应用价值，决定了其会对教育信息化的发展产生巨大影响。这一点在数字校园发展中已经有所体现，例如，基于大数据的数字校园或教育信息化战略决策、基于大数据的师生综合素质评价、基于大数据的学生成长记录、基于大数据的学生心理健康问题分析等。

大数据时代到来，智慧校园建设及其研究契合了教育信息化的政策及发展方向。随着计算机和通信网络新技术的发展，信息化的观念已深入人心，教育行业的信息化给教育事业的发展带来巨大利益，是当前教育现代化的必由之路。技术的发展和信息化最终与教育的需求相互影响、相互促进：从计算机机房到校园网络，再到数字校园，校园信息化的每个阶段和时期都是如此。校园信息化建设正进入内涵式科学发展的新阶段，数字校园的某些方面（如理念、技术等）同当前的教育需求已不能完全同步，校园信息化需要进行新的探索、新的实践。智慧校园的建设呼应了新时期即大数据时代信息化的发展方向：数字化、网络化、智能化，契合了教育信息化内涵式发展的本质要求。

目前，智慧校园的建设和研究缺乏理论指导，建设还处于起步和摸索阶段；其应用还没有完全摆脱数字校园的思维，停留在数字而非数据层面，没有体现出大数据时代，数据作为基础资源的重要地位；同教育教学及科研结合还不密切，很多情况下只是提供了简单的信息查询和交互平台；其管理也是自顶向下单向的信息传输，没有对这种信息化成果作为新的管理模型的意识，智慧性体现较少甚至没有。[①]

1.1.5　"互联网 +"国家战略

2015 年 3 月 5 日上午，十二届全国人大三次会议上，李克强总理在政府工作报告中首次提出"互联网 +"行动计划。李克强在政府工作报告中提出，制订"互联网 +"行动计划，推动移动互联网、云计算、大数据、物联网等与现代制造业结合，促进电子商务、工业互联网和互联网金融（ITFIN）健康发展，引导互联网企业拓展国际市场。"[②]

2015 年 7 月 4 日，李克强总理签批，国务院日前印发《关于积极推进"互联网 +"行动的指导意见》[③]，围绕转型升级任务迫切、融合创新特点明显、人民群众最关心的领域，提出了 11 个具体行动："互联网 +"创业创新、"互联网 +"协

---

① 于长虹，王运武 . 大数据背景下数字校园建设的目标、内容与策略 [J]. 中国电化教育，2013（10）：30-35+41.

② "互联网 +"战略上升至国家战略 [EB/OL]. http：//news.qq.com/a/20150305/040278.htm. 2015-03-05.

③ 国务院关于积极推进"互联网 +"行动的指导意见 [EB/OL]. http：//scitech.people.com.cn/n/2015/0704/c1007-27253601.html.20150704.

同制造、"互联网＋"现代农业、"互联网＋"智慧能源、"互联网＋"普惠金融、"互联网＋"益民服务、"互联网＋"高效物流、"互联网＋"电子商务、"互联网＋"便捷交通、"互联网＋"绿色生态、"互联网＋"人工智能。互联网＋教育将会促使互联网与教育深度融合，大力提升教育智慧化水平，为培养创新人才，形成大众创业、万众创新的浓厚氛围，营造创新的智慧教育环境。

1.1.6 智慧教育的勃兴

在人类教育发展史上，先后出现了体态教育、语言教育、文字教育、电子教育和信息化教育五次教育革命。[①]伴随着智慧时代的来临，智慧教育将会引发新一轮的教育革命。教育媒体和技术的变迁推动着人类教育发展史出现一次又一次的教育变革，逐步改善和提高人类传播教育信息的质量和效率。目前，随着大数据技术、物联网技术、数据挖掘技术、人工智能技术、学习分析技术、云计算技术、移动通信技术、互联网技术等迅速发展，大量具有智慧属性的教育媒体和技术正在引发人类教育史上的第六次教育革命——智慧教育。

智慧教育的概念最早出现于 20 世纪 90 年代末，步入智慧时代，教育信息化赋予智慧教育新的内涵。祝智庭认为，信息时代智慧教育的基本内涵是通过构建智慧学习环境，运用智慧教学法，促进学习者进行智慧学习，从而提升成才期望，即培养具有高智能和创造力的人，即利用适当的技术，实现对学习环境、生活环境和工作环境灵巧机敏的适应、塑造和选择。[②]因此，发展学习者的智慧是智慧环境、智慧教学和智慧学习的出发点和归宿。杨现民认为，智慧教育是依托新一代信息技术所打造的物联化、智能化、感知化、泛在化的教育信息生态系统，旨在提升智慧化水平，实现信息技术与教育主流业务的深度融合，促进教育利益相关者的智慧养成与可持续发展。[③]

从这些观点可以看出，智慧教育的前提是智慧学习环境，新一代信息技术是其重要支撑，在此意义上，智慧校园的建设适应了新时期教育现代化的要求，顺应了智慧教育的发展。然而，智慧校园所提供的又不仅仅是智慧学习环境，因为智慧校园超越了传统意义上的智慧教育，在某种程度上正是信息技术的发展改变

① 王运武，陈琳. 中外教育信息化比较研究 [M]. 北京：电子工业出版社，2008：23-31.
② 祝智庭. 智慧教育：教育信息化的新境界 [J]. 电化教育研究，2012（12）：5-13.
③ 杨现民. 信息时代智慧教育的内涵与特征 [J]. 中国电化教育，2014（1）：29-34.

了校园形态、改变了学校教育的形式，进而催生了信息时代的智慧教育。智慧校园因其兼容性和扩展性为智慧教育提供所需环境和技术支持，因此智慧校园与智慧教育相辅相成。

1.1.7　国家政策大力推进智慧校园

2010 年 7 月，国务院发布《国家中长期教育改革和发展规划纲要（2010—2020 年）》[①]第十九章，对教育信息化建设进行规划部署，指出"把教育信息化纳入国家信息化发展整体战略，超前部署教育信息网络。到 2020 年，基本建成覆盖城乡各级各类学校的教育信息化体系，促进教育内容、教学手段和方法现代化。充分利用优质资源和先进技术，创新运行机制和管理模式，整合现有资源，构建先进、高效、实用的数字化教育基础设施。加快终端设施普及，实现多种方式接入互联网"，要"加快中国教育和科研计算机网升级换代"。

2012 年 3 月，教育部发布《教育信息化十年发展规划（2011—2020 年）》，对教育信息化建设发展的总体战略、发展任务、行动计划和保障措施进行详细指导，明确指出要"超前部署覆盖城乡各级各类学校和教育机构的教育信息网络"，"推进具有先进、安全、绿色特征的公益性信息化基础设施建设，建立公益性信息化基础设施的可持续发展机制"，特别指出要"利用先进网络和信息技术，整合资源，构建先进、高效、实用的高等教育信息基础设施"。该教育信息化发展规划 7 次提出"数字校园"，明确指出要大力推进中小学、职业院校和高校数字校园建设工作。

2012 年 5 月，工业和信息化部编制并发布了《通信业"十二五"发展规划》[②]，指出"宽带网络基础设施必须适度超前布局，进一步加快发展光纤宽带网络、无线移动宽带网络和下一代互联网等设施""全面构建面向应用、普遍覆盖、绿色高效的下一代国家信息基础设施，以光纤宽带为重点，推进光纤宽带网示范工作，加快信息网络的宽带化升级"，并提出"加快实施'光进铜退'的宽带网络改造。实现光纤到商业楼宇、到办公室的宽带网络覆盖"，同时提出了建设目标："节能

---

① 国家中长期教育改革和发展规划纲要（2010—2020 年）[EB/OL].http://www.moe.edu.cn/publicfiles/business/htmlfiles/moe/moe_838/201008/93704.html. 2010-07-29.

② 《通信业"十二五"发展规划》等三《规划》发布[EB/OL]. http://www.gov.cn/gzdt/2012-05-04/content_2129697.htm.2012-05-04.

降耗、绿色环保新技术全面应用，2015年单位电信业务总量综合能耗比2010年下降10%。"

2013年9月，教育部发布《教育部关于深入开展节粮节水节电活动的通知》[①]，要求：要抓住"节电"、"节水"的关键环节，加快推进监控平台建设，利用信息化手段实现科学管理；积极利用新技术、新产品和可再生能源，推进科技节约；加强校园主要用能设备维护管理，强化节能措施。

2016年2月2日，教育部办公厅发布《教育部办公厅关于印发<2016年教育信息化工作要点>的通知》[②]，提出"推动各级各类学校数字校园建设与应用。充分发挥地方与学校的积极性与主动性，引导学校围绕教育教学和班级、教师、学生、教务、后勤组织管理及家校互动等方面，开展利用信息技术转变教学模式、改进教学管理的数字校园/智慧校园应用。"

近年，数字校园、智慧校园建设已经被列为教育部年度重点工作内容，全国即将开始大力推进智慧校园建设。教育部、工信部分别对校园信息化建设和基础IT设施建设出台了一系列新的规划纲要，并辅以政策支持。这些规划如何落实，除了规划前的调研，还要有先行先试的实践验证，这样才能让规划落到实处，这对国家相关政策规定的实施与推进，具有重要的促进作用。教育部和工信部对校园信息化和教育信息化提出了新要求，正当其时，带来了新的机遇，这对学校信息化建设的研究和实践是一个新课题，即"加快建设高质量的智慧校园"。

1.2 新兴技术变革教育

美国新媒体联盟和 EDUCAUSE 组织在对高等教育领域中应用的消费技术（Consumer Technologies）、数字战略（Digital Strategies）、使能技术（Enabling Technologies）、网络技术（Internet Technologies）、学习技术（Learning Technologies）、社交媒体技术（Social Media Technologies）、可视化技术（Visualization Technologies）七类技术调查的基础上，预测了高等教育领域未来5年采纳的新兴关键技术。

---

① 教育部关于深入开展节粮节水节电活动的通知 [EB/OL]. http：//www.moe.edu.cn/publicfiles/business/htmlfiles/moe/s7050/201310/158134.html.2013-09-27.

② 教育部办公厅关于印发《2016年教育信息化工作要点》的通知 [EB/OL]. http：//www.cac.gov.cn/2016-02/28/c_1118180280.htm.2016-02-28.

2016 地平线报告预测高等教育领域未来 1 年内将采纳自带设备、学习分析与自适应学习，未来 2～3 年将采纳增强现实与虚拟现实、创客空间，未来 4～5 年将采纳情感计算、机器人。其中，"机器人"是首次提出将被高等教育广泛采纳的技术。通过对美国新媒体联盟已经发布的 13 个高等教育版地平线报告预测的高等教育领域未来 5 年将采纳的新兴技术进行词频可视化分析（见图 1.1），可以发现教育游戏（提出 7 次）、学习分析与自适应学习（提出 6 次）、增强现实与虚拟现实（提出 4 次）、情境感知计算和增强现实（提出 3 次）、基于手势的计算（提出 3 次）是高频词汇。

图 1.1　2004—2016 年地平线报告预测的高等教育领域未来 5 年
将采纳的新兴技术进行词频可视化分析

1.2.1　自带设备（BYOD）浪潮即将来临

未来 1 年内，高等教育将会迎来"自带设备"浪潮。随着平板电脑、智能手机、笔记本电脑、MP4 等数码设备的广泛普及，自带设备将会在高等教育领域广泛普及，成为重要的学习终端，移动学习将成为常态化的学习方式，移动办公将会成为常态化的办公方式。自带设备（Bring Your Own Device，BYOD）也涉及自带技术（Bring Your Own Technology，BYOT），是指在学习和工作场景中使用自己携带的手机、电脑、平板电脑等设备。在高等教育领域，正在涌现自带设备浪潮，越来越多的学生和教师将自己的设备带入学习或工作场所，全面展现了现代化的学习方式、工作方式和生活方式。

全球高等教育即将迎来自带设备浪潮。自带设备浪潮使师生使用既熟悉又舒适的设备和技术，让师生更有归属感。2014 年美国至少 42% 的高校实施了自带设备策略。据 CNNIC 第 37 次中国互联网络发展状况统计调查 [①]，截至 2015 年 12 月，中国网民已经普遍使用笔记本电脑、手机、平板电脑等移动终端接入网络，网民 Wi-Fi 使用率达到 91.8%，手机网民规模达 6.20 亿人，使用手机上网的比例为 90.1%，使用笔记本电脑、平板电脑上网的比例分别为 38.7%、31.5%。中国高校师生已经普遍拥有笔记本电脑、智能手机、平板电脑、MP5 播放器等移动终端，如果能够恰当地运用这些自带设备，提供合适的学习或工作场所，将会更好地变革学习、教学和管理。

随着学生信息素养的提升，学生将会是信息的生产者而不仅仅是消费者，学校需要正确认识"自带设备"对于学生学习与成长的价值，为学生提供必要的资源与环境支持及策略，给予学生充分利用"自带设备"的权利和自由。[②] 目前，很多高校制定了"大学课堂禁止使用手机"的规章制度，认为大学生使用手机影响了课堂教学效果。当然，确实有学生长期沉迷于网络，课堂上不认真听讲，荒废了学业，但是这无法阻挡技术进入教育领域的步伐，应该帮助学生进行职业规划，树立人生梦想，强化"自律"。

合理、优化利用自带设备，将会改善高等教育的教学和学习效果，同时有利于培养学生的实践探究能力。目前，涌现出了很多利用自带设备辅助管理和教学的典型案例，例如，利用手机进行课堂考勤，利用微信、微博辅助课堂教学，等等。由于自带设备的广泛普及，变革了计算机机房的建设模式，以往学校非常重视计算机机房建设，而现在学校只需提供软件资源和网络环境，学生自带笔记本可以随时组建计算机教室。

1.2.2 学习分析和自适应学习提升个性化学习效果

未来 1 年内，高等教育领域将会采纳学习分析和自适应学习。世界各地的教育机构已经意识到"一刀切"的教学方法难以满足学习者的个性化需求，难以保障每个学习者的学习进度和学习效果。个性化学习日益成为学习者期待的学习方

---

① CNNIC. 中国互联网络发展状况统计报告 [R]. 中国互联网信息中心，2016.
② 李卢一，郑燕林. 美国中小学"自带设备"（BYOD）行动及启示 [J]. 现代远程教育研究，2012（6）：71-76.

式，个性化人才培养日益成为最佳的人才培养方式。个性化学习是针对个体学习者特定的学习需求、兴趣、意愿或文化背景而推出的一系列教育项目、学习经验、教学方法和学术支持策略。自适应学习技术的出现，使得为个人定制学习体验成为可能，自适应学习技术为调适教育机会提供了一种新的途径。[①]

目前，学习分析已经逐渐从开始关注学习结果到关注学习过程。学习分析的发展经历了三个阶段：第一，描述学习结果；第二，诊断学习过程；第三，预测学习的未来发展，进而对学习过程进行干预。自适应学习最适合运用于混合式学习或在线学习环境，学生的学习活动可以通过软件和跟踪设备检测，进而依据学习者的个性化差异实现自适应学习。随着学习分析技术的发展，以及自适应学习的广泛普及，高等教育将会显著提升个性化学习效果，迎来个性化学习时代。学习分析和自适应学习，有助于满足学习者的个性化学习需求，有助于突破个性化学习的艰难挑战[②]，奠定个性化人才培养的基石。

自适应学习技术将会成为高校主流应用。长期以来，由于学校实行的大班授课制，很难真正实现个别化教学、个性化学习，教学过程中很难兼顾学生的个性化差异。由于自适应学习技术的迅速发展，个性化学习的时代即将来临，个性化学习将会更具魅力。自适应学习技术不仅有利于真正实现个性化学习，而且有利于培养个性化人才，突破传统的"规格统一，型号一致"的人才培养模式。

1.2.3　增强现实和虚拟现实提供真实的学习体验

未来 2～3 年，高等教育领域将采纳增强现实和虚拟现实技术。增强现实（Augmented Reality，AR）又称为混合现实（Blended Reality），可以实现真实世界与虚拟世界的互动，将会给学习者带来全新的学习体验，提供新的学习机会。增强现实将会通过真实世界和虚拟世界的信息集成，为学习者提供能够实时交互、虚实结合的学习环境。虚拟现实（Virtual Reality，VR）可以创建和体验虚拟世界，使用户可以获得沉浸式体验。增强现实和虚拟现实将会在高等教育领域产生广泛深入的应用，使学习者获得身临其境的学习体验。

---

① 龚志武，吴迪，等编译. NMC 地平线项目. 新媒体联盟 2015 地平线报告高等教育版 [J]. 现代远程教育研究，2015（2）：3-22.
② 唐丽，王运武，陈琳. 智慧学习环境下基于学习分析的干预机制研究 [J]. 电化教育研究，2016（2）：62-67.

目前，增强现实已经应用于医疗、军事、古迹复原、数字化文化遗产保护、工业维修、电视转播、娱乐游戏、旅游展览、城建规划等领域。例如，利用增强现实技术，实现手术部位的精准定位；利用增强现实技术，将城建规划效果叠加在真实场景中获得直观形象的规划效果。增强现实在教育中的应用涵盖网页浏览与信息获取、三维导航与教学游戏、虚拟仿真与互动教学等多种领域，蕴含着丰富认知、突破时空、实时互动等教育价值。[①]

1.2.4 创客空间激活创意经济

未来2～3年，高等教育领域将普遍搭建创客空间，为师生提供筑梦场所。目前，全球已经掀起了创客运动浪潮，进入了"创客时代"，越来越多的高校开始重视创业教育。高校是培养创新人才的重要场所，理应是一个创新型组织，理应重点关注培养学生的创新意识、创新思维和创新能力。然而现实中，很多高校重视知识和技能的传授，对人才培养的核心要素"创新"关注不够。在这种背景下，高校亟需变革，培养社会亟需具有创造力的一流人才，这也是建设创新型国家的必然要求。一流人才和三流人才的重要区别之一即是否具有创造力。"大众创新，万众创业"已经成为时代的最强音，成为中国的国家战略，是实现伟大中国梦的重要战略举措。

创客空间将会成为高校重要创新场所，成为实现大学生创新梦想、培养创新型人才、提升大学价值的有力工具。创新已成为信息时代的代名词，创客运动的蓬勃发展，带来商业发展机遇的同时也在教育领域掀起了"创客教育"的浪潮。创客教育改变和发展了传统的教育理念，创客空间助推高校实现创客教育。高校学生具备了一定的知识储备和信息素养，拥有创新和实践能力，能够通过创客空间进行一系列的科学研究实验活动，真正实现"在学习中创造，在创造中学习"。创客空间为学生提供了创新的硬件设施和物理环境，让"创新、创造"的理念与创新型人才培养深入融合，培养出敢于创新、勇于创新、善于创新的创新型人才。

创意经济又称为创意产业、创新经济、创意工业、创造性产业。创新是推动人类社会进步和经济发展的驱动力，是一个民族进步的灵魂，是一个国家兴旺发达的不竭动力。高校普遍搭建创客空间，将有助于跨学科沟通与交流，促进协同

---

① 齐立森，皮宗辉，徐苗，王树国. 增强现实的技术类型与教育应用 [J]. 现代教育技术，2014 (11)：18-22.

创新，激活师生的创新意识，激发师生的创新动力，提升师生的创新能力，颠覆注重知识传授的人才培养模式，形成"学－研－创"一体化的人才培养模式，从而激活创意经济、有助于建设创新型国家。

1.2.5　情感计算让机器具有"情商"

未来 4～5 年，高等教育领域将普遍采纳情感计算技术，情感计算的潜在典型应用主要是远程学习或在线学习。1997 年，美国 MIT 媒体实验室 Picard 教授最早提出了情感计算的概念。情感计算是指关于情感、情感产生及影响情感的计算，试图创建一种能感知、识别和理解人的情感，并能针对人的情感做出智能、灵敏、友好反应的计算机系统。[①] 随着人工智能技术的发展，未来的机器将具有情感感知、情感识别和情感计算的能力，能够对人类的表情和手势姿态进行分析和判断，机器将会具有一定的"情商"，将具有类的思维和行为，真正意义上的智慧学习即将来临。情感缺失一直是阻碍远程学习和在线学习的绊脚石，在远程学习和在线学习中应用情感计算将有助于增强人机交互的效果，使学习者获得情感交流体验。

教育领域中的情感计算研究主要关注两方面，即机器检测情感和模拟情感。通过基于手势的计算可以解释人类的行为，从而能够控制屏幕或投影等，实现更好的人机交互效果。通过语音识别可以将人类语音转化成机器可读的格式，让机器更好地理解人类。情感计算的最终目的是运用这些技术研发能够感知语境、具有情绪反应的机器，以实现微妙的沟通需求。

1.2.6　机器人将与人类一起学习

未来 4～5 年，高等教育领域将普遍采纳机器人。目前，无人机、工业机器人、扫地机器人、机器人厨师、无人驾驶汽车等逐渐开始进入人们的生活和工作，成为人们的得力助手。情感计算技术的迅速发展，将会让机器人更具有人情味，机器人更具有智慧。目前，虽然机器人在高等教育领域中的应用还很少，但是机器人在高等教育中的应用将具有非常大的潜力。新的研究表明，仿人机器人可以帮助自闭症学习者改善沟通策略、增强社交技巧。

---

① 马希荣，刘琳，桑婧 . 基于情感计算的 e-Learning 系统建模 [J]. 计算机科学，2005（8）：131-133.

　　未来的机器人将会在教育和学习中扮演着"学习伙伴"、"虚拟助手"、"家庭教师"、"助理教师"、"主讲教师"、"教练员"等多种角色，机器人与人们之间将会有更多的情感交流。情感机器人的功能将会逐渐从表达情感到情感识别，再到情感理解，最后具有"人工情感"。机器人会伤心、会寂寞，有自己的"心灵"，有自己的情感系统。机器人真正具有人类的"智慧"。

　　美国机器人设计师大卫·汉森设计的仿生机器人"索菲娅"（见图1.2），能够展示表达许多自然的人类面部表情，借助计算机算法可以识别人脸，并与人类对视进行眼神交流，还能够理解人类语言，并记住与人类的互动。[①]

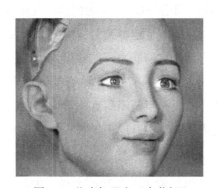

图 1.2　仿生机器人"索菲娅"

　　日本软银公司推出的机器人 Pepper 被日本福岛县早稻田一所高中录取，能使用日语和英语两种语言进行学习。这是世界上首个与人类共同上课的机器人。[②]

　　东京理科大学小林宏教授研发的机器人"萨亚"，曾做过办公室秘书，现在被装上新程序，从而"转行"成为一名教师。"萨亚"的头颅为钢结构，脸部皮肤以精细橡胶制成，皮肤后藏有 18 台微型电机，可以使面部呈现出高兴、惊讶、厌恶、害怕、悲伤、生气共 6 种表情。她会讲大约 300 个短语、700 个单词，可以对一些词语和问题做出回应，还可以学会讲各种语言。听"萨亚"讲课的是 10 岁左右的五年级学生。[③]

---

① 仿生机器人表达愿望：想上学成家成为合法的人 [EB/OL]. http：//tech.sina.com.cn/d/i/2016-03-24/doc-ifxqswxk9561112.shtml. 2016-03-24.

② 世界首例！日本高中录取机器人与人类共同学习 [EB/OL]. http：//tech.gmw.cn/newspaper/2016-04/16/content_111722318.htm. 2016-04-16.

③ "机器人老师"会不会接管课堂？ [EB/OL]. http：//www.robot-china.com/news/201511/16/27100.html. 2015-11-16.

随着情感计算和机器人技术的迅速发展，未来将会有智慧型的机器人走进家庭和课堂，承担授课、监考、批改作业等教学和教育管理任务。

1.3 技术支持的学习方式变革 ①

1.3.1 学习方式的内涵

学习是人类的本能，与生俱来，伴随着人的一生。学习是一种信仰，是一种享受，是一种生活方式；学习是人类进步的阶梯，是人类成长过程中的永恒主题。正是由于人类具有很强的学习能力，才使得人类成为具有复杂思维能力和创新能力的高级智慧生物。从古至今，在人类的教育史上出现了各种各样的学习方式，不同的人在学习过程中采用不同的学习方式，且学习方式在悄然发生着变革。学习方式对于人类而言，是一个既熟悉又陌生的词汇，学习方式究竟是什么，古今中外有哪些典型的学习方式，什么力量支配着学习方式的变革，以及学习者应该采用哪种学习方式等问题困扰着人类的学习。转变学习方式、变革学习方式已经成为教育研究和实践领域中的热点话题。

从教育技术学视角看，学习方式是学习者在学习活动中所采取的手段、措施或策略，是学习活动的基本形式。学习方式揭示了不同时代学习内容与形式的特点，有助于人们从总体上认识和把握人类学习活动的特点和发展规律。②学习过程中所采用的学习方式，取决于学习活动中所使用的学习工具。这正如生产方式与生产工具的关系，有什么样的生产工具就有什么样的生产方式。

学习方式具有多样性、适应性、相对稳定性三个主要特征。多样性是指在人类学习史上形成了各种各样的学习方式。适应性是指学习方式因人而异，因学习内容而异。不同的学习者往往采用不同的学习方式，即使同一学习者在学习不同内容时也会采用不同的学习方式。对于某个具体的学习者来说，只有更有效的学习方式，没有最有效的学习方式。学习方式的有效性，是针对具体的学习内容和学习者而言的。相对稳定性是指学习方式不易随着学习者、学习内容和学习环境的改变而改变，也就是说转换或变革学习方式并非易事。

---

① 王运武，朱明月 . 学习方式何以变革：标准与路径 [J]. 现代远程教育研究，2015（3）：27-35.
② 桑新民 . 学习科学与技术——信息时代大学生学习能力培养 [M]. 北京：高等教育出版社，2004：24.

1.3.2 学习方式与教学方式

在教育实践活动中，学习方式与教学方式最为密切，彼此相互影响，如图 1.3 所示。教育者在教学中采用什么样的教学方式会直接影响学习者采用什么样的学习方式。一般情况下，学习者如果具有较强的学习力，则会选择最合适的学习方式，获得较高的学习效率，取得较好的学习效果，进而反馈给学习者，以增强其学习力。教育者如果具有较强的教学力，则会选择最合适的教学方式，获得较高的教学效率，取得较好的学习效果，进而反馈给教育者，以增强其教学力。

图 1.3 学习方式与教学方式之间的关系

学习力由学习动力、学习毅力和学习能力三要素构成，是把知识资源转化为知识资本的能力。对学习者来说，学习力的高低直接影响到学习者能否选择恰当的学习方式。相对而言，教学力由教学动力、教学毅力和教学能力三要素构成，也就是把知识有效传授给学习者的能力。对教育者来说，教学力的高低直接影响到教育者能否选择恰当的教学方式。

1.3.3 学习史中的典型学习方式

人类近现代发展史上出现了很多学习方式，按照学习方式的历史、学习的信息化程度、学习借助的媒体等 12 种分类依据，可以对学习方式进行归类总结，如表 1.1 所示。

表 1.1 学习方式分类表

分类依据	学习方式分类
学习方式的历史	古代学习方式、近代学习方式、现代学习方式
学习的信息化程度	传统学习方式、信息化（数字化）学习方式
学习借助的媒体	借助肢体的学习方式、借助语言的学习方式、借助文字的学习方式、借助多媒体的学习方式、借助超媒体的学习方式、借助仿真试验或仿真环境的学习方式

续表

分类依据	学习方式分类
学习活动发生的场所	面对面学习方式、网络（远程）学习方式、混合学习方式
学习方式的有效性	有效学习方式、无效学习方式
学习者的数量	集体学习方式、个体学习方式
学习的主动性	自主学习方式、合作（协作）学习方式、教师主导－学生主体学习方式、被动（灌输）学习方式、探究性学习方式、研究性学习方式
学习是否脱产	在职学习方式、全日制学习方式
知识的来源	程序性学习方式、经验性学习方式、体验性（实践性）学习方式
学习的速度	潜移默化学习方式、循序渐进学习方式、快速学习方式
知识获取的信息通道	诵读（讲述）学习方式、抄写学习方式、观察模仿学习方式、讲授—听讲学习方式、听写学习方式、默读（阅读）学习方式
学习中的新媒体、新技术	混合学习方式、计算机支持的协作学习方式、网络学习方式、e-Learning学习方式、移动学习方式、仿真学习方式、虚拟学习方式、微课程学习方式、翻转课堂学习方式、智慧学习方式

1.3.4　学习方式变革的标准与原因分析

1. 学习方式变革的标准

在人类学习的历史中，学习方式究竟是否发生了变革？变革的可能路径有哪些？要想理清学习方式是否发生变革，首先需要界定什么是学习方式变革，学习方式变革的标准是什么。

所谓变革，是事物本质的改变。变革的过程遵循"量变质变规律"，量变到一定程度，必然引发质变，质变是量变的终结。例如，从农业社会到工业社会是一种变革，从工业社会再到信息化社会也是一种变革。从农业社会到工业社会，再到信息化社会的变革，其背后隐藏的是生产方式、生产关系的变革。学习方式变革，也就是学习方式本质的变化。学习方式变革的过程同样体现着"量变—质变规律"。例如，以往经常使用纸质媒体学习，目前偶尔使用移动媒体学习，这不能称由传统学习方式变革为移动学习方式，使用移动学习媒体成为一种常态，才能称为采用移动学习方式。学习源于人类对未知事物的求知欲，人类学习的目的是为了更好地认识事物、探索未知世界，从而提高人类认识和改造客观世界的能力。学习方式变革是学习活动中的手段、措施或策略的根本性转变。学习方式变革既指学习者群体的学习方式变革，也指学习者个体的学习方式变革。学习方式变革促进学习变革和教育变革，促进人才培养方式的变革。学习方式变革的标准是学习活动中学习理念、学习环境、学习工具、学习媒体、学习材料的根本性变革，这个变革可以是单个或多方面的变革。学习方式的名称不同，内涵相似，这不是学习方式的变革。例如，信息化学习方式和数字化学习方式，这两种学习方式虽名称不同，但是内涵相近，不能说从信息化学习方式变革为数字化学习方式，或从数字化学习方式变革为信息化学习方式。学习方式变革与教学方式变革、教育变革密切相关、相辅相成，学习方式变革和教学方式变革必将引发教育变革、促进教育创新。

2. 学习方式变革的多重原因分析

学习者转变学习方式是一个复杂的过程，多因素影响着学习方式变革。李本友、李红恩、余宏亮通过调查、访谈、观察等方式，认为"影响学生学习方式转变的因素主要有学习内容、学生个体、教师引导、评价方式、学校文化及教学资源"。[1]探究影响学习方式变革的原因，既可以通过问卷、访谈、观察等进行定性定量分析，也可以在借鉴已有研究成果、分析学习方式现象，以及结合具体学习活动实践的基础之上，采用系统思考工具的"多重原因图"进行系统思考，如图1.4所示。利用多重原因图分析影响学习方式变革的原因，有利于从系统上全面认识哪些原因促使学习方式发生变革，但是不能确认引起学习方式发生变革的原因的重要程度。影响学习方式变革的原因主要有学习者自身原因、学习者外在原因和学习方式自组织。

学习者自身原因如缺乏变革学习方式的意识和动机、固定的学习习惯、缺乏变革学习方式的能力等。变革学习方式的能力如学习能力、阅读能力、记忆能力、理解能力、信息化素养等。学习者如果具有强烈的变革学习方式的意识和动机，则有利于变革学习方式。学习者如果具有较强的场独立性，学习习惯较固定，则不利于变革学习方式。学习者如果具有较强的学习能力、阅读能力、记忆能力、理解能力和信息化素养等，则有利于变革学习方式。

---

① 李本友，李红恩，余宏亮. 学生学习方式转变的影响因素、途径与发展趋势 [J]. 教育研究，2012（2）：122-128.

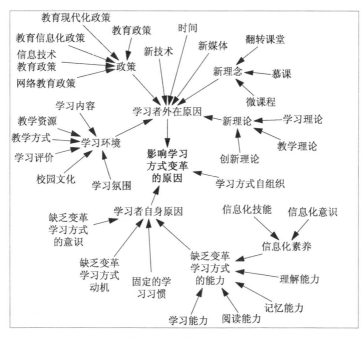

图 1.4　影响学习方式变革的多重原因分析

　　学习者外在原因如学习环境、政策、新媒体、新技术、新理念、新理论、时间等。丰富的学习内容和教学资源，个性化、多样化、灵活化的教学方式，科学化、智能化的学习评价，丰富多彩的校园文化，以及良好的学习氛围等所构成的学习环境有利于实现学习方式变革。从传统的学习环境到数字化学习环境、信息化学习环境，再到智慧化学习环境，学习环境的转变有利于学习方式变革。教育政策、教育现代化政策、教育信息化政策、信息技术教育政策、网络教育政策等各类教育政策，对促进学习方式变革起着引领和规范的作用。新媒体、新技术的出现，使得学习工具发生了根本性变革，从而促使学习方式发生变革。慕课、翻转课堂、微课程等新理念，以及学习理论、教学理论和创新理论等新理论，为学习方式变革提供了理念和理论支持。

　　学习方式自组织是从自组织理论的角度阐释学习方式的形成和发展机制。学习方式自组织相对于学习方式他组织而言，没有外界因素的干扰，是学习方式自发地从无序走向有序，从低级有序走向高级有序的过程。学习方式变革的过程是学习方式自我进化的过程。各种学习方式的总和可以看作一个自组织系统，各种学习方式之间相互联系、相互促进和相互影响。

1.3.5 学习方式的变革路径

在人类学习的历史中，学习方式在悄然发生着变革。学习方式变革的 6 条路径如图 1.5 所示。此处的学习方式 A 和学习方式 B，既可能是一种学习方式，也可能是多种学习方式。

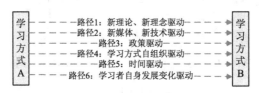

图 1.5 学习方式变革的 6 条路径

1. 变革路径之一：新理论、新理念驱动的学习方式变革

学习方式的变革与新理论、新理念密切相关，每种新理论、新理念的出现都或多或少促使学习方式发生变化。新理论、新理念既可以是学习理论、学习理念，也可以是教学理论、教学理念等。从学习理论的发展来看，先后经历了行为主义学习理论、社会学习理论、认知主义学习理论、人本主义学习理论、建构主义学习理论、多元智能理论、联通主义学习理论等（见表 1.2）。以联通主义学习理论为例，该理论是随着教育信息化的迅速发展，在人类社会已经步入信息化社会、数字化社会的背景下提出的，信息化工具和技术改变了人类的学习环境，使得学习理念发生了改变，更强调"关系中学"和"分布式认知"，以及知识网络的形成。

表 1.2 学习理论发展简表

创立年代	学习理论	代表人物	主要观点
20 世纪初	行为主义学习理论	华生、斯金纳、班杜拉、桑代克	学习是"刺激—反应"的联结
20 世纪 50 年代初	社会学习理论	班杜拉	个人的认知、行为与环境因素三者及其交互作用对人类行为的影响。强调观察学习或模仿学习。交互决定论、自我调节理论和自我效能理论
20 世纪 50 年代	认知主义学习理论	克勒、托尔曼、皮亚杰、布鲁纳、奥苏伯尔、加涅	克勒的顿悟说、托尔曼的认知—目的论、皮亚杰的认知结构理论、布鲁纳的认知发现说、奥苏伯尔认知接受说、加涅信息加工学习论

续表

创立年代	学习理论	代表人物	主要观点
20 世纪 50～60 年代	人本主义学习理论	马斯洛、罗杰斯	强调人的尊严、价值、创造力和自我实现。马斯洛的需求层次理论。教育实际中倡导以学生经验为中心的"有意义的自由学习"
20 世纪 70～80 年代	建构主义学习理论	皮亚杰	"情境"、"协作"、"会话"和"意义建构"是学习环境中的四大要素。学习是对新信息的意义的建构，同时又包含对原有经验的改造和重组
20 世纪 80 年代初	多元智能理论	加德纳	人类的智能包含 9 个范畴：语言、数理逻辑、空间、身体－运动、音乐、人际、内省、自然探索和存在
21 世纪初	联通主义学习理论	西门思	学习应该是联结专门结点和信息源的过程，关注外部知识源的联结。学习主要是一个连续的、知识网络形成的过程。强调"关系中学"和"分布式认知"。学习包括个人的内化学习，以及与外界互动的学习

2. 变革路径之二：新媒体、新技术驱动的学习方式变革

从教育传播学的视角，只要出现新技术，就会出现新媒体、新的信息传播方式，从而催生学习变革。新媒体、新技术的出现使得学习思维、观念、课本、课程、课堂、校园等逐渐发生了改变，从而促使学习方式发生变革。（徐福荫，2013）课本从纸质教材到纸质教材与电子教材并存；课程从传统课程到网络课程、移动课程、微课程、慕课（MOOC）、SPOC 等；课堂从传统课堂到数字化课堂、网络课堂等；校园从传统校园到数字校园、智慧校园。新媒体、新技术是一个相对的概念，是相对于当时社会发展水平的新媒体、新技术。

义字、印刷术和信息技术的出现，使得人类学习史上出现了三个里程碑。隋朝的雕版印刷，经过宋朝的毕昇发展、完善，产生了活字印刷术。雕版印刷、活字印刷对隋朝和宋朝而言是新技术，使得大规模印刷得以实现，有效促进了知识的传播和传承。信息技术改变了学习者的地位、变革了学习的人际交互方式和人机交互方式、改善了学习环境。[①]基于视频创作的可视化学习模式是视频应用的

[①] 童慧，杨彦军 . ICT 支持的人类学习方式的发展与变革 [J]. 电化教育研究，2013（5）：25-30.

高级形式，对于学生学习方式的转变具有积极意义。[①]

21 世纪是新媒体、新技术迅速发展的数字化时代，信息化、数字化、智慧化是这个时代的显明特征。计算技术、计算机技术、网络技术、数据库技术、数据存储技术、信息通信技术、人工智能技术、虚拟现实技术、仿真技术、移动技术、航天技术、物联网技术、智慧技术等新技术快速发展，使得教学、学习、管理环境发生了很大的变化，促使学习方式变革、教学方式变革、管理方式变革迎来了新的发展机遇。

3．变革路径之三：政策驱动的学习方式变革

学习方式的变革在很大程度上受政策的影响。无论是国家层面的政策、省市层面的政策，还是区县、学校层面的政策，都会促使学习方式变革。影响学习方式变革的政策，既包含教育政策，又包含教育信息化政策、教育现代化政策、信息技术教育政策、网络教育政策等。

以《国家中长期教育改革和发展规划纲要（2010—2020 年）》和《教育信息化十年发展规划（2011—2020 年）》为例，这两个国家政策都提到"大力推进数字校园建设"。当前，全国正在积极推进数字校园建设，智慧校园作为数字校园未来的发展形态，受到数字校园建设者和研究者的重点关注。数字校园拓展了传统校园的时空维度，有利于促进数字化学习、数字化教学、数字化管理、数字化评价等，传统校园环境转变为数字校园环境、智慧校园环境，从而引发了移动学习方式、智慧学习方式、虚拟学习方式等数字化学习方式。再如，2014 年 5 月 27 日，教育部办公厅发布《中小学教师信息技术应用能力标准（试行）》，规范和引领中小学教师有效应用信息技术，提出"教师应用信息技术优化课堂教学的能力为基本要求；教师应用信息技术转变学习方式的能力为发展性要求"。从政策上引领教师有效应用信息技术，既有利于教师转变教学方式，又有利于学生转变学习方式。

4．变革路径之四：学习方式自组织驱动的学习方式变革

学习方式变革的过程是学习方式自组织和他组织的过程。外力干预下，也就是人工干预下学习方式发生的变革，即他组织引发的学习方式变革。没有外力干预，学习方式自发的内部结构发生变化，从无序到有序发生的变革，即自组织引

---

① 谭娇连，徐晓东．用视频转变学生的学习方式 [J]．中国远程教育，2013（11）：57-61．

发的学习方式变革。新理论、新理念、新媒体、新技术、政策等引发的学习方式变革，都是学习方式他组织引发的学习方式变革。学习方式自身结构的调整，以更好地适应学习者和学习环境，这样的学习方式都是学习方式自组织引发的学习方式变革。以凿壁偷光学习方式为例，随着人类生活水平的提高、学习环境的逐步改善，这种学习方式已经不具有适应性，逐渐弱化直至消亡。凿壁偷光学习方式的消亡，则是自组织引发的学习方式变革。

5. 变革路径之五：时间驱动的学习方式变革

从人类学习的历史来看，每种学习方式都是出现在特定的历史时期。随着时间的推移，新理论、新理念、新媒体、新技术、政策等不断发展，政治、经济、文化等诸多因素推动着社会发展。学习作为传播和传承知识的重要途径，提升人类认知和改造客观世界的主要手段，推动着人类和人类社会的发展。学习方式随着人类学习的历史发展而变化，人类社会发展到一个新阶段，就会有与之相适应的新学习方式出现。从人类学习的历史看，时间改变了学习方式，促进持续出现新的学习方式。

6. 变革路径之六：学习者自身发展变化驱动的学习方式变革

上述 5 种学习方式变革的路径多是从学习者群体发生学习方式变革角度阐释，而从学习者个体来说，其自身发展变化驱动着学习方式产生变革。每个学习者，从幼年到成年，再到中年、老年，在一生的学习中，都会采用很多学习方式，而且每个阶段采用的学习方式具有差异性。对一个学习者而言，在成长的过程中，学习能力、阅读能力、理解能力、记忆能力等在不停地发生变化。有的学习者在某个年龄段之前，这些能力达到高峰，此后各种能力保持不变或逐渐变弱。有的学习者随着年龄的增加，这些能力逐渐增强，直至生命结束。正是由于学习者这些自身能力的变化，使得在不同的年龄段所采用的学习方式具有差异性。

1.3.6　学习方式变革的趋势

纵览人类学习史上出现的各种学习方式，可以发现学习方式变革具有如下四个基本规律：第一，学习方式变革遵循"适者生存"的法则，不适应学习者和学习内容的学习方式会逐渐消亡；第二，学习方式变革具有相对性，学习者群体的学习方式变革具有历史普遍性，学习者个体的学习方式变革具有历史特殊性；第三，人类科学技术发明的时间周期越来越短，学习工具的研制周期逐渐缩短，学习方式变革的时间周期也逐渐缩短；第四，学习方式的价值属性因人而异，而且容易受身体状况、学习氛围、学习内容、学习动机等多种因素影响。

未来学习方式的变革将趋向于多样化、个性化、主动化、信息化、泛在化和智慧化。伴随着新理念、新理论、新媒体、新技术的迅速发展，将会出现越来越多的学习方式。尽管由于协作学习、协同学习有利于培养学习者的协作能力和协同能力，将会受到学习者的青睐，但个性化学习仍将是未来学习的重要形态，学习方式将进一步彰显个性化。学习方式由被动式向主动式转变，由传统学习向移动学习、泛在学习转变，更加强调个性化学习，是信息时代教育变革的核心内容之一。信息化理念、信息化工具、信息化手段、信息化方法等支持的信息化学习方式将会逐步替代或融合传统的学习方式。随着学习节奏、工作节奏和生活节奏的加快，闲暇教育将会成为人类获取信息和知识的重要手段，泛在学习方式将会为闲暇教育提供有力支持。智慧教室、智慧校园、智慧教育的迅速发展，将会为学习者营造便捷、舒适、高效的智慧学习环境，智慧学习方式将会应运而生，以最大限度地培养和挖掘人的智慧。

在人类学习史上，出现了各种各样的学习方式，尽管学习方式变革并非易事，但是随着时间的推移，学习方式在悄悄地发生着变革。对于一个学习者而言，没有最好的学习方式，只有最适合自己的学习方式，学习者应该依据学习内容、学习环境、自身情况等选择最适合自己的学习方式。古代的典型学习方式，仍有重要的现实意义，并不意味着出现新的学习方式，必然要摒弃传统的学习方式。学习方式变革具有路径依赖性，不同的学习方式依赖不同的学习方式变革路径，逐步实现学习方式的演化、变革。人类在学习的过程中，不能为实现学习方式变革而变革，学习方式变革的最终目的是促进学习者学习，提高学习绩效，促进人类知识的传播和传承。

1.4 教育未来发展面临的机遇与挑战

技术将会促进教育多方面的变革，教育未来发展面临着很多机遇与挑战。教育未来发展亟需重塑业务流程，使学习、教学和管理方式发生根本性变革，制定政策措施，促进形成创新文化，营造浓厚的创新氛围，使教育成为激发创意经济发展的引擎。

1.4.1　教育亟需重塑业务流程，变革学校的学习、教学和管理方式

尽管随着教育信息化的迅速发展，高校的学习、教学和管理等业务流程已经发生了改变，数字校园或智慧校园在很大程度上使得传统的业务流程数字化，但仅仅是业务流程的数字化，并未涉及业务流程的根本性变革，并未简化或颠覆传统的业务流程。MIT"逆向招生"的探索，颠覆了研究生招生和培养的业务流程，为全球高校变革业务流程提供了可借鉴的经验。

在新兴理念和技术的冲击下，不得不需要重新思考学校的众多业务流程，例如，高校招生是否一定要设门槛，高校是否有必要设置学院、区分专业，优秀的本科生是否可以直接授予硕士学位，优秀的硕士生是否可以直接授予博士学位，科研项目的审批和管理流程是否需要重新设计，教育行政的层级管理是否可以真正扁平化，教师的薪酬是否可以和职称分离，如何激发教师和学生的创新意识和创造力。教育重塑业务流程，有利于提高教育行政效率，使学校的学习、教学和管理方式发生根本性变革，激发高校的创新活力，提升高校的价值。

1.4.2　教育亟需形成创新文化，营造浓厚的创新氛围

创新是推动国家发展和社会进步的不竭动力。当今世界各国的竞争，实际上是创新的竞争。全面实施创新战略，是中国建设教育强国和经济强国，提高国家综合竞争力的重要途径。高等教育未来发展亟需形成创新文化，促进形成创新文化，营造浓厚的创新氛围，激发创意经济活力。

目前，除少数一流大学外，相当多的高校创新不足，并不是一个创新型组织，其典型表现主要有：高校管理制度创新不足；高校课堂教学程序化，缺乏创新的资源、缺乏创新的教学方式及评价方式；伪学分制普遍存在；高校人才的流动机制和激励机制固化，难以激发教师的创新激情；浮躁现象阻碍创新；尚未形成创新文化和创新氛围等。深化高等教育改革创新，调动教学和科研人员创新的积极

性，建设创新型高校，形成创新文化，营造创新氛围，培养创新型人才将会是众多高校未来发展的战略选择。

1.5　数字校园未来发展的形态——智慧校园

1.5.1　智慧校园的兴起

在《智慧地球赢在中国》白皮书中，IBM 对智慧地球的提出进行了阐释。

首先，它是信息技术视野下一种新的理念、新的管理模式，变革了人与人之间的关系、人造系统与自然的交互方式，其目的是致力于解决当今世界面临的问题。其次，要具有系统性思维，这样才能最大化系统的智慧行为，产生最好的效果、最大的效率，而且这种系统性智慧行为在整个生态系统中能够自我变革并具有洞见能力。其三，涵盖了"智慧"的传统含义，但又不是简单的引用其含义，具有信息时代特有的数字化、数据化、网络化、智能化外延。智慧地球一经提出，就在国际产生了巨大反响，渗透到信息化相关的各个领域，催生了许多新的概念，智慧校园就是其中之一。

数字校园是教育信息化发展到一定阶段的必然产物，它在教育现代化进程中发挥着不可替代的重要作用，成了突破"信息孤岛"的利器，被赋予了"整合优质教育资源、打破部门之间信息壁垒、为教育教学提供优质服务"的重任。随着物联网、云计算等新一代信息技术的迅速发展，以用户为中心、协同创新、开放创新为主要特点的用户参与的知识社会创新 2.0 环境正在悄然形成。"智慧地球"、"智慧国家"、"智慧岛"、"智慧城市"、"智慧校园"、"智慧教室"、"智慧学习环境"等逐渐进入了人们的视野，给人们带来一种智能化程度极高的用户体验，使人们最大限度地享用技术发展的成果。

技术对教育变革的影响极其漫长，但这次对教育的影响极其迅速，教育领域很快接纳了"智慧"[①]这个词汇。在教育领域能否实现"智慧"还在争论的时候，意识超前的专家学者对"智慧校园"、"智慧教室"、"智慧学习环境"进行了

---

① 注："智慧"有时与"智能"通用，如"智能校园"、"智能教室"、"智能学习环境"。但是一般认为，智慧是人类特有的属性特征，是区别于其他生物的明显特征。

探索，教育中的"智慧"应用正在开展。例如，黄荣怀教授等发表了系列论文对智慧学习环境的概念与内涵、构成要素和技术特征[①]，支持智慧校园建设的五种关键技术[②]、智慧学习环境中的学习情景识别[③]，智慧教室的"SMART"（Showing，Manageable，Accessible，Real-time Interactive，Testing）模型概念[④]等进行了探讨。陈卫东博士等对未来课堂的特性、智慧性体现、智慧学习环境的实现技术等进行了探讨。[⑤]江南大学、厦门大学等已经将智慧校园建设付诸实践，典型智慧应用正在逐步开展，如手机开门、借书、考勤、消费，电子围篱，车牌自动识别，水电自动监控，移动智能卡，学习过程自动分析，学习情景自动识别，等等。随着人们信息化水平的提升，人们对技术发展的依赖性正逐渐增强。尽管智慧学习环境的研究和实践探索刚开始，数字校园作为学习环境的重要组成部分，其发展必将趋向于智慧化，智慧校园将会成为数字校园未来发展的形态。

1.5.2　智慧校园兴起的原因

1. 数字校园存在的缺陷

由于理念的限制和技术的不足，数字校园建设存在很多问题，智慧校园可以给这些问题的解决提供方法。数字校园建设的成果是信息化进入另一个阶段，校园进入数字化形态，各项应用基本符合信息社会的基本要求，给教育教学、科学研究、人才培养带来了一定的进步；数字校园建设存在的主要问题是，数据化程度不足、校园内各机构协同不足、信息化是静态的。

大数据时代，数据成为基础设施一样重要的基础资源，谁拥有的数据量越多、类型越丰富、数据存储于分析能力越强，谁就能预测行业发展方向，指导未来的行业发展。教育事业作为国家和民族最为重要的、最为广泛存在的事业，尤其如此。尽管数字校园建设已进行多年，有各种各样功能的应用系统，但当前对教育大数据的研究和实践应用还比较薄弱，采集手段还比较单一，数据分析能力还比

① 黄荣怀，杨俊锋，胡永斌. 从数字学习环境到智慧学习环境 [J]. 开放教育研究，2012（1）：75-84.
② 黄荣怀，张进宝，胡永斌，杨俊锋. 智慧校园：数字校园发展的必然趋势 [J]. 开放教育研究，2012（4）：12-17.
③ 张永和，肖广德，胡永斌，黄荣怀. 智慧学习环境中的学习情景识别——让学习环境有效服务学习者 [J]. 开放教育研究，2012（1）：85-89.
④ 黄荣怀，胡永斌，杨俊锋，肖广德. 智慧教室的概念及特征 [J]. 开放教育研究，2012（2）：22-27.
⑤ 陈卫东，叶新东，许亚锋. 未来课堂：智慧学习环境 [J]. 远程教育杂志，2012（5）：42-49.

较薄弱，因此，很难通过数据指导教育决策、教学行为，遑论预测未来、指导未来。

大数据给数字校园建设带来的变化有：网络环境应用无处不在，数据来源和数据采集方式多样化，数据处理方式从以计算为中心转向以数据处理为中心，数据成为一种基础资源。数据处理方式与以往不同，从大数据中提取有用信息变成一种亟需加强的能力。

大数据背景下，数字校园建设存在的主要问题如下。

第一，没有认识到数据作为基础资源的重要地位及其在教育管理、创新型人才培养、社会服务等方面的重要性，导致信息化应用还处于较低层次。大数据背景下，对哪些数据可以应用到校园乃至教育行业，没有相关的调查分析。

第二，数字校园拥有来源广泛的数据，缺少从数据中发现价值的能力。数字校园能采集到哪些数据、怎么采集那些数据、怎么分析使用数据、如何将数据分析的结果用于预测与决策以促进信息技术与教育教学的深度融合，这是一个广泛存在亟待解决的大问题。

第三，校园数字化资源建设处于封闭状态。大数据的理念需要更广泛的数据，大多数学校都已具备较好的网络环境，学校内部也基本实现了办公等应用的网络化，已经建设了大量数字化资源，但也仅止于此。实践中，只有开放的资源才能获取更多的数据。这种情况同时导致数字校园建设千篇一律，没有形成多样化的学校自己的特色：如何在数字校园建设中形成自己学校的特色是数字校园建设的一个考量。

之所以会面临这些问题，从认识上看，一方面目标定位偏低：对数字校园建设促进教育信息化发展进而促进教育变革底气不足、自我要求不高，对数字校园在教育现代化进程中的历史意义认识不足。另一方面，认识不到越是开放，越是进步。虽然多数高校网络硬件环境建设得很好，但并未作为社会的一个组成部分，充分发挥其在"缩小数字化差距"、"推进信息技术与高等教育深度融合"、"创新人才培养模式"、"提高教育管理现代化水平"应有的作用。从策略上看，基于认识水平的策略制定，导致数字校园建设的应用水平处于较低层次，有模仿，没有创新，很难形成学校自己的特色。从实践上看，对大数据重要性认识的不足导致数据标准和数据制度建设不到位，协同效应难以发挥，对数字校园的定量分析研究较少等。

对数字校园建设中存在的问题思考与回答，将对数字校园建设乃至教育信息化的发展、教育教学变革，提供强有力的证据和推动力，而大数据时代的到来，为高校数字校园建设着力解决这些问题提供了契机。

2. 教育信息化未来发展的方向和趋势

教育信息化未来发展的方向和趋势，如图 1.6 所示。教育信息化基础设施建设的发展主要体现：互联网协议经历了从 IPv 4 到 IPv 6；从普通教室和实验室到计算机机房、多媒体教室、虚拟实验室、仿真实验室、智能教室、智慧教室。数字化资源建设的发展主要体现：从纸质试卷到网络试卷；从纸质教材到电子教材、立体化教材；从传统课程到网络课程、MOOC、SPOC、智慧课程；从 PPT 到多媒体课件、APP、3D 资源、仿真资源等。信息化应用的发展主要体现：从垂直管理到扁平化管理；从重点关注应用到重点关注有效应用；从校校通到班班通、人人通；从信息技术与课程整合到信息技术与课程融合。总体来看，教育信息化从最初的关注基础设施建设，到关注数字化资源建设、教育信息化应用效果，再到重点关注教育信息化如何彰显价值，即重点关注教育信息化成本效益，利用教育信息化创新与变革教育，从而提升学校办学水平。智慧校园的出现顺应了教育信息化发展的客观规律，是教育信息化进程中的必然产物。

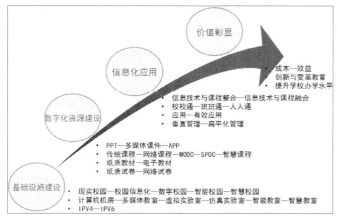

图 1.6　教育信息化未来发展的方向和趋势

3. 智慧校园顺应教育信息化发展的必然趋势

智慧校园的建设主体是学校，智慧校园建设与发展是有内因和外因共同驱动的。

教育信息化的发展首先是内在需求的推动，校园里的教育需求需要寻找到更好的提高教育教学效果的工具，这在某种程度上推动了相关技术的发展与更新，技术的进步反过来深深影响并推动数字校园建设理念与内涵的深入和演变。从早期的 FDDI、ATM、单服务器单个应用到今天的万兆以太网、GPON-FTTH（FTTO）、云计算、应用虚拟化、SOA 架构，实践者热情拥抱不同的技术时期的每一种能拿来使用的技术，以提高教学效率和教育成效；研究者从数字校园网络架构、技术设备、应用平台、建设模式、促进教育教学改革等方面进行多视角研究。现在，教育行业利益相关者——管理人员、教师、学生、工作人员、企业、研究者——对教育信息化的成效和巨大利益深信不疑，大家对数字校园建设内涵与理念的认识逐步深入，需要更智慧的校园以满足对学习、教学、管理、生活服务智慧、泛在、数据化的需求。随着大数据时代的到来，数字校园建设即将迎来又一次技术和思想的变革。分析校园信息化建设在大数据时代面临的机遇和挑战，确定建设的目标、内容和策略正是新的技术时期教育信息化发展中，由校园管理者和师生的需求推动的。

所谓发展，是指事物由简单到复杂、由低级到高级的变化趋势。智慧校园加速发展，被越来越多学校接受的另一个重要内因是，信息化建设亟需内涵式发展。前一个阶段的信息化建设虽然取得了巨大成就，但也有许多不足，也正是因为已经取得的巨大成就，更需要认识和观念的提高和深入，表现为要内涵式发展。一是观念转换，理念创新：由信息化专职人员的技术、管理中心主义转向用户中心、应用为主、全员参与，由信息的展示为主和单向性转向信息的多向性，由结构化数据转向结构化与非结构化并存。二是技术创新，工具创新。三是全面的智慧实现：教学、管理、生活服务等。

第三个内因是建设特色校园及校园文化的需要。学校的特色是衡量学校发展水平的一个重要方面。信息化成效是评价学校发展水平的一个重要因素，学校尤其是大学的发展水平集中代表国家和地区教育、文化发展水平，具有引领示范作用，信息化时代的大学，智慧校园成为学校的特色，越早建设智慧校园的学校，越能展现智慧校园的特色效应和效益，能为学校带来声誉，是信息化成效的集中体现。

促进智慧校园建设与发展的外因主要有：教育现代化战略选择的需求和政府的政策支持，国内外信息技术及其催生的新的教学应用和教学模式，以及教育信息化发展的趋势。

《教育信息化十年发展规划（2011—2020 年）》指出要把以教育信息化带动教育现代化作为一个战略选择，大力推进信息技术与教育教学深度融合，实现教育思想、理念、方法和手段全方位创新。战略选择这一基本论断是在信息化的现实效益、成果、对教育均衡发展等教育面临的重大问题的作用的基础上做出的。发展信息化是教育事业战略选择，其根本目的是通过教育信息化解决教育现代化进程发展到信息时代累计的难以解决的问题。同时，以信息化为统领，带动教育、教学、科研和服务提供的思想、方法、工具、模式的转型，促进教育教学效果提升，以更好地适应新技术环境下人才培养、科学研究、校园管理的新变化。

智慧校园是统领校园信息化建设的最好选择，这一战略选择成为智慧校园建设与发展的最大外因。另外，国家从政策层面的支持也极大带动各级各类学校信息化建设走向纵深，使内涵式发展得以尽早实现。

节能平台建设是智慧校园环境建设的重要组成，国家出台了系列政策加快建设智慧校园环境。2011 年 5 月 4 日，财政部和住建部（中华人民共和国住房和城乡建设部）共同发布了《财政部 住房城乡建设部关于进一步推进公共建筑节能工作的通知（财建 [2011]207 号）》[1]，要求"充分发挥高校技术、人才、管理优势，积极推动高等学校节能改造示范"；2012 年 3 月 22 日，发布《关于组织 2012 年度公共建筑节能相关示范工作的通知（财办建 [2012]28 号）》[2]，支持全日制高等学校建设校园建筑能耗水耗监测平台，节能监管体系建设示范申请高校纳入能耗水耗监测平台的校园建筑不应少于 50 栋，或不少于校园建筑总量的 50%。2012 年 8 月 1 日，《关于对 2012 年公共建筑节能相关示范名单进行公示的通知（财建

① 财政部　住房城乡建设部关于进一步推进公共建筑节能工作的通知 [EB/OL]. http：//www.gov.cn/zwgk/2011-05/11/content_1861716.htm.2011-05-11.

② 关于组织 2012 年度公共建筑节能相关示范工作的通知 [EB/OL]. http：//www.mohurd.gov.cn/zcfg/jsbwj_0/jsbwjjskj/201204/t20120401_209374.html.2012-03-22.

便函 [2012]60 号）》^①显示，"2012 年高等学校建筑节能改造示范"学校有中共中央党校、清华大学等共 14 所，补助资金共 5 600 万元；"2012 年高等学校节能监管平台建设示范"学校有西北民族大学、南京师范大学、常州大学、河南城建学院、深圳职业技术学院等 77 所，补助资金共 18 245 万元。基本覆盖高等教育各个门类。

各省市也加快了建设智慧校园环境。例如，2013 年 10 月，江苏召开的江苏省职业教育信息化建设工作会议，要求"扎实推进数字化教学资源共建共享，加快省级职业教育教学资源建设，组织开发、引进、升级和完善多种形式的数字化资源；切实抓好职业教育智慧校园建设，建成校园网络融合、数据融合和服务融合；不断创新信息化环境下技术技能型人才培养模式；着力加强职业教育信息化队伍建设""加大对职业教育信息化建设经费投入，把职业教育信息化建设资金列入各级财政教育经费预算，并逐年稳定增长"。此外，信息化比赛、成果评奖等由国家、地方政府、企业等举办的活动也极大促进了教育信息化的发展。这说明，政策支持的引领作用是非常重要的，其效果非常明显。信息化和智慧校园的建设与发展与此有很大关系：根据《国家中长期教育改革发展规划纲要》、《教育信息化十年发展规划》等文件精神和对信息化的具体部署，校园信息化建设必须改变，以弥补数字校园时代的不足，而最好的选择就是智慧校园。

国内外信息技术的发展日新月异，新技术、新理念层出不穷，需求导致技术进步，技术进步给教育带来巨大影响和促进。例如，移动互联网带来了移动学习、泛在学习；大数据分析带来了学习分析和个性化教学；物联网带来了智慧校园环境等。从教育技术视域来看，还要加强对新媒体、新技术再教育领域应用的研究，以及对教育信息化未来的研究。教育要培养有智慧的人，教育信息化发展的趋势是智慧化，即智慧的教学环境、智慧教学和智慧管理。这决定了信息化在校园的发展是进行智慧校园建设。

4. 智慧校园提升教育信息化价值

智慧教育、智慧校园已经不再停留在理念阶段，而是处于起步乃至快速发展阶段：一方面智慧校园的建设要克服数字校园建设、应用和管理的不足，实现校园教育环境"数字化、网络化、智能化"；另一方面要为教育信息化的发展乃至教

---

① 关于对 2012 年公共建筑节能相关示范名单进行公示的通知 [EB/OL]. http://jjs.mof.gov.cn/zhengwuxinxi/tongzhigonggao/201208/t20120801_671128.html.2012-08-01.

育现代化的实现提供强大的推动力，肩负重要的历史责任，智慧校园建设好坏影响广泛，因此，智慧校园的智慧性设计、方法应用，智慧校园如何建设，智慧校园的管理，智慧校园的理论创新等研究非常有必要。可以说，要实现真正意义上的"智慧"校园还需要一个漫长的过程，不仅有技术的因素，还有规划、组织与管理的因素。

智慧校园对于解困当前校园信息化建设、消除课堂教学困境、优化教学和管理过程、促进学生创新能力培养具有重要意义。

以教育信息化带动教育现代化已经成为一个战略选择，必须大力推进信息技术与教育教学深度融合，实现教育思想、理念、方法和手段全方位创新。校园信息化建设作为教育信息化建设的基础和主体，其在教育现代化进程中的重要作用毋庸置疑，然而当前各级各类学校的信息化建设与应用即数字校园的建设难尽人意：缺乏充分的论证与规划，建设及应用中的问题迭出；学校各部门各自为政，数据不一致、格式不统一；不具备数据整合与大数据挖掘基础，难以为教学尤其是个性化教学提供支撑；管理组织混乱，缺乏保护与激励机制；兼容性与可扩充性不足，造成极大的投资浪费；缺乏对后期应用的评估，等等。智慧校园丰富了教育信息化的理念，扩充了教育信息化的内涵，增强了教育信息化发展的动力，提升了教育信息化的发展境界。

加快智慧校园建设与研究，有助于促使数字校园升级改造为智慧校园。信息化建设的教育需求推动了相关技术的发展与更新，技术的进步反过来推动信息化建设理念与内涵的深入和演变。从早期的 FDDI、ATM、单服务器单个应用到今天的万兆以太网、物联网、云计算、应用虚拟化、SOA 架构，由校园网到数字校园再到智慧校园，不同的时期，研究者从网络架构、技术设备、应用平台、建设模式、促进教育教学改革等多维度对校园信息化进行研究，对其建设内涵与理念的认识逐步深入。今天，随着大数据时代的到来，校园信息化建设即将迎来又一次技术和思想的变革。这就凸显数字校园升级改造为智慧校园及新建智慧校园的探索意义。

1.5.3　智慧校园引领教育创新与变革

新兴技术的迅速发展给人们的工作和生活带来了前所未有的变化，也为教育的发展注入了新的动力。新兴技术激发了新的教育理念、催生了新的教学环境，将会引发新的教育变革。在新兴技术的推动下，智慧学习环境应运而生，重新塑造了学校的学习形态 [①]，正在逐步改变着高校的学习、教学和管理。

智慧校园作为智慧教育发生的重要场所，将会被赋予承担引领教育创新与变革的重任，将会促使校园在环境、管理、教学、学习、科研、生活和服务等方面发生根本性变革。

教育信息化在我国中小学、高等院校和教育行政部门的建设与发展源自 20 世纪 80 年代计算机开始普及，至 20 世纪 90 年代，各高校开始兴建校园网。随着应用系统和资源建设的发展，校园网后演变为数字校园，涵盖了学校信息化建设的各个方面。当前，以教育信息化带动教育现代化成为我国教育事业发展的战略选择，从国务院、各部委到地方政府，对信息化的重要性认识越来越深入，对信息化建设的投入越来越多，对教育信息化的应用重视程度越来越高。有感于 IBM "智慧地球" 理念的诞生，以及感知技术、物联网、云计算技术的快速发展并由于大数据时代的到来，学校教育的泛在数据的分析应用于教育教学如泛在学习、个性化学习与教育科研等，信息化时代的智慧教育的概念逐渐普及，基于大数据的学习分析成为可能，这给教育信息化的发展带来了新的跨越的机会，智慧校园应运而生。

事实上，信息化时代的学校尤其是高校的治理水平与学校信息化水平密切相关，任友群教授认为，构建以信息化为基础的 "智慧校园" 能够加强治理的 "精细化"，以适应高校从 "粗放扩张" 走向 "集约提升" 的要求；能够促进教学资源的优质共享，以响应社会对高校进一步服务国家、服务民众的渴求；能够进一步推动高校运行的 "透明化"，以回应大众对高校更加发挥社会导向作用的诉求，但目前高校管理模式中信息化的作用尚未充分释放。

智慧校园的建设和发展并不意味着数字校园很快消失，而是成为智慧校园的重要基础。可以明确的是，智慧校园必然是校园信息化未来的发展方向，也是从计算机单机应用到校园网、数字校园再到智慧校园及其内涵式发展的必然结果，是教育现代化进程中教育信息化本质的又一次境界提升，是教育信息化特征的更

---

① 黄荣怀. 智慧学习环境重塑校园学习生态 [EB/OL].http：//www.ict.edu.cn/forum/huiyi/n20140612_13981. shtml.2014-06-12.

充分的体现。唯物辩证法认为：所谓发展，是指事物由简单到复杂、由低级到高级的变化趋势，其实质是新事物的产生和旧事物的灭亡，信息化的发展证明了这一点。智慧校园为教学提供了智慧环境，辅以情景感知、学习行为分析、大数据分析等工具，为信息技术与教育教学的深度融合、指导教育教学改革提供了可能，为教育现代化的发展提供了更为可靠易用的工具。同时，智慧校园这一信息化新的发展阶段，也给我们提供了研究教育教学的新视角。

1.5.4　智慧校园的未来发展

1．加强智慧校园理论研究

智慧校园建设的科学性与可行性是智慧校园能否用信息技术优化教育教学过程和促进教育教学效果、效率与效益最大化的基础和保证。科学性与可行性的前提是具有理论高度的指导和分析。智慧校园的理论研究包含两个层面的含义：第一，是否有能指导智慧校园设计和建设的理论；第二，智慧校园建设能否催生新的理论。[1] 智慧校园还是较新的事物，为可能的理论构建提供了机遇，非常有必要在比较分析诸多理论的基础上，构建智慧校园自身的设计和建设理论。

2．在数字校园的基础上提升，实现超越

学者多认为智慧校园是校园信息化的最新形态，是教育信息化建设与发展的新阶段。教育信息化的发展，经历了计算机辅助教学、网络教学、普适计算等几个阶段[2]，单纯的数字校园已无法满足当前对教育信息化的内涵式发展的期望。胡钦太等人认为数字校园相关应用系统是为了方便业务部门的日常管理建设的，并没有很好地体现向最终用户服务的理念，在使用上往往以用户的不便来换取管理的便利。信息化应用与最终用户的紧密度和亲和度仍存在很大距离。因此，学校信息化迫切需要从数字校园向智慧校园转型。[3] 王运武以系统思维的视角论述了数字校园建设过程中的系统思维缺失现象，认为数字校园建设应该在八个机制上改进。[4]

---

① 于长虹，王运武，马武．智慧校园的智慧性设计研究 [J]．中国电化教育，2014（9）：7-12.

② 南国农．我国教育信息化发展的新阶段、新使命 [J]．电化教育研究，2011（12）：10-12.

③ 胡钦太，郑凯，林南晖．教育信息化的发展转型：从"数字校园"到"智慧校园" [J]．中国电化教育，2014（1）：35-39.

④ 王运武．"数字校园"向"智慧校园"的转型发展研究——基于系统思维的分析思辩视角 [J]．远程教育杂志，2013（2）：21-28.

因此，智慧校园与数字校园相比，应有如下提升。

第一，从数字化到数据化。数字化是把信息变成计算机可读的数据，数据化则是可以检索和便捷修改的。如谷歌的数字图书馆，初期只是将书本上的内容变成网络上的数字文本，用户需要自己寻找需要的字词或片段，当谷歌使用光学字符识别软件之后，文本的数字化图像转化成了数据化文本，用户不但可以方便地进行关键词搜索，还能使用分析软件进行细致的文本分析（这甚至引发了一个叫文化组学的新的学术方向）。[①]可以说数字化是信息化的初级阶段，代表了从物理实体到虚拟世界的转变，而数据化代表的是对虚拟世界的深层次应用，就像图片经过数字化处理，仍然是图片，而数据化的图片则可以更好地检索、分析和处理。智慧校园需要的将一切数据化而不仅仅是数字化，这样才能提供更好的服务和预测。

第二，实现网络融合、数据融合，其目的是实现智慧感知和智慧管理，其途径是建设无缝覆盖的大数据感知与传输基础网络和统一智慧数据平台。这个网络应该具备将所有设备连到一起、能进行任何类型及大小数据传输的功能。未来的数字校园基础网络应该是实现了光纤到户的有线网络和无缝覆盖的无线网络的结合，统一的智慧数据平台不但可以避免数据孤岛和数据分散，更重要的是可以实现大数据挖掘和可视化。

第三，大数据时代已经到来，一方面，智慧校园的建设要意识到数据作为基础资源的重要地位及其在教育管理、创新型人才培养、社会服务等方面的重要性；另一方面，提高从来源广泛的数据中发现价值的能力[②]。

第四，智慧校园应成为信息技术教育的最佳平台和实验室。信息时代信息技术素养尤其重要，不容乐观的是，当前高校教师信息技术能力仍主要处于初级阶段，未达到使用专业软件及利用网络促进教学互动的高级阶段；教师在信息技术方面存在多方面的问题和挑战。[③]对教师如此，对学生更是如此。智慧校园以其技术先进、功能集中的优势，应当发挥信息素养养成的平台作用，在信息技术教育中，必能也应当成为师生信息技术素养提升的最好的实验室。

---

① Viktor Mayer-Schönberger. Kenneth Cukier.Big Data : A Revolution That Will Transform How We Live, Work, and Think[M]. 盛扬燕，周涛，译. 杭州：浙江人民出版社，2013.

② 于长虹，王运武. 大数据背景下数字校园建设的目标、内容与策略 [J]. 中国电化教育，2013（10）：30-35+41.

③ 梁燕华. 高校教师信息技术素养的实证研究 [J]. 中国成人教育，2013（1）：105-107.

信息化建设中存在的问题也迫切需要对智慧校园进行研究，在数字校园的基础上实现对数字校园的超越。

3．结合智慧教育理念，加强建设与应用的协同，为智慧教育提供支撑

智慧教育的概念早已有之，信息时代，教育信息化赋予智慧教育新的内涵。智慧教育的前提是智慧学习环境，新一代信息技术是其重要支撑。在此意义上，智慧校园的建设适应了新时期教育现代化的要求，顺应了智慧教育的发展，正当其时。因此，在提供智慧感知环境的基础上，智慧校园应更多参与到教学、科研中并与之深度融合，理所当然、自然而然地成为提高教育教学效果的工具或者环境。这也是《国家中长期教育改革和发展规划纲要（2010—2020 年）》和《教育信息化十年发展规划（2011—2020 年）》的要求和目标。而学校的组织结构并不能很好地适应这种新的形势，这就要求建设人员同使用人员加强协同，充分了解应用需求，缩小建设与应用的差距，共同促进智慧校园的建设效果、达到使用人员的要求。

4．借鉴智慧城市建设，建设开放型、引领型智慧校园

2013 年 1 月 29 日，住房和城乡建设部公布了首批 90 个国家智慧城市建设试点，其目的是从城市建设实际问题着手，在物联网、云计算等新一代信息技术的支撑下，形成一种新型信息化的城市形态 [1]。智慧城市的概念是 IBM 在其白皮书中提出来的。智慧城市的核心含义是服务与协作，其目标包含了"学习"这一主题，实际上校园是社会的一个细胞、城市的一个组成，智慧校园本身就应作为智慧城市的一部分，智慧校园的建设应具有自身特色，但不应独立于智慧城市的总体规划。高校是城市的知识集聚区，高校的理念领先于城市其他区域，故很多试点智慧城市将高校作为其建设的试点单位。[2] 基于此，智慧校园的建设对智慧城市应当是开放的，并具有示范引领作用，但智慧校园也有其独立性，无论从教育的功能、管理模式、组织形态看都是如此。尽管如此，智慧学校必将是开放型的，尤其是高校，因为其功能包括人才培养、科学研究、社会服务和文化传承。佛山市禅城区智慧学校就是一个很好的例子，其服务就包含了"市民在线学习"。

---

[1] 中央政府门户网站.住房城乡建设部公布首批国家智慧城市试点名单 [EB/OL].http：//www.gov.cn/gzdt/2013-01/31/content_2323562.htm. 2014-7-1.

[2] 洛阳将全面推进智慧城市建设 打造信息产业园区 [EB/OL].http：//news.xinhuanet.com/house/gz/2014-02-18/c_119392008.htm. 2014-7-1.

5. 以用户为中心，内涵式发展

教育信息化进程中，对信息化认识的深入要求智慧校园必须内涵式发展。智慧校园建设的最终目的是提高教育教学效果、校园管理的转型。包括一个环境——智能感知；一个平台——一体化教学服务（数据融合）；一个模型——管理转型。智慧校园作为智能感知环境，其意义体现在便捷的生活服务，因为校园即社会，教育即生活，师生是校园的主体，便捷的生活和工作环境是教学与科研的基础；一体化的教育教学服务来自大数据收集、传输和存储，更重要的是大数据分析，在此基础上进行泛在学习和个性化教与学；智慧校园作为一种新的管理模型，灵活、便捷、安全、科学、广泛参与，涵盖校园管理的方方面面，但也是其内涵中最难实现的部分。

已有的研究，以及对此三个方面的设计构建，不自觉地表现出以技术和管理为中心，实质是信息化管理人员的自我中心主义。虽然技术是因为人的需求而诞生的，本身有以人为本的因素，设计时也是面向服务的，同时这种设计思路对信息化实施者自己的管理和维护也是有利的，但却忽视了智慧校园建设的最终目的是为了给广大师生提供一个安全、便捷、智慧的生活、学习和工作环境，是为了利用信息技术促进教育教学效果的提升，最终是为了人的发展，即学生和老师的素质和综合能力的提高——从设计规划开始，一切以有利于技术实施和工程建设及后期管理的方便或者有利为前提，在方便施工与管理的前提下，实施相应的应用与服务。实质上，这脱离了教育的最终目的，不符合教育现代化语境下的教育理念，也表明智慧校园的智慧性设计需要理论层面的探究，需要教育学、设计学、教育信息化等理论的指导。正确的做法应当是，在教育目的和现代化教育理念即相关理论的指引下，以用户为中心，以人为本、教与学为中心，优先应用和服务提供，在满足用户需求的前提下，综合考虑技术和管理方案，以润物细无声的境界，将信息技术融入教学当中，构建稳定、灵活、便捷、安全、科学、广泛参与的智慧校园。

1.5.5　智慧校园培养创新型、智慧型人才

智慧校园是数字校园发展到一定阶段的产物，是实现智慧教育的必由之路。随着智慧时代的来临，智慧校园必将成为数字校园未来发展的必然形态。智慧校

园建设被赋予承担引领教育创新与变革的重任。理念领先的高校和中小学已经开始建设智慧校园，开始探索智慧教育。尽管智慧学习环境的研究和实践探索刚开始，数字校园作为学习环境的重要组成部分，其发展必将趋向于智慧化。随着大数据技术、物联网技术、智能技术、学习分析技术等新型技术的迅速发展，智慧校园、智慧教室、智慧实验室等智慧学习环境将会成为未来学习环境的新形态，智慧性课程、智慧性学习平台、智慧性教材等智慧型数字化学习资源将会取代现有的数字化学习资源，重构个性化、智慧化的学习空间将会成为现实。创客空间将会成为高校重要创新场所，成为实现大学生创新梦想，培养拔尖创新型、智慧型人才，提升大学价值的有力工具。

　　智慧校园是智慧教育的重要组成部分，是数字校园之后校园建设的新趋势，是由数字校园重视物的建设向人的创新能力培养方面的重大转移，支持教育由培养知识人转向培养智慧人、培养创新创造之人。智慧校园与现实校园的耦合，优化了校园的业务流程，将会创新与引领教育变革，为创新人才培养提供智慧学习环境，有利于拔尖创新人才培养。智慧校园是实现智慧教育的必由之路、提升大学价值的有力工具，将会创新与引领教育变革，为培养具有创新意识、创新思维和创新能力的创新人才提供有力支撑。智慧校园将会对高等教育管理体制和运行机制进行创新与变革，重组高等教育管理体系。以智慧校园为核心的学习、研究和创新环境，将会促使师生从知识的消费者转向知识的创造者，利用智慧校园有利于培养师生的创新意识、创新思维和创新能力，从而促进拔尖创新型、智慧型人才培养，建设创新型国家，实现中国的伟大复兴。

第**2**章

智慧校园建设与研究现状

2.1 教育信息化建设

2.1.1 教育信息化建设成果

信息化的实施给各行各业带来了新的发展路径，互联网思维已成为各行各业走向更高、更远、更好的必备观念，教育行业也不例外。自教育信息化实施以来，成果丰硕。可以从如下四个方面概括总结。

第一，国家出台了一些对信息化建设具有重要指导和引领的政策和法规；一些信息化重点工程的实施有效地提高了效率，促进了教育信息化基础设施和资源建设，缩小了区域和城乡差距

实践中的问题不断积聚、凸显，成为理论研究对象并进入政策视域；理论研究成果被政策吸纳，进而指导实践、推动实践。无论是对于理论发展还是实践深化，政策都起到了举足轻重的作用。张虹[①]以教育部官方网站公布的内容为准进行基础教育信息化政策文本检索，对 1993—2013 年这 20 年我国的基础教育信息化政

[①] 张虹. 我国基础教育教育信息化政策二十年（1993—2013 年）——以政策文本阐释为视角 [J]. 电化教育研究，2013（8）：28-33，60.

策及其演进进行了梳理和分析，教育信息化政策共 17 项，如《中小学校电化教育规程》（教电 [1997]3 号）等，最新的则是《教育信息化十年发展规划（2011—2020 年）》（教技 [2012]5 号）。赵慧臣、马欢欢 [1] 将教育信息化政策法规划的颁布分为三个阶段，按照年代顺序梳理教育信息化的政策法规并构建成年表：分别是 1978—1997 年教育信息化初始起步阶段的政策法规年表、1997—2003 年教育信息化全面推进阶段的政策法规年表，以及 2003—2012 年教育信息化加速发展阶段的政策法规年表，分别有 17、36、20 项。

2010 年，国务院颁布了《国家中长期教育改革和发展规划纲要（2010—2020）》[2] 对下一个十年的教育信息化建设进行规划指导；2012 年，教育部颁布《教育信息化十年发展规划（2011—2020 年）》[3]，对规划纲要进行阐释和详细说明，对教育信息化建设提出了具体的原则、要求、实现步骤、重点工作等，并明确以教育信息化带动教育现代化，是我国教育事业发展的战略选择。除了国家层面颁布相关政策法规，各省市也相应出台了其教育信息化相关政策。

这些政策法规的颁布有效地指导了我国的教育信息化建设，促进了教育教学变革和方法创新，在教育技术领域产生了重大影响，是教育信息化发展的重要成果。

与此同时，在一些重点项目的实施带动下，基础设施和资源建设取得了长足发展。农远工程和三通两平台项目属于比较典型的成功案例。2012 年 9 月 29 日，刘延东副总理（时任国务委员）在全国教育信息化工作电视电话会议上提出，"十二五"期间，要以建设好"三通两平台"为抓手，也就是"宽带网络校校通、优质资源班班通、网络学习空间人人通"，建设教育资源公共服务平台和教育管理公共服务平台。[4] 这些教育信息化项目的实施有效地促进了教育的均衡发展。2012 年 11 月，启动了"教学点数字教育资源全覆盖"项目，[5] 中央财政当

---

① 赵慧臣，马欢欢 . 我国教育信息化政策法规年表构建与分析 [J], 现代远程教育研究，2012（5）：23-30，50.

② 国家中长期教育改革和发展规划纲要（2010—2020 年）[EB/OL].http：//www.gov.cn/jrzg/2010-07/29/content_1667143.htm. 2010-07-29.

③ 教育部 . 教育部关于印发《教育信息化十年发展规划（2011—2020 年）》的通知 [EB/OL].http：//www.gov.cn/gzdt/2012-03/30/content_2103672.htm.2014-09-01.

④ 刘延东国务委员在全国教育信息化工作电视电话会议上的讲话 [EB/OL].http：//www.moe.gov.cn/publicfiles/business/htmlfiles/moe/s3342/201211/xxgk_144240.html. 2014-09-01.

⑤ 教育部 . 教育部关于全面启动实施"教学点数字教育资源全覆盖"项目的通知（教技函 [2012]74 号）[EB/OL]. http：//www.moe.edu.cn/publicfiles/business/htmlfiles/moe/s3342/201211/144800.html. 2014-09-01.

年即下达财政资金 30 849 万元，为东中部地区 90%、西部地区 95% 的教学点（共 62 058 个）配备数字教育资源接收播放设备。[①]

中国电子信息产业发展研究院使用受工业和信息化部信息化推进司委托建立的信息化发展水平评估指标体系，将信息化发展水平评估指标分为三级，一级指标分为三类指数，分别为网络就绪度指数（权重 30%）、信息通信技术应用指数（权重 40%）、应用效益指数（权重 30%）测算和评估了中国 2010—2012 年信息化发展水平，其发布的《2010—2012 年中国信息化发展水平评估报告》利用大量数据，逐一分析网络就绪度、信息通信技术应用、企业信息化应用、政务信息化应用、居民信息化应用等指数的增长情况，结果显示，信息化水平各指标增长速度与国家信息化推进政策有显著正相关关系。[②] 从数据层面证明了教育信息化政策本身，是教育信息化进程中的巨大成果。

第二，教育信息化基础设施建设和教育教学资源建设成就突出，加快了教育现代化进程。

基础网络方面，中国教育科研网、教育卫星宽带传输网等网络相互补充，已基本形成覆盖全国的教育信息骨干网络。中国教育科研网成为世界最大的国家级学术互联网，连接 2 000 多所教育科研机构。[③] 百所高校承担建设的国家下一代互联网主干网成为世界上规模最大的纯 IPv 6 试验网。

信息化资产及数字资源方面，据 2014 年出版的《中国教育统计年鉴 2012》，截至 2012 年，全国高等教育机构拥有计算机 8 987 462 台（教学用 6 853 344 台），多媒体教室座位数 21 659 727 个，语音实验室座位数 1 624 041 个，信息化设备资产值为 29 442 981.76 万元，教学、科研仪器设备软件资产值 1 099 148.26 万元（不含民办的其他高等教育机构）；[④] 全国普通高中共有微机室 6 318 696 平方米，语音室 2 614 407 平方米，多媒体教师座位 10 860 867 个，计算机 3 746 465 台（教学用 2 898 191 台），建立校园网 10 847 个 [⑤]；全国初中共有微机室 8 834 770

---

① 教育部新春新闻发布会介绍教育信息化工作进展情况 [J]. 中国教育信息化，2013（5）：90.
② 中国电子信息产业发展研究院 .2010—2012 年中国信息化发展水平评估报告 [J]. 电子政务，2014（2）：102-106.
③ 中国教育科研计算机网 . 数字资源全覆盖：西部 95% 教学点配上数字教学设备 [EB/OL]. http：//www. edu.cn/zy_6504/20130303/t20130303_909974.shtml.2014-09-01.
④ 谢焕忠 . 中国教育统计年鉴 2012[M]. 北京：人民教育出版社，2014：63.
⑤ 谢焕忠 . 中国教育统计年鉴 2012[M]. 北京：人民教育出版社，2014：78-80.

平方米，语音室 3 127 670 平方米，计算机 4 968 448 台（教学用 3 899 977 台），多媒体教室座位数 11 767 111 个，建立校园网 28 121 个；[①] 全国小学共有微机室 11 310 579 平方米，语音室 3 319 119 平方米，计算机 6 317 533 台（教学用 4 973 352 台），多媒体教室座位数 15 346 691 个，建立校园网 48 723 个 [②]；全国特殊教育学校共有微机室 118 904 平方米，数字资源 266 477.45GB；[③] 全国幼儿园共有数字资源 18 191 527.39GB。

2010—2012 年中国信息化发展水平评估报告指出，全国信息化应用效益指数从 2010 年的 56.79、2011 年的 65.3 提升到 2012 年的 71.26，年均增长 12%。信息化促进技术创新成效明显，技术创新指数从 2010 年的 60.73 提升到 2012 年的 69.74，年均增长 7.16%。信息化促进了知识传播和扩散，知识扩散指数从 2010 年的 51.38 提升到 2012 年的 89.43，年均增长 31.93%，是各类效益指数中增长最快的。[④]

就教育信息化应用系统建设情况而言，目前，我国已初步形成覆盖各级各类教育的数字教育资源体系。国家建设了近 1.5 万个学时的视频教育资源库，向所有农村中小学免费提供，覆盖 1.6 亿名农村学生。改造升级 400 门高职国家级精品课程。绝大多数高校建立教学资源库，1 800 家图书馆共享服务，建成 3 800 多门国家级精品课程（现已改为精品资源共享课）。开通运行国家网络教育数字化学习资源中心，聚集国内外优质网络课程 2.5 万门，容量超过 55TB。[⑤]

2010 年的调查报告显示，高校中，计算机联网率、投影机、电子拍板等设备的安装率都已达到较高水平（见表 2.1）。[⑥] 该报告显示，截至 2010 年，有 73% 的学校拥有教务管理系统，58% 的学校建立了办公自动化（OA）系统，60.5% 的高校正在使用网络教学平台，31.6% 的高校正在考虑建设网络教学平台，40.0% 的受访教师表示拥有自己的课程网站。

---

① 谢焕忠.中国教育统计年鉴 2012[M].北京：人民教育出版社，2014：143-145.
② 谢焕忠.中国教育统计年鉴 2012[M].北京：人民教育出版社，2014：162-165.
③ 谢焕忠.中国教育统计年鉴 2012[M].北京：人民教育出版社，2014：174.
④ 中国电子信息产业发展研究院.2010—2012 年中国信息化发展水平评估报告 [J].电子政务，2014（2）：102-106.
⑤ 教育部新春新闻发布会介绍教育信息化工作进展情况 [J].中国教育信息化，2013（5）：90.
⑥ 赵国栋，王婷婷，阎妍，李志刚.校园信息化应用与发展状况分析——2010 年高校信息化调研报告 [J].远程教育杂志，2011（6）：31-38.

表 2.1　信息化硬件设施水平

统计项目	网络接口	计算机	投影机	电视机	交互式电子白板	课堂反馈系统	自动录播系统
平均值	75.6%	66.5%	68.0%	26.6%	27.1%	23.5%	27.7%

2013 年上半年，"国家教育资源公共服务平台"正式开通，首批规模化试点涵盖全国 32 个地区 900 所学校 500 万师生。截至 2013 年 5 月，已有 9 623 名教师、69 129 名学生、168 所学校开通空间。[①]2013 年 11 月 12 日，中国共产党第十八届中央委员会第三次全体会议通过的《中共中央关于全面深化改革若干重大问题的决定》，深化教育领域综合改革的目标之一是：大力促进教育公平，构建利用信息化手段扩大优质教育资源覆盖面的有效机制，逐步缩小区域、城乡、校际差距。[②]

总体来说，东部地区略领先于中西部地区，地区教育信息化基础条件差距有所缩小，但依然存在。

根据教育部部署，"十二五"期间全国教育信息化工作的核心目标和标志工程是"三通工程"，其总体目标是：到 2015 年，基本实现"宽带网络校校通"、"优质资源班班通"和"网络学习空间人人通"。

第三，涌现了一大批对信息化建设进行总结或献策的研究成果，产生了部分教育信息化理论。

教育信息化管理人才不是在学校经过专业学习后投入实践，而是在实践中产生，信息化工作者以其对教育信息化的热情和对教育信息化巨大优势的洞察，并在信息化建设的过程中加以研究，产生了大量的研究成果，这些成果涵盖了教育信息化的各个方面。

通过 CNKI，以"教育信息化"为关键词对学位论文、期刊、报纸、会议论文进行篇名精确搜索，1983—2015 年共计 11 609 篇，文献收录量如表 2.2 所示。

表 2.2　教育信息化文献数量

年份	1983—1999	2000	2001	2002	2003	2004	2005	2006	2007	2008	2009	2010	2011	2012	2013	2014	2015
篇数	127	104	262	520	614	700	575	677	723	660	666	675	774	803	1097	1241	1391

---

① "国家教育云"正式上线 首批惠及全国 500 万师生 [J]. 中国教育信息化，2013（5）：90.

② 教育部网站. 中共中央关于全面深化改革若干重大问题的决定 [EB/OL].http：//www.moe.gov.cn/publicfiles/business/htmlfiles/moe/moe_1778/201311/159502.html.2014-09-01.

这仅仅是以"教育信息化"为关键词进行的检索，如果涵盖计算机、多媒体、信息技术、信息化、校园网、数字校园 / 数字化校园、电化教育、远程教育、教育技术等，研究成果数量将更加巨大。

近些年产生的教育信息化理论有信息化教育理论、教育信息化基本理论等。

南国农概括总结的信息化教育理论，认为信息化教育就是电化教育，是信息时代的电化教育，以现代教育媒体的研究和应用为核心。信息化教育理论体系由六论组成：总论（信息化教育的概念、信息化教育的功能、信息化教育的发展）、基础论（信息化教育媒体理论、信息化教育过程理论、信息化教育系统优化理论）、技术论（信息化教育硬件环境建设、信息化教育软件资源开发、信息化教学系统设计）、模式论（信息化课堂教学模式，现代远程教育模式，信息化环境下自主、协作、探究模式）、方法论（信息化环境下的学习方法、信息化环境下的教学方法、信息化环境下的教育研究方法）和管理论（信息化教育管理体制、信息化教育专业建设、信息化教育评价）。[①]

何克抗基于教育信息化的内涵——信息与信息技术在教育、教学领域，以及教育、教学部门的普遍应用与推广——论述，认为教育信息化基本理论应当由"信息技术与课程整合理论"、"信息化环境下的教与学理论，以及教与学方式"、"信息化环境下的教学设计理论"三部分组成，"信息技术与课程整合理论"是教育信息化基本理论的核心内容。[②]

此外，还有其他理论。例如，WebQuest 理论、混合式学习理论、学习移动学习理论、协作学习理论和学习资源进化理论等。

第四，教育工作者及学生信息化素养极大提高，拥有了大批专任信息化教师。

教育信息化的发展离不开教育信息化人才，《校园信息化应用与发展状况分析——2010 年高校信息化调研报告》显示，多数高校有教育技术中心等专门的机构为教师提供技术支持服务，大部分教师都对信息化的建设成效给予了积极评价（80% 以上）。

截至 2012 年，全国普通高校和成人高校共有专任计算机学科教师 93 929

---

① 南国农 . 信息化教育理论体系的形成与发展 [J]. 电化教育研究，2009（8）：5-9.
② 何克抗 . 我国教育信息化理论研究新进展 [J]. 中国电化教育，2011（1）：1-19.

人 [①];普通高中共有专任信息技术教师 38 680 人 [②];全国中等职业学校共有信息技术类专任教师 67 659 人,信息技术类毕业生 1 161 673 人、在校生 2 977 614 人、招生 1 048 447 人 [③];全国初中信息技术专任教师 87 768 人 [④];全国小学共有信息技术专任教师 110 498 人 [⑤]。

2.1.2　教育信息化的发展阶段

教育信息化在我国的发展阶段有两种观点:两阶段论和三阶段论。两阶段论:20 世纪 90 年代末至 2002 年,为第一个阶段,是起步阶段,强调硬件、软件基础设施的建设与发展;2003 年开始至今,为第二个阶段,更多地关注"教学应用",强调教育信息化在教育教学中的应用。三阶段论:20 世纪 80 年代至 90 年代后期,从无到有,以计算机辅助教学为主要特征;2000—2009 年,从小到大,以网络教学为主要特征;2010—2020 年,从大到强,以普适计算为主要特征。[⑥]

2.1.3　校园信息化建设目标的演化

初期的校园网建设以基础网络环境建设为目的或目标。清华大学早期校园网建设的目的是:"为教师、学生和工作人员提供一个先进的网络计算环境,将计算机通过网络引入学校的教学、科研、管理各个领域,提高教学质量,使教师和学生熟悉现代化的分布式网络计算环境,掌握先进的教学和研究手段,满足培养跨世纪高质量人才素质的需求",建设目标是"建立一个先进的、实用的、有一定规模的校园网,为今后向高速、多媒体、宽带综合业务数字网方向发展奠定基础"。这个目标是比较有代表性的,也是由互联网相关技术及其在我国的发展历史进程所决定的。[⑦][⑧]

---

① 谢焕忠. 中国教育统计年鉴 2012[M]. 北京:人民教育出版社,2014:50.
② 谢焕忠. 中国教育统计年鉴 2012[M]. 北京:人民教育出版社,2014:75
③ 谢焕忠. 中国教育统计年鉴 2012[M]. 北京:人民教育出版社,2014:86.
④ 谢焕忠. 中国教育统计年鉴 2012[M]. 北京:人民教育出版社,2014:137.
⑤ 谢焕忠. 中国教育统计年鉴 2012[M]. 北京:人民教育出版社,2014:159.
⑥ 于长虹,王运武. 大数据背景下数字校园建设的目标、内容与策略 [J]. 中国电化教育,2013(10):30-35+41.
⑦ 吴建平. 清华大学校园网——TUnet 概况 [J]. 电信科学,1994(5):39-45.
⑧ 李学农,黎达. 清华大学校园网(TUnet)建设 [J]. 计算机系统应用,1995(9):34-38.

随着校园信息化建设的普及和广泛发展，"数字校园"建设兴起，校园信息化建设内涵和理念发生了变化，"数字校园"已不仅仅是"为学校的教学、科研和管理提供先进实用的计算机网络环境，为信息传输和资源共享服务"，而是建设"以人为本的用户环境"、"关联的应用环境"、"集成的数据环境"、"高可靠的运行环境"，即"通过一体化数字校园的顶层设计与规划，构建关联整合的信息系统和有机集成的支撑环境，为用户提供个性化的贴切服务"。[①]随着云计算和物联网的出现，校园信息化建设目标又有新的变化，其内涵定位为"智慧校园"。包括"环境全面感知、网络无缝互通、海量数据支撑、开放学习环境、师生个性服务"，[②] 或"首先，是无处不在的、便捷的上网环境；其次，拥有一个数据环境，即计算环境、存储环境；再次，拥有一个系统（物联系统）接入——支持各种智能终端、设施、设备联网的环境"，[③] 或"通过利用物联网技术来改变师生和校园资源相互交互的方式，以便提高交互的明确性、灵活性和响应速度，从而实现智慧化服务和管理的校园模式"，[④] 或"以物联网为基础，以各种应用服务系统为载体而构建的教学、科研、管理和校园生活为一体的新型智慧化的工作、学习和生活环境，利用先进的信息技术手段，实现基于数字环境的应用体系"。[⑤]在这些论述中，已有学者提到"数据"处理，如黄荣怀的"海量数据支撑"、宗平的"通过综合数据分析为管理改进和业务流程再造提供数据支持，推动学校进行制度创新、管理创新，最终实现教育信息化、决策科学化和管理规范化"等，但其思想，还是基于对传统"数据"概念的理解，基于传统的数据库技术和传统的数据处理技术。

2.1.4　从校园网到数字校园

计算机与通信技术的发展标志着信息时代的到来。校园在信息时代呈现两种形态：实体校园和虚拟校园。虚拟校园从校园网络的建设开始，以提供用网环境为目标，以资源共享为标志，逐步完善。

---

① 蒋东兴.清华大学新一代数字校园建设规划与实践 [J].厦门大学学报（自然科学版），2007（S2）：173-178.
② 黄荣怀，张进宝，胡永斌，杨俊锋.智慧校园:数字校园发展的必然趋势 [J].开放教育研究，2012（4）：12-17.
③ 吴颖骏.浙江大学：基于"云"的智慧校园 [J].中国教育网络，2010（11）：25-26.
④ 严大虎，陈明选.物联网在智慧校园中的应用 [J].现代教育技术，2011（6）：123-125.
⑤ 宗平.智慧校园设计方法的研究 [J].南京邮电大学学报自然科学版，2010（4）：15-19, 51.

互联网的出现是人类文明史上的一件大事，教育信息化工作者审时度势、抢抓机遇，在互联网发展的早期将其引入各级各类校园，以其热情与审慎，兼顾技术、成本、效益和前瞻，努力为教育信息化、教育现代化创造基础环境，为信息技术与教育教学相融合进行探索，这种精神可以在不同时期学者发表的校园网和数字校园建设相关科研论文中管窥。

从"校园网"到"数字校园"，代表的是虚拟校园发展的又一阶段，在前一阶段的基础上有较大的变化，已不仅仅是信息通信的基础设施，而是在此基础上的应用发展。随着物联网、云计算的勃兴，信息时代进入大数据时代。人们对信息社会又有新的认识，作为教育主要场所，虚拟校园进入新的发展阶段，即"智慧校园"。智慧校园是一个整体系统，首先是观念的深入和内涵的升华，不仅包括物理的校园环境的智能化（感知、网络、管理），还涵盖虚拟校园环境（信息、服务、应用、科研、管理），其特点更包括了按需服务、快速反应、主动应当、智慧生成，体现出灵活、主动、全面、易用、个性化、智能化、人性化的优点。

数字校园是教育信息化的基础，校园网是数字校园的前身。校园网的建设源于高校，是伴随着互联网在国内的发展，以 1992 年年底清华大学的 TUnet 和北京大学的 PUnet 的建成为标志而开始的。关于校园网 / 数字校园建设发展的阶段，虽然校园网的发展史研究较少，没有完全统一的认识，但多数学者的研究思路是一致的：校园网、数字校园的发展和教育信息化的发展相吻合，可以说，教育信息化的发展程度更多地取决于校园网、数字校园的发展。

梳理 CNKI1994—2014 年校园网、数字校园研究文献，可以发现 1998 年（含）之前的论文较多地探讨校园网建设的可行性及其意义，网络结构、网络体系及协议和网络技术及设备的选择，校园网应用集中于电子邮件和图书检索；1999 年及以后的研究论文已不仅仅局限于硬件建设，较多地探讨建设模式，基于校园网的应用平台建设，新技术的应用，下一代互联网、校园网的精细化管理（管理维护技术、管理体制和机制、统一认证），以及校园网建设评价和评估等，"校园网建设"研究也逐步转向"数字校园建设"研究。

信息化早期的建设和发展，表现为"校园网"的建设，其时网络技术相比今天显得落后，但已相对成熟，校园网组网采用较多的是成熟的 FDDI（光纤分布式数据接口）主干 +10MB 共享式以太局域网、ATM（异步传输模式）网络、快速交换式以太网。FDDI 网络的主要性能指标可以概括为："主干网数据传输速率：100Mbps；最大节点数：500 个；最大网络段长度：2km（多膜光纤媒体）；最大环网长度：200km；最大帧长度：4 500 字节；支持网络协议：TCP/IP、051、IPX、DEC-NET、APPLE、TALK、VINES、XNS；支持未来 ATM 技术。"[1]典型代表如清华大学、北京邮电大学、华中理工大学（现华中科技大学）等早期校园网都使用 FDDI 技术。[2][3][4]ATM 网络特点是将局域网（LAN）和广域网（WAN）技术相结合，采用交换连接方式，在高速信息通道上高效传输短而长度固定的信息分组即信元，ATM 交换机端口带宽可达 155MB，典型代表如上海交通大学、汕头大学等，早期校园网主干都采用 ATM 技术。[5][6]快速交换式以太网的特点是 100MB 主干带宽、组网便利、易于升级与扩充，使用这种组网方式的代表有南开大学等。[7]随着技术的淘汰与更新，快速以太网因其简单易用、与业界结合密切并受到业界和用户的欢迎，迅速成为局域网的主流技术，也随之成为校园网组网的主流技术和主要选择。

随着信息化的发展和国家对教育信息化的重视，学校的信息化建设内涵逐步深入，各高校校园网建设的目标定位逐步提高，建网技术更加成熟。21 世纪初，是校园网建设的快速发展期。2004 年 11～12 月，教育部科技发展中心组织发起的 "2004 年高校教育信息化建设与应用水平调查"结果显示，在调查的 315 所高校中，已建校园网的高校占 92.7%，正在建设的高校占 6.6%，计划建网的高校占 0.6%；教学、科研、办公已经联网的比例为 98.4%，教室已经联网的比例为 90.5%，学生宿舍已经联网的比例为 74.3%。[8]之后，数字校园步入内涵式发展轨道，较早建设校园网的学校，"校园网"建设逐渐转向"数字校园"建设，各地省属高校也加快了数字校园建设步伐；网络带宽可以概括为"三级结构（核心层、汇聚层、接入层），千兆主干，百兆桌面"；数字校园建设的规划设计逐渐成熟，形

---

① 魏柏丛，梁辉芳．北邮校园网建设与应用 [J]．电子科技导报，1995（11）：16-17.

② 吴建平．清华大学校园网——TUnet 概况 [J]．电信科学，1994（5）：39-45.

③ 从 FDDI 转向千兆——北京邮电大学校园网二期改造 [J]．每周电脑报，2000（23）：42.

④ 刘启茂，蔡红梅．华中理工大学校园网建设与图书馆自动化发展策略 [J]．计算机应用研究，1995（4）：38-41.

⑤ 上海交通大学 ATM 校园网建成 [J]．邮电高教论坛，1996（1）：32.

⑥ 伍必涵，施项君，钱燕鸣．汕头大学校园网 ATM 主干的实现 [J]．华南理工大学学报（自然科学版），1998（S1）：20-24.

⑦ 南开大学校园网建设规划 [J]．天津科技，1997（4）：20-21.

⑧ 中国教育和科研计算机网．高校教育信息化建设与应用水平调查 [EB/OL]．http：//www.edu.cn/20050613/3140528.shtml.2014-09-01.

成了三种比较典型的数字校园架构方案：UPR、SOA、基于知识管理的数字校园架构；数字校园基础网络开始形成有线、无线相结合，移动应用开始普及的局面。据"2009年度教育信息化建设和应用状况分析报告"显示，校园网带宽需求日增，千兆带宽百兆到桌面已渐普及。[①]

2.2 智慧校园建设的理论基础

作为一种新的管理模型、一种新的校园形态，智慧校园的研究涉及多个学科，智慧校园的设计、建设、管理、研究离不开理论支撑。智慧校园建设的理论基础包括教育信息化理论、协同理论、联通主义学习理论、学习科学理论、脑科学与学习、技术创新理论、创新扩散理论、大成智慧学等。这些理论将会对智慧校园设计、规划、建设、实施等产生较多的影响。

2.2.1 教育信息化理论

教育信息化理论的基本内容包括"信息技术与课程整合理论"、"信息化环境下的教与学理论，以及教与学方式"、"信息化环境下的教学设计理论"三部分。[②]主要用于信息化环境提高教育教学效果。智慧校园所能提供的首先是信息化环境，属于教育信息化这一大的概念，这就要求智慧校园的建设能直接或者间接地促进教学效果，教育教学能从中获得较大利益。

对智慧校园的设计和实施影响最大的是信息化环境下的学习理论，主要有混合学习理论、分布式学习理论、情境认知与学习理论等。

混合学习（Blended Learning）理论的提出源于数字学习（e-Learning）的兴起，是数字学习和传统课堂学习的相互结合和互补，既发挥课堂学习中教师的主导作用，又能体现学生的主体作用。[③]

分布式学习理论源于信息通信技术的发展带动的网络远程教育的勃兴，并逐渐应用于网络学习领域。分布式学习的最显著特征是学习资源的泛中心化，课堂、教师、

---

① 中国教育和科研计算机网．2009 教育信息化基础应用水平分析报告 [EB/OL]．http：//www.edu.cn/xy_6541/20120307/t20120307_749107.shtml.2014-09-01.

② 何克抗．我国教育信息化理论研究新进展 [J]．中国电化教育，2011（1）：1-19.

③ 陈卫东，刘欣红，王海燕．混合学习的本质探析 [J]．现代远距离教育，2010（5）：30-33.

学习同伴、图书馆、移动电话、网络信息等都作为资源分布在不同的地点。以学习者为中心，教师和教学内容等只作为一种资源而存在，这增强了学习者对学习的责任感，使他们不再被动地接受信息和知识，而是随时随地主动地利用各种资源及交互与协作活动来建构新知识。这种学习模式强调信息时代对网络的系统的规划。[①]

情境认知与学习理论认为，有意义的学习是学习主体主动建构知识的过程，强调"以学生主体为中心"的学习方式。也就是说，知识不是外在于学习主体的客观存在，而是学习主体与外部环境相互作用所建构的意义。情景学习的主要特征是提供能反映知识在真实世界中的运用方式的真实情境；提供真实的活动；提供接近专家作业和过程模式化的通路，并提供多样化的角色和前景；支持知识的合作建构；在临界时刻提供指导和支撑；促进反思，以便有可能形成抽象；促进清晰表述，以便使缄默知识成为清晰的知识；在完成任务时，提供对学习的整体评价等。[②]这种学习理论契合了智慧校园建设的重要内容之一即校园学习环境，如基于智慧校园中的增强现实技术在该理论指导下用于实验教学。

这些学习理论和学习模式产生于信息时代，反映了信息时代学习的特点，如何让信息时代的学习更加有效，智慧校园的建设需要对信息技术环境下的学习进行支持，这是毋庸置疑的。另一方面，对这些理论进行借鉴，促进对信息技术更好地利用以提高学习效果，这是信息化专职人员的另一个责任。

教育信息化理论产生于信息化建设发展过程之中，可以指导智慧校园建设从设计到实施全过程，指导智慧校园设计原则和目标、设计方法的确定等。这对智慧校园建设的前期规划设计是非常重要的。

2.2.2　协同理论

协同理论由 20 世纪 70 年代联邦德国斯图加特大学教授、著名物理学家赫尔曼·哈肯（Hermann Haken）创立。协同学作为系统科学新三论（耗散结构论、协同论、突变论）之一，[③]其核心思想是不同的系统，尽管其属性不同，但在整个环境中，各个系统间存在着相互影响而又相互合作的关系。其中也包括通常的社

---

① 刘冬雪.分布式学习理论浅谈 [J].现代教育技术，2004（1）：32-33.
② 王文静.情境认知与学习理论：对建构主义的发展 [J].全球教育展望，2005（4）：56-59.
③ 王运武.协同学视野下的数字校园建设——数字校园系统的协同进化与协同发展 [J].电化教育研，2011（10）：49-54.

会现象，如不同单位间的相互配合与协作，以及部门间关系的协调。在一个系统中，如果各种要素不能很好地协同或根本不协同，甚至互相排斥、互相掣肘，呈无序状态，这样的系统就发挥不了整体性的功能，甚至会瓦解。[①]

王运武博士将协同理论应用于对数字校园系统的研究。在研究数字校园系统构成、功能结构的基础上，对数字校园的群体利益博弈、推进困难的原因进行了分析，指出了数字校园的系统效应，表现为数字校园建设的诸构成要素得到较好地配置，各组织机构和部门之间能够高效协调合作，各类资源得到有效整合，学生、教师、教育管理者等用户在参与数字校园建设的同时能够获得满意的服务，数字校园能够提升学校的价值与内涵，促进学校的特色发展。[②] 这在智慧校园建设中同样是值得学习和借鉴的，协同理论可以为智慧校园组织结构和制度建设提供理论支持；应当在建设过程中时刻保持发挥校园内各部门的高效协调与合作，以发挥其协同效应。智慧校园各子系统之间也存在一定的协同进化，运用协同学的理论与方法分析智慧校园建设中的问题，可为智慧校园研究提供新的思路与方法。在智慧校园推进过程中，能否通过促进智慧校园协同来提升智慧校园协同效应，成为一项重要的挑战。[③]

智慧校园建设涉及校内各单位，是一项系统工程，建设应充分调动校内外各种力量，强化各部门各组织的协调与合作，不能仅仅依靠信息化管理维护部门的推动。智慧校园建设的参与者同时也是智慧校园的受益者。应该充分调动利益相关者积极参与智慧校园建设，只有这样，才能将智慧校园建设这一系统工程最终发挥最大的效益。

2.2.3 联通主义学习理论

信息化时代，知识更新的速度越来越快，仅仅靠记忆已不能满足人们对新知识学习的需求，通过网络存储、检索、共享和获取知识，使得泛在学习成为可能，学习者可以使用互联网方便地获得其想要的资料。联通主义正是在这样的背景下由加拿大学者西门思提出的，并在 *Connectivism: A Learning Theory for the Digital*

---

① 李湘洲. 协同学的产生与现状 [J]. 科技导报，1997（4）：38-40.
② 王运武. 基于协同理论的数字校园建设的协同机制研究 [M]. 北京：中国社会科学出版社 .2013：159-164.
③ 王运武. 协同学视野下的数字校园建设——数字校园系统的协同进化与协同发展 [J]. 电化教育研究，
    2011（10）：49-54，76.

Age 一文中系统化论述。他指出学习不再是一个人的活动，学习是连接专门节点和信息源的过程。[①]联通主义认为，管道比管道中的内容物更重要。网络、情景和其他实体（许多是外部的）的相互影响导致了一种学习的新概念和方法。个体对明天所需知识的学习能力比对今天知识的掌握能力更重要。对所有学习理论的真正挑战是在应用知识的同时促进已知的知识。不过，当知识为人所需而又不为人知时，寻找出处而满足需要就成了十分关键的技能。由于知识不断增长进化，获得所需知识的途径比学习者当前掌握的知识更重要。知识发展越快，个体就越不可能占有所有的知识。[②][③]

联通主义表述了一种适应当前社会结构变化的学习模式，是新时代计算机技术发展的产物。在这之前出现的各种学习理论都是在网络技术不发达和学习技术含量不高的情况下创建的。所以，这些学习理论都具有一定的局限性，联通主义打破了这一局限性，认为学习不是一个人的活动，而是优化学习者的内外网络。联通主义是一种适于信息化时代要求和信息化时代特点的关于学习的观点。

在某种程度上，智慧校园提供了智慧的"管道"，连接各种生活、学习和科研资源，自然可以有效促进学习的发生，但智慧校园又不仅仅关心管道，智慧校园的建设不仅仅建设管道，还要在很大程度上关心如何更好地服务于广大师生，并成为教学效果提高的有效工具。联通主义在一定程度上支持了智慧校园建设。

2.2.4　学习科学理论

学习科学萌发于 20 世纪 70 年代末以来对于人类学习本质的多学科深究，当各领域中有关学习的假设达成一致、形成了一些相对独特的方法论、并且积累了若干设计实践后，学习科学在 20 世纪 90 年代后开始走向成熟，开始作为一个独立的学科领域脱颖而出，至 21 世纪来临之际，这一新兴学科已经开始影响课堂教学、校外教育、学习产品设计、学习组织设计、教师教育、职业培训等一系列诸多方面的变革与创新。

---

① George Siemens. Connectivism：A Learning Theory for the Digital Age [J].Instructional technology &distance learning，2005，2（1）：3-10.

② George Siemens. Narratives of coherence：sense making and way finding in complex information ecologies [EB/OL] .http：//www.slideshare.net/gsiemens/sensemaking-and-wayfinding.2014-09-01.

③ 王佑镁，祝智庭 . 从联结主义到联通主义：学习理论的新取向 [J]. 中国电化教育，2006（3）：5-9.

学习科学（Learning Sciences）是在反思认知科学等学科、关于学习的研究方法和观点的基础上新近兴起的一门科学。学习科学借鉴建构主义、认知科学、信息技术、社会文化研究和关于知识工作等相关领域的研究成果，汇集和整合关于脑的研究和内隐学习、非正式学习、正式学习等已有的学习研究，采用多种现场研究的方法，对不同情境脉络中的学习发生机制进行分析和探索，提出的若干关于学习的观点，通过创新性项目的实践和基于设计的研究，创设新型学习环境、革新学习实践。

学习科学关注的主要关键问题是"学习的本质是什么，人是如何学习的，以及如何设计有效的学习环境促进深层学习"。学习科学的目标是"更好地理解产生最有效学习的认知和社会过程，并运用这方面的知识去重新设计课堂和其他学习环境，以让人们更深入、更有效地进行学习"。

2.2.5　脑科学与学习

脑科学，狭义地讲就是神经科学，是为了了解神经系统内分子水平、细胞水平、细胞间的变化过程，以及这些过程在中枢功能控制系统内的整合作用而进行的研究。广义的定义是研究脑的结构和功能的科学，还包括认知神经科学等。

神经科学的最终目的在于阐明人类大脑的结构与功能，以及人类行为与心理活动的物质基础，在各个水平（层次）上阐明其机制，增进人类神经活动的效率，提高对神经系统疾患的预防、诊断、治疗服务水平。

世界各国普遍重视脑科学研究，美国 101 届国会通过一个议案，"命名 1990 年 1 月 1 日开始的十年为脑的十年"。1995 年夏，国际脑研究组织 IBRO 在日本京都举办的第四届世界神经科学大会上提议把下一世纪（21 世纪）称为"脑的世纪"。欧共体成立了"欧洲脑的十年委员会"及脑研究联盟。日本在 1996 年制定为期二十年的"脑科学时代——脑科学研究推进计划"。中国提出了"脑功能及其细胞和分子基础"的研究项目，并将其列入国家的"攀登计划"。

美国心理生物学家斯佩里博士（Roger Wolcott Sperry，1913—1994）通过著名的割裂脑实验，证实了大脑不对称性的"左右脑分工理论"，因此荣获 1981 年诺贝尔生理学或医学奖。正常人的大脑有两个半球，由胼胝体连接沟通，构成一个完整的统一体。在正常的情况下，大脑是作为一个整体来工作的，来自外界的信息经胼胝体传递，左、右两个半球的信息可在瞬间进行交流（每秒 10 亿位元），人的每种活动都是两半球信息交换和综合的结果。大脑两半球在机能上有分工，左半球感受并控制右边的身体，右半球感受并控制左边的身体。

左半脑主要负责逻辑理解、记忆、时间、语言、判断、排列、分类、逻辑、分析、书写、推理、抑制、五感（视、听、嗅、触、味觉）等，思维方式具有连续性、延续性和分析性。因此，左脑可以称作"意识脑"、"学术脑"、"语言脑"。右半脑主要负责空间形象记忆、直觉、情感、身体协调、视知觉、美术、音乐节奏、想象、灵感、顿悟等，思维方式具有无序性、跳跃性、直觉性等。斯佩里认为右脑具有图像化机能，如企划力、创造力、想象力；与宇宙共振共鸣机能，如第六感、透视力、直觉力、灵感、梦境等；超高速自动演算机能，如心算、数学；超高速大量记忆，如速读、记忆力。右脑像万能博士，善于找出多种解决问题的办法，许多高级思维功能取决于右脑。

幼儿期间的脑量增长规律：出生时的脑量：350 克；1 岁时的脑重：950 克（第一年是一生中脑量增长最快的时期）；2 岁时的脑重：1 050~1 150 克（约占成人脑重的 70%）；6~7 岁时的脑重：1 260 克左右（约占成人脑重的 90%）。大脑的成长规律：幼儿期大脑发育十分快速，连系脑细胞的突触呈等比级数的增加，幼儿期大脑会自行发生显著的调整与重组，大脑内部架构会快速形成，大脑的脑细胞和内部组织的成长在幼儿时期最为活跃与快速。

5 岁以前是智力发展最迅速的时期，每个人的智力尽管多种多样，但是其发展趋势都是到 4 岁就约有 50% 的智力；4~8 岁期间获得 30% 的智力；最后的20% 是 8~17 岁获得的。一个人智力发展的量度与最初潜在的量度无关，但是与一个人在智力迅速发展时期所处的环境条件关系重大，幼儿期被剥夺了智力刺激的人，将永远达不到原来应该达到的水平。环境对智力发展的影响是：在智力发展极为迅速的时期为最大，而在变化极为缓慢的时期则甚小。

最近这 30 多年来，数以百计的脑科学专家对"关键期"作了大量研究并已取得相当的进展。其科学结论是，脑的不同功能的发展有不同的关键期，某些能力在大脑发展的某一敏感时期最容易获得，此时相应的神经系统可塑性大、发展速度快。

2.2.6 技术创新理论

技术创新理论（Technical Innovation Theory）由熊彼特（Joseph A·Schumpeter）在《经济发展理论》中首次提出。创新就是"一种新的生产函数的建立（the setting up of a new product in function），即实现生产要素和生产条件的一种从未有过的新结合"，并将其引入生产体系，创新一般包含如下 5 个方面的内容。（1）制造新的产品：制造出尚未为消费者所知晓的新产品。（2）采用新的生产方法：采用在该产业部门实际上尚未知晓的生产方法。（3）开辟新的市场：开辟国家和那些特定的产业部门尚未进入过的市场。（4）获得新的供应商：获得原材料或半成品的新的供应来源。（5）形成新的组织形式：创造或者打破原有垄断的新组织形式。

创新并不仅仅是某项单纯的技术或工艺发明，而是一种不停运转的机制。只有引入生产实际中的发现与发明，并对原有生产体系产生震荡效应才是创新。

后来，熊彼特的创新理论被其追随者发展成为当代西方众多经济学理论的两个分支。一是新古典经济学家将技术进步纳入新古典经济学的理论框架，主要成果就是新古典经济增长理论和内生经济增长理论。二是侧重研究技术创新的扩散和技术创新的"轨道和范式"等理论问题。

主体的空间分布有很大的关系，地方化的创新网络似乎比跨国技术联盟更能持久。原因是地理邻近带来了可以维持并强化创新网络的支撑因素，如文化认同和相互信任等（Baptista and Swann. 1998）。

当创新系统研究发展到区域创新阶段，已经开始与产业集群的研究结合起来了。从概念界定上看，区域创新系统和集群创新系统都建立在产业集群的基础上。罗斯菲尔德（Rosefield. 1997）认为，区域创新系统可以首先通过区域集群定义来界定，也就是地理上的相对集中的相互独立的企业群。阿歇姆（Asheim. 2002）认为，区域创新系统就是由支撑机构环绕的区域集群。从这两个概念的语义学者对它们的界定可以看出，区域创新系统和集群创新系统主要存在两点区别：一是前者的产业可能比较分散，不一定集中于某一产业，而后者主要集中于某一产业；二是从地域范围来看，前者的范围可能弹性比较大，而后者的范围往往比较小。

2.2.7　创新扩散理论

创新扩散理论是传播效果研究的经典理论之一，是由美国学者埃弗雷特·罗杰斯（E.M.Rogers）于 20 世纪 60 年代提出的一个关于通过媒介劝服人们接受新观念、新事物、新产品的理论，侧重于大众传播对社会和文化的影响。

罗杰斯认为，创新是一种被个人或其他采用单位视为新颖的观念、实践或事物；创新扩散是指一种基本社会过程，在这个过程中，主观感受到的关于某个新语音的信息被传播。通过一个社会构建过程，创新的意义逐渐显现。

罗杰斯把创新的采用者分为革新者、早期采用者、早期追随者、晚期追随者和落后者。创新扩散包括五个阶段：了解阶段、兴趣阶段、评估阶段、试验阶段和采纳阶段。1962 年，罗杰斯提出了著名的创新扩散 S-曲线理论。创新扩散的传播过程可以用一条"S"形曲线来描述。在扩散的早期，采用者很少，进展速度也很慢；当采用者人数扩大到居民的 10%~25% 时，进展突然加快，曲线迅速上升并保持这一趋势，即所谓的"起飞期"；在接近饱和点时，进展又会减缓。

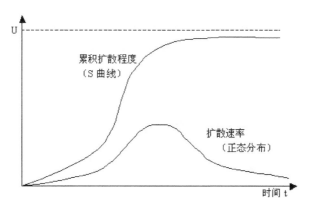

图 2.1　创新扩散 S-曲线

罗杰斯认为，创新扩散总是借助一定的社会网络进行的，在创新向社会推广和扩散的过程中，信息技术能够有效地提供相关的知识和信息，但在说服人们接受和使用创新方面，人际交流则显得更为直接、有效。

创新扩散理论是多级传播模式在创新领域的具体运用。在创新向社会推广和扩散的过程中，大众传播能够有效地提供相关的知识和信息，而在说服人们接受和使用创新方面，人际传播则显得更为直接、有效。因此，罗杰斯认为，推广创新的最佳途径是"双管齐下"，将大众传播和人际传播结合起来加以应用。

2.2.8　大成智慧学

大成智慧学（Theory of meta synthetic wisdom）为中国著名的科学家钱学森首创，是引导人们如何尽快获得聪明才智与创新能力的学问，其目的在于使人们面对浩瀚的宇宙和神秘的微观世界，面对新世纪各种飞速发展、变幻莫测而又错综复杂的事物时，能够迅速做出科学、准确而又灵活、明智的判断与决策，并能不断有所发现、有所创新。大成智慧是以科学的哲学为指导，把理、工、文、艺结合起来走向大成智慧的过程。简要而通俗地说，即"集大成，得智慧"。

"大成智慧学"以辩证唯物论为指导，利用现代信息网络、人机结合以人为主的方式，集古今中外有关信息、经验、知识、智慧之大成。"大成智慧"的特点是沉浸在广阔的信息空间里所形成的网络智慧。"大成智慧"是在知识爆炸、信息如潮的时代所需要的新型的思维方式和思维体系。

大成智慧学是一个思想体系，其内涵很丰富。大成智慧学以科学的哲学为指导，是"量智"和"性智"的结合，是科学与艺术的结合，是逻辑思维与形象思维的结合，重视思维的整体观和系统观等。

2.3　智慧校园的内涵

2.3.1　智慧校园的定义

"智慧校园"源于"智慧地球"。2008年，IBM首次提出了智慧地球（Smarter Planet）战略，并定义了智慧地球的概念，并于2009年在中国举办的"IBM论坛和中国策略发布会"再度推出。智慧地球提出的背景是金融危机、全球化、能源地缘政治、全球变暖；智慧地球中的"智慧"主要含义是当前信息技术的支持及这种支持带来的理念上的改变，其前提是信息技术高度发达；其目的是以一种更智慧的方法通过利用新一代信息技术来改变政府、公司和人们相互交互的方式，以便提高交互的明确性、效率、灵活性和响应速度。智慧方法具有如下三个方面的特征：更透彻的感知、更广泛的互联互通、更深入的智能化（故智慧地球又被概括为 3I：Instrumented、Interconnected、Intelligent）。之所以提出并认为智慧地球这样的创新智慧和深刻洞见，是因为 IBM 看到了当代世界体系的一个根本矛盾，即一个新的、更小的、更平坦的世界与我们对于这个世界落后的管理模型之间的矛盾，以此为出发点，IBM 提出了六大领域中的智慧行动方案，即智慧的电力、智慧的医疗、智慧的城市、智慧的交通、智慧的供应链和智慧的银行，以期构建新的世界运行模型，克服人类当前和长期面临的能源、管理等多方面的挑战。[1] 由此，智慧校园（Smart Campus）应运而生。

黄荣怀[2]等认为智慧校园应具有如下特征：环境全面感知，一是传感器可以随时随地感知、捕获和传递有关人、设备、资源的信息，二是对学习者学习偏好、认知特征、注意状态、学习风格等个体特征和学习时间、学习空间、学习伙伴、学习活动等学习情景的感知、捕获和传递；网络无缝互通；海量数据支撑；开放学习环境；师生个性服务。因此，智慧校园是指一种以面向师生个性化服务为理念，能全面感知物理环境，识别学习者个体特征和学习情景，提供无缝互通的网络通信，有效支持教学过程分析、评价和智能决策的开放教育教学环境和便利舒适的生活环境。

祝智庭[3]在《智慧教育：教育信息化的新境界》一文中，在分析智慧教育特征基础上，构建了"智慧教育的理解图式"，认为智慧校园同智慧教室、智慧终端一样，是根据不同尺度范围对智慧教育划分的学习空间，是智慧教育的组成部分，是为智慧教育服务的。

宗平认[4]为智慧校园的核心特征主要反映在三个方面：一是为广大师生提供一个全面的智能感知环境和综合信息服务平台，提供基于角色的个性化定制服务；二是将基于计算机网络的信息服务引入到学校的各个应用与服务领域，实现互联、共享和协作；三是通过智能感知环境和综合信息服务平台，为学校与外部世界提供一个相互交流和相互感知的接口。

① IBM. 智慧地球赢在中国白皮书 [EB/OL].http：//www-935.ibm.com/services/cn/bcs/iibv/strategy/smarter_planet.html.2014-03-19.
② 黄荣怀，张进宝，胡永斌，杨俊锋 . 智慧校园：数字校园发展的必然趋势 [J]. 开放教育研究，2012（4）：12-17.
③ 祝智庭 . 智慧教育：教育信息化的新境界 [J]. 电化教育研究，2012（12）：5-13.
④ 宗平 . 智慧校园设计方法的研究 [J]. 南京邮电大学学报自然科学版，2010（4）：15-19，51.

可以看到，上述特征或定义各有侧重点。那么，智慧校园的内涵是什么？

从功能来看，智慧校园首先是基于信息技术的，是数字校园的提升，是教育信息化的新境界。第一，智慧校园提供智能感知的生活环境、校园生活服务平台；第二，智慧校园提供了教学与科研的智慧环境；第三，智慧校园提供了一个新的管理模型。

追溯校园信息化的历程、智慧校园的缘起，以及"智慧地球"的内涵，智慧校园的内涵应该包括如下几个方面。

第一，智慧校园的目的是促进教育教学效果的提升、校园管理的转型。

智慧校园作为智能感知环境，其意义体现在便捷的生活服务，因为校园即社会，教育即生活，师生是校园的主体，便捷的生活和工作环境是教学与科研的基础；[①] 一体化的教育教学服务来自大数据收集、传输和存储，更重要的是大数据分析，在此基础上进行泛在学习和个性化教与学；智慧校园作为一种新的管理模型，灵活、便捷、安全、科学、广泛参与，涵盖校园管理的方方面面，但也是其内涵中最难实现的部分。

第二，智慧校园为教育教学提供新的研究视角：洞见和预测。从计算机单机到互联网，到物联网、云计算、移动计算，再到大数据，每一次技术的进步与更新，都能为我们提供学校教育新的认识视角和研究视角，我们也有机会深入了解、重新认识教育及其发展规律。因为我们有完备的实体组织机构，足以应对教育过程和教育空间中出现的各种问题，所以我们只是在出现问题的时候尽快应对，而忽略了对未来的洞见和预测。从另一个角度看，我们对教育还不够了解，了解得还不够深入。这也是当前教育存在的诸多问题之一。这导致没有对数据这一工具的需求，需要的时候又没有数据，没有对数据重要作用的认识，没有通过数据做决策的渴求。智慧校园以其对数据的重视，为我们重新认识教育教学提供了新的视角。

第三，智慧校园成为校园文化最主要的内容。文化是一个很宽泛的概念，而智慧校园因其承载校园文化而成为校园文化的主角。

---

① 于长虹，王运武，马武. 智慧校园的智慧性设计研究 [J]. 中国电化教育，2014（9）：7-12.

综合上述分析，智慧校园概念界定如下。

智慧校园是指以促进信息技术与教育教学融合、提高学与教的效果为目的，以物联网、云计算、大数据分析等新技术为核心技术，提供一种环境全面感知、智慧型、数据化、网络化、协作型一体化教学、科研、管理和生活服务，并能对教育教学、教育管理进行洞察和预测的智慧学习环境。

2.3.2　智慧校园与传统校园

智慧学习环境、智慧校园、数字校园和现实校园之间的关系如图 2.2 所示。现实校园数字化为数字校园，数字校园智慧化为智慧校园，智慧校园是智慧学习环境的组成部分。现实校园、数字校园、智慧校园之间是"耦合"的关系，耦合程度越高，越有利于数字校园的建设与发展。数字校园和智慧校园是现实校园的补充，不是取代现实校园，智慧校园是数字校园智慧化到一定程度的产物。

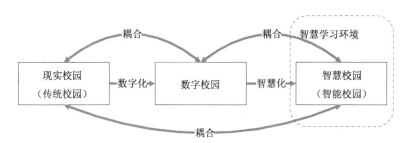

图 2.2　智慧学习环境、智慧校园、数字校园和现实校园之间的关系

智慧校园与数字校园相比，在环境、管理、技术、服务提供、教学、科研等方面均有较大区别（见表 2.3）。

表 2.3　智慧校园与数字校园的区别

	智慧校园	数字校园
校园环境	数据化；全面感知、实时处理；安全、开放、便捷、协作、节能；应用系统智慧集成	数字化，应用系统集成，存在信息孤岛
管理与决策	统一、协同、预测；创新、科学决策	分散管理，各自为政
关键技术	物联网、虚拟化与云计算、大数据分析	互联网
服务提供	统一认证、统一数据库；可协作、自适应、友好的线上社区；基于定制的信息推送；泛在导航；按需提供	人工加数字化服务单独提供，信息单向传递，呆板

	智慧校园	数字校园
教学	智慧教学平台；个性化教学、个性化学习；教育资源分配预测；智慧课程；培养智慧型、创新型人才	多媒体教学，数字化教学平台；网络课程
科研	科研管理精细管理，用数据说话，避免重复，检索成果数据，成果评估；科学研究可用数据广泛、分析手段丰富	仅进行项目申报管理
信息化环境与资产运维	智慧运维，故障预警和智能处理、运行环境监控，基于虚拟化和云的资源调配和管理	设备、系统单独管理

2.3.3　智慧校园的"智慧"表现

智慧校园的"智慧"主要表现在智慧环境、智慧管理、智慧教学、智慧学习、智慧科研和智慧生活等方面（见表2.4）。

表 2.4　智慧校园的"智慧"表现

	"智慧"表现
智慧环境	教室、图书馆、实验室等学习场所的温度 / 湿度自动感知、自动调整,灯光亮度自动调节；空气污染、噪声自动检测，自动通风，自动降低噪声；恶劣气候环境的智慧提醒；细菌超标自动提醒
智慧管理	校园安全自动智慧监控；师生心理问题动态化智慧干预；智慧考勤；智慧门禁；水、电、暖气等能源的自动节能监控；办公文件的智慧流转；重要事情智慧提醒；图书智慧借阅、仪器设备的智慧借阅；财务智慧转账（如校园卡内低于 100 元时，自动从银行转账）；网络故障、服务器故障的自动报警（如有故障时，立即给管理员发信息）；网络流量智慧管理；教室、体育场、会议室等智慧管理
智慧教学	教学内容的智慧聚合；教学方法、模式的智慧推荐；依据学生水平智慧组卷；智慧协同备课、智慧教研；教师教学能力的智慧训练；智慧教学方式
智慧学习	学习情景智慧识别；学习资料的智慧推送；学习过程的智慧分析；学习结果的智慧分析；人生成长的智慧记录；职业生涯的智慧咨询；相同兴趣学习伙伴的智慧聚合；无处不在的智慧学习；学习内容难度的自适应；智慧学习方式；智慧综合评价；智慧型、创新型人才培养
智慧科研	科研资料，尤其是最新研究进展、学术会议信息的智慧推送；科研团队的网络化聚合；科研数据资料的智慧分析处理；科研论文的智慧协同协作；科研创新的智慧发现
智慧生活	旅游路线的智能设计；购物、就餐的智慧推荐；血压、血糖等智慧监控；用药智慧提醒；基于共同兴趣、个性化需求的智慧交友；团体活动、娱乐信息的智慧推送

智慧校园的智慧性表现，即其"智慧"功能如何发挥，体现在何处，如何体现，这些必须在设计中表达出来。智慧的传统含义是运用知识、智力、工具对事物的综合分析处理能力。信息化语境中的智慧校园，通过信息及信息技术的作用，实现传统意义上学生的智慧，其途径是提供一个全面的感知环境，一个全业务的综合信息服务平台，一种新型协作关系的管理模型，最终实现信息技术与教育教学深度融合，促进教学变革和教学效果提升，即实现智慧教学。因此，智慧要从智慧环境、智慧管理、智慧教学、智慧学习、智慧科研和智慧生活中表现。①

智慧环境是智慧校园建设的必然结果，也是智慧校园建设的目的之一，即提供舒适便捷、绿色节能的管理、教学、生活环境。作为目的和结果的智慧环境，智慧表现包括如下内容。

第一，无缝、稳定、安全、易用的信息流通和数据传输通道，如全面的网络基础设施、物联网覆盖，射频标签、二维码等的广泛使用，以及智能终端的全面支持。

第二，安全、便捷、舒适的学习、工作、生活环境，如校园安全监控数据的智慧分析、自助门禁和车辆出入、可视化水电气暖等自能节能监控、可视化一卡通消费系统、室内环境的智能调控、可视化校园导航等。

第三，可协作、自适应、友好的线上社区，如基于定制的信息推送、无障碍线上交流等。

校园的管理包括校园内的各个方面，教育管理的特殊性在于其管理对象和生产对象都是人，这对信息化的要求比其他行业更高。因此，智慧管理在智慧校园中最为关键，其核心是智慧服务理念。在智慧服务理念的指引下，智慧表现为如下内容。

第一，基于学校组织机构的管理信息系统的智慧融合，包括对各业务的精确划分，统一的校园教务、学生、人事、财务、国资、后勤、科研等管理数据，基于信息技术的广泛参与。

第二，信息化环境的智慧管理，例如，运行环境监控和故障预警，服务器资

---

① 于长虹，王运武，马武．智慧校园的智慧性设计研究 [J]．中国电化教育，2014（9）：7-12．

源和带宽资源的负载均衡，流量类型及业务热度的自动分析，公共事务如教时、机房、会议室的查询、预约，智能水表和电表等的使用。

第三，便捷的业务流程调整，即"精简管理流程，废除或优化一些不合时宜的管理制度（如烦琐的公文审批、设备招标、经费报销等），不断提高教育管理业务系统的运行效率"。

第四，基于大数据的教育资源分配预测及科学决策能力。大数据在智慧校园中无处不在，对未来学校的发展具有举足轻重的作用，进行大数据建设，让大数据成为教育管理现代化的依据，最能表现让数据说话的客观、真实、科学、可信的实践精神、科研精神和科学的决策辅助作用。

智慧校园建设为个性化学习和信息技术与教育教学深度融合提供平台和工具，为教育教学理念、制度、方法和手段全面创新提供数据支撑，是为了促进教学效果的提升，核心目的是为了人的发展，即智慧教学。智慧教学包括教与学两个方面，实际上智慧校园在一定程度上模糊了教与学两个方面的界限，因此，对智慧教学的智慧表现描述不必做特意的区分。一般认为智慧校园中支撑教学的技术主要有学习分析技术、资源个性推荐技术等。学习分析的目的是理解和优化学习及学习情境，因此，其智慧表现在获取数据、分析数据，帮助教师、学生、教育机构等解读数据，并根据数据结果采取干预措施，即实现了教学过程的全程智慧性管理、记录、分析、评价，提供个性化教学。资源个性推荐设计语义网络与本体技术，其目的是为学习者提供更好的资源检索和定位，而其智慧表现为资源系统的适应性和个性化服务能力，以及教学资源效能的挖掘分析。

智慧表现的分析可以更清楚地表达智慧性设计的初衷，使人们更直观地感受智慧校园带来的好处及其相比数字校园的进步。

尽管目前智慧校园的研究和实践探索还很少，但是它必将是数字校园未来发展的主要形态。当前智慧校园的探索还是一个美好的愿景，智慧化程度还有待进一步提高。智慧校园未来发展的关键是"智慧"体现在何处，如何体现，尤其是在"节能减排"、"绿色环保"、"生态文明"、"勤俭节约"、"效益最大化"的理念下，建设个性化、智慧化特征鲜明，实用性强、用户满意度高的智慧校园。

2.4　智慧校园建设现状

2.4.1　国内掀起智慧校园建设浪潮

国内少数意识超前的高校和中小学已建成智慧校园，部分学校处于规划立项或建设阶段。由于对智慧校园尚没有统一的认识、建设内容比较庞杂、涉及的相关部门较多，规划建设周期均比较长；同时，各高校侧重点各有不同，但基本都涵盖网络环境、物联网感知、综合信息服务平台等。

江南大学在智能能源监控方面走在了全国高校前列。2010 年，在全国率先成立了第一家实体型物联网工程学院，加快"感知校园"示范工程建设；2011 年，学校与无锡市签约共建江南感知能源研究院，开发了"数字化能源监管平台"，实现了对能源使用、给水管网、变电所、VRV 中央空调、路灯、安防和交通等全方位、立体式的数字化实时管理，监控覆盖率达 90% 以上。[①]

佛山市禅城区教育局于 2010 年启动"智能教育"工程，实施"智慧校园"示范工程建设项目，[②] 其智慧校园系统的构建是在现有校园网和学校教育信息化设施及应用系统的基础上，通过应用 RFID 等传感技术组建校园物联网，应用无线网络技术组建校园移动学习网，实现对校园内的人、财、物（教学大楼、图书馆、教室、实验室和教学设备等）和信息（教学资源、教学管理信息、学校公共管理信息、活动信息等）进行识别、传输、存储、处理和控制，为师生提供智能化的管理和个性化的信息服务[③]。

浙江大学将智慧校园建设列入 2010 年"十二五"信息化三大重点工程，并成立了智慧校园建设工作领导小组，规划建设内容包括无处不在的网络环境、节能监管体系、智能交通、平安校园等，[④] 当前已建成部分信息化应用支撑平台，如统一身份认证系统、数据共享平台、校园卡、个性化服务门户（可定制的、一站

---

① 江苏教育.江南大学践行绿色教育 构建智慧校园 [EB/OL]. http://www.ec.js.edu.cn/art/2013/11/7/art_4344_138184. html.2014-7-1.

② 佛山教育信息港 . 智能教育 [EB/OL].http://base.tt.eecn.cn/fsjbh/index.jsp.2014-7-1.

③ 蒋家傅等 .基于教育云的智慧校园系统构建 [J]. 现代教育技术，2013（2）：109-114.

④ 浙江大学智慧型校园探索 [EB/OL].http://wenku.baidu.com/link?http://www.doc88.com/p-2844735495045. html.2014-09-01.

式信息化应用服务）等 ①，校内事务均可以通过网络办理 ②。

2011 年，西南大学提出十二五期间建设智慧校园。③这个数字化校园发展规划中提出的智慧校园，在理念上多是数字校园的内涵，尚不能充分体现"智慧"。

2012 年 9 月，宁波国家高新区实验学校作为宁波智慧城市建设中的教育试点项目，率先在宁波乃至全国成为首个"智慧校园"。宁波国家高新区实验学校的"智慧校园"建设涵盖九大系统，主要包括未来教室、电子围篱、车牌识别系统、智能访客系统、讯息发布系统、智能楼宇、无线校园和移动智能卡等。④

2014 年 8 月，南京邮电大学建设完成智慧校园一期工程。以南京邮电大学为例，其信息标准的制定参照标准 276 套，数据量共 3 485 条数据；执行标准 353 套，数据量共 12 797 条数据；共享数据库模式共 320 张表，数据量共 11 102 451 条数据。其数据平台集成 Oracle、Sybase、DB2、SqlServer、MySQL、Dbf、Excel 数据源；整合数据表 260 个，数据总量共 11 102 451 条；共享数据表 120 个，数据总量共 361 001 条。其身份平台并发数 2 000 人，认证效率 80 次/秒；用户容量 100 万级；支持 Java、Com、PHP 等，可跨平台部署。其门户平台 25 个栏目分类，栏目数量共 382 个；支持 5 万余人在线，栏目访问总量 360 000 余次；集成 10 个系统。其 GIS 平台划分为地理建筑、硬件设施、网络设施、应用服务等多个层次；校园风光、校园生活感知、校园安全感知等服务。⑤通过南京邮电大学智慧校园用户入口界面，可以看到具体提供应用及服务，涵盖了管理、教学、科研、生活和感知服务,用户只需一次登录即可使用。如其感知服务中的"车辆进出管理"和"班车调度与监控信息服务",基于 GPRS 网络及互联网,结合 GPS 技术,实时监控车辆位置信息,并提供班车调度和查询,以及师生在候车的时候可以查询指定班次的班车到达目的地的时间,避免盲目等待。

2014 年 12 月 30 日,蚌埠学院"智慧校园"项目正式启动。该项目提出"智慧校园是将孤立的数字化系统整合成统一的数据共享平台和综合信息服务平台,

---

① 浙江大学 . 信息化建设 [EB/OL]. http://zuits.zju.edu.cn/xxhjs/redir.php?catalog_id=187343.2014-09-01.
② 浙江大学 . 网上办事目录 [EB/OL]. http://www.zju.edu.cn/c2031577/catalog.html.2014-09-01.
③ 西南大学"十二五"建智慧校园 [EB/OL]. http://www.edu.cn/xy_6541/20110726/t20110726_655591.shtml. 2011-07-26.
④ 宁波建成首个智慧校园 [J]. 浙江教育技术, 2013（1）: 33.
⑤ 南京邮电大学 . 智慧校园 [EB/OL]. http://my.njupt.edu.cn/ccs/main/loginIndex.do.2014-09-01.

是基于数字校园的一个巨大跨越"。该项目利用移动化、信息化、数字化手段，将最终实现"四个一"的建设目标，即"一个教育云"，满足师生学习和生活的各种教育管理和服务；"一个教育网"，包括有线和无线，突破空间限制，让知识随网传播；"一个终端"，无论是电脑、手机还是平板电脑，都可体验校园生活，处理工作事务，参加课业活动等；"一张校园卡"，走遍校园，让学生顺利、便捷、舒适地过完大学时代。①

2014 年 12 月，湖南省株洲市第二中学成功申报了湖南省"数字校园"试点示范项目，在此基础上，着力推进"智慧校园"建设，建成后将成为株洲市首个"智慧校园"。②

2015 年 4 月，江西省华东交通大学智慧校园上线运行。"智慧交大"包括：综合信息门户平台、统一身份认证平台、数据中心平台、统一消息平台，以及移动门户、服务大厅等。③

2015 年 11 月，深圳莲花小学研制了《"智慧校园"建设五年规划（2015—2020 年）》④，开启了智慧校园建设之旅。

2015 年 11 月，华东师范大学提出"推进信息化建设，打造智慧校园"。学校将信息化建设作为提升学校办学实力的重要战略。未来 5 年，学校将强化顶层设计，加强融合创新，大力推进"智慧校园"建设，优化信息化应用与服务环境，促进信息化与学校教学、科研、管理和服务的深度融合，深入推进"智慧图书馆"建设，充分发挥信息化在学校改革发展过程中的驱动作用。⑤

2016 年 5 月，厦门推出教育信息化三年行动计划，从 2016 年到 2018 年，将建成百所智慧校园，全市公办中小学都将基本实现无线网络全覆盖，其中有

---

① 蚌埠学院开启"智慧校园"之旅 [EB/OL]. http://epaper.bbnews.cn/shtml/bbrb/20150105/306098.shtml.2015-01-05.
② 市二中迈入株洲市首个"智慧校园"时代 [EB/OL]. http：//www.zznews.gov.cn/news/2014/1225/150012.shtml. 2014-12-25.
③ 关于"智慧交大"上线试运行的通知 [EB/OL]. http://www.ecjtu.net/html/news/rixinggonggao/20150331/33640.html. 2015-03-31.
④ 莲花小学"智慧校园"建设五年规划（2015 年 -2020 年）[EB/OL]. http://lhxx.szftedu.cn/details.aspx?id=2305.2015-11-27.
⑤ 华东师范大学：推进信息化建设，打造"智慧校园" [EB/OL]. http：//www.chinadaily.com.cn/dfpd/dfjyzc/2015-11-27/content_14363769.html. 2015-11-27.

20 所示范校将推进大数据、云计算等在教学、科研中的全面应用。①

2016 年 5 月 26 日，河南省首家"智慧校园"在郑州澍青医学高等专科学校启动建设，将实现网络 PC 终端向移动终端的跨越，是河南省教育信息化建设史上的一个里程碑事件。②

从各建设实践可以看出，教育信息化建设已经进入新的阶段、新的形态，取得了巨大的成就，比如数据标准的制定及数据的统一与融合，建设的系统与协作等，虽然当前信息技术对教育的影响巨大而广泛，但尚未发生质的变化。主要原因就在于缺少对智慧校园智慧性设计的原则、方法等的研究，在建设中缺乏整体的智慧性设计。现阶段的智慧校园建设，总体上看都侧重于校园环境建设，有比较超前的意识和崭新的思维，但还处于起步和摸索阶段，在内容上需要系统化完善，应用上需要深入。同时，对智慧校园建设与规划不够系统；沿用已有的管理流程和组织，遵循标准缺失；对智慧校园的管理研究不充分，创新不足。

综合分析智慧校园建设现状，可以看出，校园信息化建设处于新的阶段、新的形态，取得了巨大的成就，比如数据标准的制定及数据的统一与融合，建设的系统与协作等。同时，也应该看到存在的如下问题。

第一，缺乏理论层面的指导和对理论的关注，设计很大程度上以技术和管理为中心，偏离了以用户为中心的正确方向。

第二，对智慧校园的内涵认识不清晰，差别较大，导致对智慧校园的设计与构建在某种程度上有简单化、理所当然化的倾向，其应用还没有完全摆脱数字校园的思维。

第三，同教育教学及科研结合还不密切，很多情况下只是提供了简单的信息查询和交互平台，其管理也是自上而下单向的信息传输，没有将这种信息化成果作为新的管理模型的意识。

第四，停留在数字而非数据层面，没有体现出大数据时代数据作为基础资源的重要地位。

① 厦门推出教育信息化三年行动计划：将建百所智慧校园 [EB/OL]. http://www.edu.cn/xxh/xy/xytp/201605/t20160518_1399101.shtml. 2016-05-18.

② 我省首家"智慧校园"开建 [EB/OL].http://news.xinhuanet.com/local/2016-05/27/c_129019327.htm.2016-05-27.

第五，信息化专职人员需要理论、技术和观念的提升，需要掌握更多的工程项目组织与施工过程管理乃至概/预算、验收等方面的知识和工具。

第六，总体来说，智慧校园的"智慧"程度还有待提升，更多地停留在数字校园的内涵层面，与数字校园区别不大。

2.4.2　国外智慧校园在行动

数字化学习是 21 世纪的重要学习方式，是 21 世纪必备的基本生存技能之一。进入 21 世纪，世界各国的基础教育信息化快速发展，为数字化学习成为可能提供了必要的基础。数字校园作为数字化学习的核心场所，越来越受到世界各国的重视。

1．美国数字校园建设

美国基础教育信息化发展水平处于世界领先地位，经历了一个从重视基础设施建设，到重视信息技术和设备的应用，再到重视推进信息技术应用的措施，促进有效应用的过程。美国先后出台了 5 个国家教育技术计划（见表 2.5）。

表 2.5　美国国家教育技术计划一览表

时间	国家教育技术规划
1996	让美国的孩子为 21 世纪做好准备：面向科技素养的挑战（Getting America's Students Ready for the 21st Century：Meeting the Technology Literacy Challenge）
2000	电子学习：在所有孩子的指尖上构建世界课堂（e-Learning：Putting a World-Class Education at the Fingertips of All Children）
2004	迈向美国教育的黄金时代：因特网、法律和当代学生变革展望（Toward A New Golden Age In American Education-How the Internet, the Law and Today's Students Are Revolutionizing Expectations）
2010	变革美国教育—技术推动的学习（Transforming American Education：Learning Powered by Technology. National Education Technology Plan）
2016	为未来做准备的学习：重塑技术在教育中的角色（Future Ready Learning：Reimagining the Role of Technology in Education）

2006 年年底，美国一个主要关注教育技术的网站 e-School news 评选出"2006年十大教育技术新闻"，列举了 2006 年度意义最深远的教育技术话题，1:1 数字学习就是其中之一。1:1 意味着每名教师和学生都拥有一台计算机和相关软件，可以上互联网，可以在任何时间、任何地点进行学习和交流。计算机主要以笔记

本电脑为主，近年来出现了掌上电脑（PDA）、iPod、手机等小型信息技术设备。

2006 年在美国学校管理者协会（American Association of School Administrators，AASA）、全国学校董事会协会（National School Boards Association，NSBA）、学校网络联合会（Consortium for School Networking，CoSN）、国家教育技术董事协会（State Educational Technology Directors Association，SETDA）、国际教育技术协会（International Society for Technology in Education，ISTS）的支持下，美国教育战略咨询机构 Greaves Group 和 Hayes Connection 先后完成了两次数字校园报告（America's Digital School 2006 Report 和 America's Digital School 2008 Report）。

据美国 2006 年数字校园报告（The ADS 2006 Report）研究发现，美国的数字校园呈现如下发展趋势：①数字校园正在从"桌面时代"走向"移动时代"。调查显示学生用的设备，2006 年移动设备占 19%，2011 年将会达到 50%。②普适计算正在迅猛发展。2003 年 QED 报道称美国 4% 的学区实施了 1:1 项目，ADS2006 指出超过 24% 的学区正在实施 1:1 项目。③普适计算的教学实践应用报告显示能显著提高学生学业成绩。ADS2006 调查显示，88% 的学区的学生的学业成绩得到明显提高，12% 的学区没有效果或效果较差。④学校的网络带宽出现危机。2006 年的生均带宽为 2.9kbps，有些学校提出争取 2011 年达到生均 9.57kbps。⑤在线学习正在上升。ADS2006 调查显示，八个主要学科领域的在线学习只被 3.8% 的学生使用，到 2011 年这个数字将达到 15.6%，年增长率为 32.6%。⑥教师专业能力发展是关键。⑦低的总体拥有成本（Total Cost of Ownership，TCO）越来越重要。⑧手持设备、交互白板等支持学习的信息产品种类将会迅速增加。①

据美国 2008 年数字校园报告（The ADS 2008 Report）研究发现，美国的数字校园呈现如下发展趋势：①大规模的 1:1 实验在持续运行，且运转良好。72.9% 的学区进行了 1:1 试验，27.1% 的学区尚未进行 1:1 试验。进行 1:1 试验的学区中，41.2% 的学区有 1 所试验学校，28.2% 的学区有 2 所试验学校，30.6% 的学区有 3 所或更多的试验学校。②学习管理系统的应用成为主流。53% 的学区使用了学习管理系统，47% 的学区尚未使用学习管理系统。③在线测评正取代纸质测评。69.9% 的学区应用了在线测评，30.4% 的学区尚未应用在线测评。

---

① The ADS2006 Report[EB/OL]. http://ads2008.org/ads/Report06. 2009-07-27.

④学生对于计算设备的使用正加速向移动设备转移。⑤交互白板正扮演其应有的角色。85.2% 的学区在使用交互白板，14.8% 的学区尚未使用交互白板。11.8% 的学区，每个教室有一个交互白板。14.4% 的学区，平均 3 个教室有一个交互白板。12.8% 的学区，平均 3～4 个教室有一个交互白板。61% 的学区，平均 5 个或更多教室有一个交互白板。⑥意识到互联网带宽危机引发的新问题。①

2．法国数字校园建设

据法国政府网报道，②2015 年 5 月 7 日，法国举办了数字化教育研讨会，并确立了"数字校园"教育战略规划，计划在三年内投资 10 亿欧元用于完善数字化教育资源与设备。自 2013 年起，法国教育相关部门逐步开展了"数字校园"战略相关部署与研究工作。

2013 年，相关教育机构获得了比全法平均水平更高的优质基础设施、软件设备等。

2013 年 9 月，发起"互动课堂计划"，推动针对社区教育、学生和家长的数字化服务系统实现多样化发展。

2014 年 9 月，发起"高速网络计划"，为每所中学接入了高质量网络。至此，9 000 所未被接入光纤网络的学校也能够享受到高速网络。同年 9 月 2 日，法国总统奥朗德宣布推出"大型数字化计划"，旨在实现教育公平。

2015 年 2 月 20 日，确立开展全法数字化技术研讨计划，3 月 9 日进行全国性研讨。研讨期间，公布了 5 万多份网上问卷，1 万余人参与了由多个学区举办的 150 余场座谈会。

2015 年 5 月 7 日，奥朗德宣布数字化研讨复议会闭幕，并在当日宣布 500 所中小学将被纳入"数字校园计划"，同时纳入教育数字化系统。

2015 年 9 月，500 所中小学如期被纳入教育数字化系统。2016 年 9 月，奥朗德倡导的"大型数字化计划"将全面展开。

---

① America's Digital Schools[EB/OL]. http://epotential.education.vic.gov.au/showcase/download.php?doc_id=818. 2009-07-27.

② 法国确立"数字化校园"教育战略规划 [EB/OL].http://www.ict.edu.cn/world/w3/n20150917_28104.shtml 2015-09-17.

3. 新加坡实施"智慧国家2025"计划

2006年6月20日，新加坡信息、通信与艺术部公布了一项新的十年期信息化总体规划"智慧国家2015"计划（Intelligence Nation 2015，简称iN2015）。2014年，新加坡"智慧国家2025"计划发布，欲成为全球首个智慧国。

新加坡通信及新闻部长雅国提出"为把新加坡打造成为'智慧国'，政府将构建'智慧国平台'，建设覆盖全岛数据收集、连接和分析的基础设施与操作系统，根据所获数据预测公民需求，提供更好的公共服务。""智慧"与"智能"虽一字之差，但内涵上却有实质差别。"智能"侧重以智能机器取代人，最大限度地降低人的作用。"智慧"则在强调信息技术广泛应用的同时，更加注重以数据共享的方式，尽力发挥人的主观能动性，以实现更为科学的决策。[①]

4. 马来西亚智慧校园

1990年，马来西亚制定了国家教育改革计划——智慧学校（Smart School）。马来西亚智慧学校研究小组对智慧学校提出了定义："智慧学校是一个学习机构，它能有系统地开创该机构各项的教学与学习的方法及各项管理方案，让学习能适应资讯新时代"。[②]该计划预定在1999年在小学与中学试办实施，在2010年全国各地实施，并期待在2020年全面落实完成，让马来西亚进入先进行列。虽然马来西亚较早地提出了智慧学校的概念，但是由于20世纪90年代技术和媒体的限制，智慧学校的内涵并不等同于目前的智慧学校，其主要指校园数字化。

2.5　智慧校园研究现状

2.5.1　国内智慧校园研究现状

教育信息化研究一直是教育技术学科和计算机学科的研究热点，通过使用CNKI学术趋势工具对校园网、数字校园、数字化校园、智慧校园等关键词进行学术关注度比较，可以看到20年来的变化（见图2.3）。随着中国综合国力大幅

---

① 本报赴新加坡特派记者 王天乐，施晓慧. 新加坡推出"智慧国家2025"计划 [N]. 人民日报，2014-08-19022.
② 黄嘉胜. 马来西亚智能学校教育系统之分析研究 [J]. 湛江师范学院学报，2001（5）：13-23.

度提升，中国专家学者的研究成果在全球影响力越来越大，智慧校园亦将成为世界范围内的研究热点。

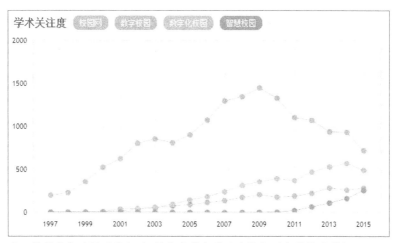

注：横轴代表时间（年），纵轴代表学术关注度指数（文献收录量）。

图 2.3　校园网、数字校园、数字化校园、智慧校园学术关注趋势比较

可以看到，2009 年以来，校园网的相关研究急剧下降，而数字校园、数字化校园相关研究均呈上升趋势；教育信息化研究总体呈上升趋势。这表明：第一，教育信息化无论从政策层面还是实践和研究层面，都很受重视，其技术属性和教育教学属性同样重要，但教育信息化还有很多可以深入研究的问题。第二，对校园网的研究多着眼于其技术属性。2009 年以前，校园网的技术属性远远高于其教育教学属性，也即信息技术在教育教学中的应用水平还有很多上升空间，信息技术与教育教学的融合还不够深入。2009 年以后，校园网的技术成熟度已较高，校园网建设转向数字校园、数字化校园和智慧校园，信息技术与教育教学融合度发生了较大改进。第三，数字校园、数字化校园方兴未艾，教育信息化的数字校园、数字化校园阶段在大多数地区尚在发展进行当中，其概念已深入人心，只是数字化校园一词的使用似乎比数字校园的使用更广泛，二者相关问题尚需通过后续研究解决。第四，智慧校园开始起步，智慧校园的概念还未广泛普及。智慧校园完全取代"数字校园、数字化校园"不会一蹴而就，是一个渐进过程。

当前智慧校园的研究从内容上看，主要体现在三个方面：智慧校园的设计与架构、智慧校园建设的关键技术、智慧校园的服务与应用。

1．智慧校园的设计与架构

朱洪波从建设内容的三个层次构建了智慧校园的整体框架，即网络融合、数据融合、服务融合与门户服务。[①]蒋家傅提出了运用先进的教育理念和物联网、云计算等先进信息技术构建智慧校园系统的技术路线和实施方法，提供了智慧校园整体解决方案。[②]陈翠珠等认为智慧校园应该包括如下功能模块：校园安检系统、校园智能一卡通、智能电器管理、校园智能医疗、校园智能环保、智能图书管理系统。[③]黄宇星等构建了基于网络的智慧校园的架构：基于网络的智慧校园的系统平台采用物联网架构，划分为感知层、传输层及应用层三层。通过新技术的应用，形成基础集成平台，实现智慧校园综合服务平台的物联应用，实现对教育部门、学校及家长、学生等相关用户的综合服务。[④]张帆在物联网分析的基础上，从物联网的三个层面设计了智慧校园总体规划方案，并在硬件和软件建设方面提出了构建思路和设想。[⑤]郭惠丽等针对智慧校园建设，提出了校园物联网建设的三种构建方式：以 RFID 为媒介、以传感器为媒介、以二维条码为媒介的构建思路，给出了构建图。[⑥]

2．智慧校园建设的关键技术

黄荣怀等人认为智慧校园的关键技术包括学习情景识别与环境感知技术、校园移动互联技术、社会网络技术、学习分析技术、数字资源的组织和共享技术。[⑦]陈卫东等人认为未来课堂——智慧学习环境的实现技术包括物联网、多功能交互设备技术等硬件层面技术和人工智能技术、上下文感知计算技术、和谐交互技术、计算机视觉技术、无缝数据管理技术等软件层面的技术。[⑧]陈明选等认为物联网技术在教育中的应用推动了"数字校园"向"智慧校园"方向的升级发展，使得基于物联网的智慧校园将校园中的物体连接起来，实现了学校的可视化智慧管理，

① 朱洪波．南京邮电大学基于物联技术的"智慧校园"建设与规划 [J]. 中国教育网络，2011（11）：18-19.
② 蒋家傅，钟勇，王玉龙，李宗培，黄美仪．基于教育云的智慧校园系统构建 [J]. 现代教育技术，2013（2）：109-114.
③ 陈翠珠，黄宇星．基于网络的智慧校园及其系统构建探究 [J]. 福建教育学院学报，2012（1）：120-124.
④ 黄宇星，李齐．基于网络智慧校园的技术架构及其实现 [J]. 东南学术，2012（6）：309-316.
⑤ 张帆．基于物联网的智慧校园建设方案探索 [J]. 安阳工学院学报，2012（2）：61-65.
⑥ 郭惠丽．基于物联网的智慧校园移动服务构建 [J]. 网络安全技术与应用，2011（9）：68-71.
⑦ 黄荣怀，张进宝，胡永斌，杨俊锋．智慧校园：数字校园发展的必然趋势 [J]. 开放教育研究 .2012（4）：12-17.
⑧ 陈卫东．未来课堂：智慧学习环境 [J]. 远程教育杂志，2012（5）：42-49.

构建了富有智慧的教育教学环境，为师生提供了一个全面的智能感知环境和综合信息服务平台，使课堂得以向真实的场景延伸。[①] 吕倩在校园云架构的基础上，论述了利用云计算、虚拟化、SOA 构建校园云，结合物联网、RFID 构建智慧校园。[②] 黄小卉等通过基于云计算的智慧校园信息资源共享的构建，论述了云计算在智慧校园建设中的应用。[③] 陈翠珠等通过分析泛在网、物联网、传感器网的关系，论述了这些技术在基于网络的智慧校园建设中的应用。[④] 可以看出，当前的研究思路所采用的技术承载主要包含物联网、云计算、移动计算、社会网络、统一数据存储、虚拟化等。

3. 智慧校园的服务与应用

陈明选等人论述了物联网在智慧校园中的作用，如全面感知、智慧节能、平安校园、智慧图书馆等；以数字农植园、仰望星空数字天文台项目、鸽蛋孵化实验等为案例说明智慧校园中的具体应用。[⑤] 严大虎介绍了智慧校园中校园生活如食堂管理、浴室水控管理、考勤管理、智能照明和教学管理如日常教学、智慧图书馆、实验室管理的服务与应用案例。郭惠丽等提出了基于物联网的智慧校园移动服务的构建，包括移动教务、移动图书馆、移动校园卡、移动办公、移动招生等。[⑥]

智慧校园的相关研究有比较超前的意识和崭新的思维，但也存在如下问题。

第一，对智慧校园的智慧表现认识不充分、体现不透彻，借鉴了"智慧地球"，但未深入理解其内涵，对智慧校园的设计缺乏理论高度的建构和分析，在某种程度上有简单化、理所当然化的倾向。

第二，当前智慧校园的研究领先于实践，建设还处于起步和摸索阶段，对关键技术的实施缺乏与前期建设基础的衔接，设计缺少原则与方法指导，且未考虑其成本效益和可行性，有一定难度。

第三，由于缺少理论与方法指导，应用研究千篇一律，设计未体现智慧校园对信息技术与教育教学深度融合的要求和实现，忽视了对教学、科研的支持。

① 陈明选，徐旸. 基于物联网的智慧校园建设与发展研究 [J]. 远程教育杂志，2012（4）：61-65.
② 吕倩. 基于云计算及物联网构建智慧校园 [J]. 计算机科学，2011（S1）：18-21+40.
③ 黄小卉，黄宇星. 基于云计算的智慧校园探究 [J]. 中小学电教，2011（11）8-11.
④ 陈翠珠，黄宇星. 基于网络的智慧校园及其系统构建探究 [J]. 福建教育学院学报，2012（1）：120-124.
⑤ 陈明选，徐旸. 基于物联网的智慧校园建设与发展研究 [J]. 远程教育杂志，2012（4）：61-65.
⑥ 严大虎，陈明选. 物联网在智慧校园中的应用 [J]. 现代教育技术，2011（6）：23-125.

第四，还没有完全摆脱数字校园的思维，停留在数字而非数据层面，没有体现出大数据时代数据作为基础资源的重要地位，很多情况下只是提供了简单的信息查询平台，其管理也是自上而下单向的信息传输，没有将这种信息化成果作为新的管理模型在实践中进行设计研究和现阶段以信息化建设作为提升大学核心竞争力的主动意识。[①]

2.5.2　国外智慧校园研究现状

欧洲、美国等国家和地区对信息技术的应用比较早，管理模型和体制相对稳定，其"智慧"应用已有存在，如美国宾夕法尼亚大学的一卡通应用，涵盖校内几乎所有服务，并与手机卡、银行卡集成；加利福尼亚大学的校长仪表盘和应急指挥平台，整合校内所有实时和历史数据，可以监控校园运转情况、校园安全、财务情况等，是一个比较先进的决策系统。Nesrine Khabou、Ismael Bouassida Rodriguez 等人从技术的角度介绍了一种基于环境状况和个人需求的情景感知技术在智慧校园中的应用，通过情景感知为师生协作提供主动服务；[②]能源消耗和碳排放成为英国大学的挑战，Anthony Emeakaroha 等提出了一个通过应用智能传感器（实时电力数据捕获）、集成可视化 Web 界面（实时电力的反馈显示）的监测系统，即通过智能传感器提高能源利用效率，以解决这一问题。[③]

亚洲，马来西亚早在 1997 年就针对中小学提出"智能学校执行计划"（Malaysian Smart School Implementation Plan），该文件详细阐述了智能学校的特征，为其创办提供了方向和模型。[④]同时，这方面的研究较多，如 Siavash Omidinia 认为智能学校成功的关键是教学学习策略和管理与行政流程的提升；[⑤]新加坡则通过智慧教育计划，构建了延伸至课堂以外的以学习者为中心的交互式

---

① 于长虹，王运武，马武. 智慧校园的智慧性设计研究 [J]. 中国电化教育，2014（9）：7-12.

② Khabou Nesrine，Rodriguez Ismael Bouassida，Gharbi Ghada，Jmaiel Mohamed. A Threshold based Context Change Detection in Pervasive Environments：Application to a Smart Campus[J]. Procedia Computer Science，2014，32：461-468.

③ Anthony Emeakaroha，Chee Siang Ang，Yong Yan. Challenges in Improving Energy Efficiency in a University Campus Through the Application of Persuasive Technology and Smart Sensors[J]. Challenges，2012，3（2），290-318.

④ 温从雷，王晓瑜. 马来西亚智能学校及其实施计划 [J]. 现代远距离教育，2006（4）：75-78.

⑤ S. Omidinia，M. Masrom，H. Selamat. Adopting ICT for interactive learning：smart school case in Malaysia[J]. International Journal of Academic Research Part B，2012，4（4），107-115.

学习环境；[①]Yaser Khamayseh 介绍了 ZigBee 等无线技术在智慧大学校园中的应用。

1990 年美国克莱蒙特大学教授凯尼斯·格林（Kenneth Green）发起并主持了的"数字校园计划（The Campus Computing Project）"。该研究项目自 1994 年至今已经发布了 15 个研究报告（见表 2.6）[②]，对世界上其他国家了解与借鉴美国高校信息化建设产生了重要影响。从研究报告中可以发现，美国高校中信息技术应用及发展情况的变化，例如 1994 年研究报告揭示信息技术开始进入课堂；2001 年研究报告揭示电子商务开始进入校园；2006 年研究报告揭示无线网络覆盖了高校教室的一半，信息技术安全问题较去年有所缓解等。

表 2.6　美国数字校园计划研究报告一览表

时间	研究报告名称
1994	Information Technology Moves Slowly into the Classroom
1995	Technology Use Jumps on College Campuses
1996	Instructional Integration and User Support Present Continuing Technology Challenges
1997	More Technology in the Syllabus，More Campuses Impose IT Requirements and Student Fees
1998	Colleges Struggle with IT Planning
1999	The Continuing Challenge of Instructional Integration and User Support
2000	Struggling with IT Staffing
2001	eCommerce Comes Slowly to the Campus
2002	Campus Portals Make Progress; Technology Budgets Suffer Significant Cuts
2003	Campus Policies Address Copyright Issues; Wireless Networks Show Big Gains
2004	Tech Budgets Get Some Relief Cautions Support for Open Source Applications
2005	Growing Concern About Campus IT Security; Slow Progress on IT Disaster Recovery Planning
2006	Wireless Networks Reach Half of College Classrooms; IT Security Incidents Decline This Past Year
2007	IT Security and Crisis Management Pose Continuing Challenges
2008	Campuses Invest in Emergency Notification
2009	IT Budgets Are Down-Again
2010	IT Budget Cuts Are Down; LMS Strategies Are in Transition
2011	A Mixed Assessment on the Effectiveness of Campus IT Investments
2012	A Mixed Assessment on the Effectiveness of Campus IT Investments

① 陈耀华，杨现民. 国际智慧教育发展战略及其对我国的启示 [J]. 现代教育技术，2014（10）：5-11.
② The Campus Computing Survey[EB/OL]. http://www.campuscomputing.net/survey. 2010-07-13.

续表

时间	研究报告名称
2013	Campus IT Officers Affirm the Instructional Integration of IT as Their Top Priority，Offer Mixed Reviews on IT Effectiveness and Outsourcing for Online Education
2014	Campuses Struggle to Provide Effective User Support and IT Training, and Also Digital Access for Disabled Students
2015	Great Faith in the Instructional Benefits of Digital Technologies; Great Expectations for the Rising Use of OER

2009 年，美国 CDW（Computer Discount Warehouse）发布调查报告《2009 年 21 世纪校园报告：定义远景》[①]，有如下四个重要发现：①学生、教师和 IT 人员一致认为 21 世纪的校园具有无线接入、资源访问、彼此沟通的特点。②校园技术对学生越来越重要。越来越多的学生把教育价值与校园技术联系在一起，81% 的学生每天使用技术进行课前预习，明显高于 2008 年的 63%。尽管对学生来说技术至关重要，45% 的学生认为技术充分整合到课程之中，低于 2008 年的 54%。③教师和学生对技术的使用看法不一致。教师认为他们使用和了解技术的水平较高，但是学生不认可这种评价。学生认为教师缺乏技术知识是课堂中技术整合的最大障碍。④展望未来，学生和教师缺乏做好准备进入劳动市场的自信。仅有 32% 的学生和 22% 的教师强烈同意大学可以让学生做好成功使用技术进入劳动市场的准备。

---

① The 2009 21st-Century Campus Report：Defining the Vision[R]. CDW-G 2009 21st-Century Campus Report，2009.

第 3 章

智慧校园战略规划与设计

3.1 智慧校园战略规划

3.1.1 智慧校园战略规划现状

目前，一些意识超前的省市和学校，已经开始研制智慧教育或智慧校园的发展规划。智慧教育或智慧校园战略规划已经融入了一些智慧城市战略规划。总体来说，智慧校园战略规划水平还有待提升，缺乏智慧校园战略规划理论的有力支持。

2014 年，江苏省研制《江苏智慧教育三年行动计划（2015—2017 年）（征求意见稿）》，①提出智慧教育重点建设内容是智慧校园、智慧管理和智慧教学。

2014 年 12 月，《推进杭州教育信息化发展智慧教育行动计划（2015—2017 年）》②，提出打造"智慧教育管理云平台"、"智慧教育资源云平台"和"智慧教育学习云平台"，重点实施如下六项任务：推进教育网上政务服务、推进校园智能管理建设、推进智慧课堂建设、推进数字媒介素养教育、推进教育智能化社会服

---

① 江苏智慧教育三年行动计划（2015—2017 年）（征求意见稿）[EB/OL]. http://www.ict.edu.cn/laws/difang/ n20141014_18401.shtml.2014-10-14.

② 杭州市教育局关于印发《推进杭州教育信息化发展智慧教育行动计划（2015—2017 年）》的通知 [EB/ OL]. http://www.hzedu.gov.cn/sites/main/template/detail.aspx?id=41479. 2014-12-26.

务、推进信息网络改造提升。

2014 年 3 月，北京海淀区发布《海淀区智慧教育中长期发展规划（2014—2020 年)》、《海淀区智慧教育建设项目管理办法》。[①]重点实施六大任务：建设区域教育云中心、建设智慧校园、建设智慧型学习社区、提升智慧教学能力、推进智慧学习能力、构建一体化智能运维体系。

2015 年 3 月，常熟高新园中等专业学校发布《"智慧校园"建设规划方案》[②]，主要内容可概括为：建立一套标准体系、一套安全体系、四个平台（网络基础平台、学校门户平台、统一身份认证平台和共享数据平台）、三个中心（智慧校园管理中心、资源中心和服务中心）和一套管理与维护体系。

2015 年 11 月，深圳莲花小学发布《"智慧校园"建设五年规划（2015—2020 年)》[③]，智慧校园建设内容为：加强支撑环境建设、重视数字资源建设、推进智慧校园应用。

3.1.2 智慧校园建设团队的组成与特点

智慧校园是一项复杂的系统工程，其建设团队的组成极其复杂（见图 3.1）。按组织机构划分，智慧校园建设团队包括上级教育主管部门，学校，智慧校园研发企业、产品供应商等，公交公司、银行、青少年爱国主义教育基地、博物馆等，家庭、社区、教育实践基地等。上级教育主管部门包括教育部，教育厅、中央电教馆，市教委、市教育信息中心，区县教委、区县教育信息中心（与中小学智慧校园建设相关）等。学校内部的组织机构包括网络信息中心（教育技术中心），教务处、院系、研究所、年级组、办公室，校医院、医务室，图书馆，保卫处，户籍室，后勤处等。按照人员组成划分，智慧校园建设团队包括学校领导等教育管理人员，智慧校园建设协调人员（CIO、项目主管等），学生，教师，后勤服务人员，社会公众（学生家长、关注支持教育发展的人），智慧校园专家，智慧

[①] 北京市海淀区发展智慧教育促进教育均衡 [EB/OL]. http://www.wxmp.cn/cms/detail-76361-295129-1. html#.2016-06-04.

[②] 常熟高新园中等专业学校"智慧校园"建设规划方案 [EB/OL]. http://www.cssysxx.com/Article/ShowArticle.asp?ArticleID=4874.2015-03-12.

[③] 莲花小学"智慧校园"建设五年规划（2015 年 -2020 年）[EB/OL]. http://lhxx.szftedu.cn/details. aspx?id=2305. 2015-11-27.

校园研发人员，智慧校园基础设施部署安装人员，项目监理人员，智慧校园管理与维护人员，智慧校园评估人员等。其中，智慧校园研发人员又包括需求调研人员，功能设计人员，界面设计，美工人员，程序编码人员，以及系统测试人员等。

图 3.1　智慧校园建设团队的组成

　　智慧校园建设是一项集体活动，需要不同层次、不同专业背景的人积极参与，才能很好地完成建设目标。这客观上要求智慧校园建设团队能够高效协调，彼此之间能有效沟通，形成相互之间的默契。智慧校园建设团队具有如下特点。

　　第一，在团队构成方面极其复杂，涉及部门机构较多，团队成员的工作情境和专业背景差距较大，存在沟通协调困难的潜在因素。

　　第二，建设团队需要有较高的信息素养，尤其是智慧校园建设的负责人需要既掌握数字校园建设理论又知晓数字校园建设技术。

　　第三，建设团队应该善于追踪物联网、大数据、学习分析、机器人、人工智能等新技术与新媒体的发展，及时关注教育中的热点问题，富有创新精神，能够创造性地对智慧校园进行规划与设计，切实解决教育发展中的具体问题。

第四，建设团队想要做好智慧校园的规划与设计，必须对智慧校园的内涵、功能和作用达成基本共识，与国家的相关政策保持高度一致，关注教育中的热点问题，并突出彰显本地化特色。

3.1.3　智慧校园战略规划研制原则和理念

智慧校园战略规划研制原则是智慧校园战略规划研制过程中应遵守的准则，对智慧校园战略规划研制起着规范和指导的作用。在智慧校园战略规划研制过程中，应该遵守全面性原则、系统性原则、开放性原则、适用性原则、最优化原则、全员参与原则、适时修改原则、经济效益原则和智慧性原则。尤其是智慧性原则，最能体现智慧校园与数字校园的区别，也是提高校园智慧性的重要保障。

智慧校园战略规划研制理念是在智慧校园战略规划研制过程中的指导思想。在智慧校园战略规划研制过程中，应该秉持顶层设计、以人为本、实事求是、统筹兼顾的理念。

3.1.4　智慧校园战略规划的构成要素

教育信息化战略规划是教育信息化政策的重要组成部分，是一种特殊的教育信息化政策。教育信息化战略规划不是孤立存在的，而是与教育信息化的各种政策相互依存。国家、省市、区县和学校教育信息化战略规划，逐层落实、彼此关联、相互影响。教育信息化战略规划的本质是对教育信息化未来发展进行全面、系统、科学的谋划，以实现本来达不到的战略目标。

教育信息化战略规划是关于教育信息化如何发展的全局性的总体发展计划，其主要内容包括教育信息化发展的战略目标、战略措施及实现战略目标所需要完成的具体战略部署等。智慧校园战略规划既是教育信息化战略规划的重要组成部分，又是智慧教育战略规划的重要组成部分。

智慧校园发展规划与教育信息化发展规划具有很大的相似性，相对来说更具体化和微观化。智慧校园的发展规划一般包含如下五个构成要素：现状分析、指导思想 / 工作方针、发展目标、重点任务 / 重大工程、保障措施（见图 3.2）。无论是高校的智慧校园，还是中小学的智慧校园，其规划设计应包含这五个基本要素。

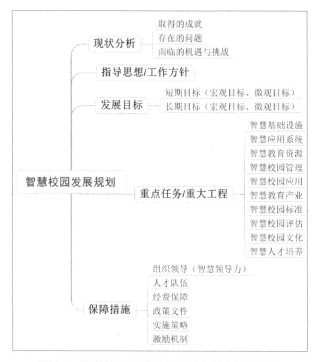

图 3.2　智慧校园发展规划的五个基本构成要素

　　智慧校园具体的建设内容包含五部分：智慧基础设施、智慧应用系统、智慧教育资源、规章制度和信息化领导力。从具体建设内容看，学校教育信息化发展规划与智慧校园发展规划无本质区别，都属于微观层面的战略规划，面向本校教育信息化或智慧校园未来发展，只不过智慧校园发展规划重在强调建设智慧校园。数字校园和智慧校园的本质区别在于智慧程度的差异，智慧校园建立在数字校园的基础之上，是更高形态的数字校园。

3.1.5　智慧校园的战略目标与战略重点

　　智慧校园的战略目标主要是营造便捷、灵活、泛在的智慧学习环境，为智慧学习、智慧教学、智慧管理、智慧教研、智慧科研、智慧评价、智慧生活、智慧服务等提供优质服务，从而提升学习、教学、管理和服务的智慧化水平，有利于"让每个孩子都有出彩的机会"，有利于培养 21 世纪所需的大批智慧型、创新型人才。

　　一个高水平的智慧校园，应该能够支持学习方式变革、教学方式变革和管理方式变革，促进智慧型、创新型人才培养，促进教育均衡发展，引领教育的创新与变革，从而能够重塑学校业务流程，形成创新的文化，助力实现中国教育强国梦。智慧校园将为创新型人才培养提供学习、研究和创造的智慧环境，促进"学—研—创"人才培养。智慧校园是智慧教育的重要组成部分，是继数字校园之后的校园建设的新趋势，是由数字校园重视物的建设向人的创新能力培养方面的重大转移，支持教育由培养知识人转向培养智慧人、培养创新创造之人。

不同类型的智慧校园战略规划关注的战略重点不同。智慧校园战略规划可以细分为国家、省市、区县和学校智慧校园战略规划。不同层面的智慧校园战略规划的主导者不同，国家、省市、区县智慧校园战略规划的主导者分别是教育部、教育厅、教育局，学校智慧校园战略规划的主导者是学校。教育主管部门主导的智慧校园战略规划更宏观，学校主导的智慧校园战略规划更微观、更具体、更具有可操作性。前者多是在政策、经费、信息化人才培训等方面给予支持，引导和激励学校建设智慧校园，战略重点关注公共智慧基础设施、智慧教育资源、智慧应用系统、智慧校园管理和评估等，促进区域优质智慧资源共享与深层次应用，其根本目的是促进所管辖学校的智慧校园的建设和发展。后者是智慧校园的建设主体，战略重点关注智慧基础设施、智慧教育资源、智慧应用系统、智慧校园应用、智慧管理、智慧教研、智慧科研、智慧评价、智慧生活、智慧服务等方面。

建设智慧校园并非是全部推翻原有的数字校园，而是在数字校园的基础上提升智慧化水平、丰富智慧内涵。当前，数字校园建设已经有很多成功的案例，积累了很多值得借鉴的经验和教训，智慧校园建设尚处于研究和探索阶段。数字校园和智慧校园各有优缺点：数字校园的建设理念和技术较为成熟，成功的案例较多，经费投入相对较少；智慧校园的建设理念和技术有待深入研究，现有的智慧校园智慧化程度不够高，缺乏成功的典型案例，经费投入较多。校园的发展经历了从传统校园到数字校园，再到智慧校园，但数字校园并不是不可逾越的阶段，无论当前学校教育信息化出于什么样的水平，教育主管部门和学校都可以充分发挥"后发优势"，高起点研制智慧校园战略规划，高标准定位智慧校园，高质量推进智慧校园。

3.1.6 智慧校园战略规划流程

传统校园（现实校园）数字化后成为数字校园，数字校园智慧化后成为智慧校园，智慧校园是数字校园发展的更高级形态。数字校园与智慧校园的主要区别体现在智慧化程度的不同，后者在校园数字化的基础上运用了更多的智慧化技术，逐步实现智慧环境、智慧管理、智慧教学、智慧学习、智慧科研和智慧生活等。数字校园战略规划与智慧校园战略规划的主要区别是对智慧理念和智慧技术关注程度的不同。

智慧校园战略规划流程具有 18 个战略规划步骤（见图 3.3）。

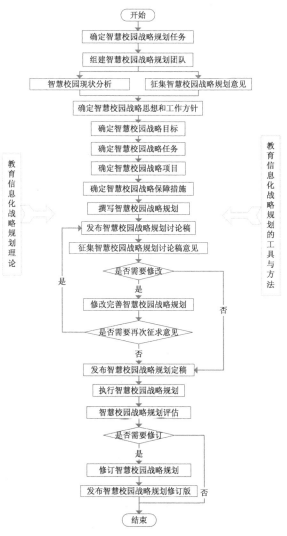

图 3.3　智慧校园战略规划流程

3.1.7 智慧校园建设规划方案

信息化建设对于一个学校而言，应该具有中长期战略规划和短期建设规划。中长期战略规划的作用在于响应国家相关部委，尤其是教育部等部门对教育信息化工作的中长期规划和要求，为学校信息化工作制定中长期建设发展战略目标、原则及指导思想，与学校中长期发展相配合、相呼应，是信息化领导机构的智慧结晶，使信息化建设的执行机构和人员及信息化系统的运维人员对未来的发展方向有具体的了解；短期建设规划则是为了分解中长期建设战略规划，对本年度或者未来 2~3 年内信息化建设的具体建设内容和工作的重点及具体方面做出详细安排，使信息化建设执行机构和人员、信息化运维人员对未来 2~3 年的工作内容详细了解。从程序上，基于"项目规划"（当前财政预算管理要求以项目形式对年度开支进行预算）的短期规划的确定应该经过申报立项、方案设计、方案论证等几个阶段。

智慧校园建设申报立项是指在学校信息化建设领导小组的领导下，信息化建设主管机构审时度势，对智慧校园建设框架性总体设想提出建议文件，是对当前校园信息化建设不足提出改造的建议。其目的是作为学校领导或上级主管部门审批的依据，为下一步进行可行性研究提供依据。方案设计包括需求分析（利益相关者分析）、功能分析、原型设计等。设计者根据需求分析结果，运用自己掌握的知识和经验（智慧校园理论指导、功能、设计方法、设计原则等），选择合理的技术方案，以满足用户需求目标导向。方案设计初稿出来之后，还要邀请用户、技术专家、相关企业等反复进行多轮次方案论证，最终形成可行性研究报告。

智慧校园建设经过立项、方案设计、论证之后确定可行，即进入规划实施阶段，也即进入智慧校园的建设阶段。智慧校园在教育信息化建设的框架之内，其建设周期不应太长，尽管其智慧表现之一是对未来应用的开放和兼容。智慧校园的建设规划及建设周期也不应太短，因为充分的调研和讨论涉及面很广，需要数轮的多部门协调、调研和讨论，是一个花费时间和精力的过程，如果没有成熟的现成方案，其调研和讨论需要较长时间，一般应在 3 个月到半年之间。一旦形成规划方案，机构和人员配置到位，执行力就发挥作用，进入建设期。建设期太长或太短都不利于智慧校园的建设。如果是对原有数字校园或校园网和应用系统的整合改造，则时间不会太久；如果是新建智慧校园，则周期相对较长。

建设规划方案应在充分调查、了解现状、需求及利益相关者分析的基础上，形成文件型可行性方案。完整的建设规划方案，主要应包括建设组织机构及职责、建设模式、遵循标准、建设内容、建设目标、建设阶段、技术方案、体系架构、建设经费投资概算等。

1．建设组织机构及职责

建设组织机构包括领导机构和执行机构、相应的工作制度及人员岗位职责、任务分解等，其作用是让参加建设的校内人员、校内师生等所有校内人员和中标企业明确智慧校园建设的领导者和执行者及组成人员的相应分工，明确各岗位的责任，加强进度推进和验收监督，协调推进中的各种问题，确保智慧校园建设顺利进行。

2．建设模式

目前校园信息化建设模式有独立建设、委托、合作或外包建设、租赁等几种，[①]独立建设即学校独自投资，购买设备、应用系统及其售后服务，学校出台或购买建设规划，由于信息化系统的庞杂及技术的原因，这里的独立并不是从需求分析、规划方案出台、招投标、开始建设到开始使用、管理维护、扩容、更新乃至设备研发、应用系统研发等全部由学校独立完成，总会有某些部分需要咨询学习或者需要设备 / 软件服务供应商的某些售后服务。因此，独立只是相对的独立。委托则属于相对比较简单的建设方案，托管模式是指需求方由于技术或其他原因，委托受委托方完成学校的信息化规划、建设乃至运营管理，信息化建设托管模式是指只需要建设需求方即学校提出建设目标、建设要求和经费概算，由受委托方出台建设规划和具体建设方案，受委托方通常是设备 / 软件或应用系统供应商、电信运营商、系统集成商。由于政策的原因或技术的原因，大学的信息化托管多属于部分托管，即受委托方只负责规划、建设、运营管理中的某一个环节或某部分工作，或者将部分设备或应用放置于运营商或系统集成商的数据中心。合作建设和托管有相似之处，如可委托合作单位进行学校基础通信设施如室内外综合布线的建设，或者委托合作单位负责设备采购、建设承担者确定等，即委托合作单位承担某个环节或某部分建设任务；不同之处在于建设单位和合作方（如校方和中标公司、校方和建设承担者）在建设或运维过程中，资金流动方式不同，委托对受委托方的报酬一般是短期行为，即"货到付款、货款两清"，而合作建设则一般是

---

① 王运武 . 我国智慧校园建设研究综述 [J]. 现代远程教育研究，2011（4）：39-50.

长期行为，合作单位负责学校的基础网络的综合布线，而学校则允许合作单位某种业务在校园内的排他性经营。租赁对学校而言是最简单的模式，学校只需购买需要的某种信息化需求，如对硬件资源存储空间及 WWW 运行环境的需求或者对智能 DNS 的需求等，一般规模较小而又对信息化方面的科研要求不高的学校采取这种方式。采用何种模式建设智慧校园要综合考虑信息化专职工作人员数量、教职工对智慧校园应用需求、政策法规、运维能力、学校层次、资金概算等多种因素，而最重要的原则是以人为本、以用户需求为目标。事实上，没有一个学校尤其是大学可以完全开发所有所需应用和服务，也没有哪个大学一个信息化专职人员都没有而需要全部委托或租赁。因此，在实践中更多的可能是"混合模式"。

3. 遵循标准

遵循标准是指智慧校园要遵循的技术和管理等方面的标准，如关于基础网络综合布线标准有国际通用标准 ANSI/TIA/EIA—568—A（商业建筑物通用布线标准），国家标准 GB/T 50311—2000（建筑与建筑群综合布线系统工程设计规范）；数据中心标准 GB 50174—2008（电子信息系统机房设计标准）、教育部发布的行业标准《教育管理信息 教育管理基础代码》等 7 个教育信息化行业标准。

早期校园信息化建设的代表性工程项目如校园网或数字校园／数字化校园建设项目，并没有独立的可遵循的标准，或者说相关部门并没有专门针对校园网或数字校园即校园信息化建设出台相关标准（和法律法规）。校园信息化建设所引用和遵循的标准基本是其他行业或非教育部门制定、具有通用属性的标准或规范。由于校园信息化建设及应用在早期尚不够深入，在某些方面应用这些标准或规范是可以的，反过来看，这也正是早期的校园信息化建设项目不规范的原因之一。因此，《教育信息化十年发展规划（2011—2020 年）》提出，要加强教育信息化标准规范的制定和应用推广。2012 年 3 月 15 日，教育部发布了与教育管理信息有关的《教育管理基础代码》、《教育管理基础信息》、《教育行政管理信息》、《普通中小学校管理信息》、《中职学校管理信息》、《高等学校管理信息》和《教育统计信息》共 7 个教育信息化行业标准（教技 [2012]3 号）。[①] 智慧校园刚出生不久，是一个新生事物，为新生事物制定标准或规范意义重大，新标准的制定所有多方

---

① 教育部. 教育部发布《教育管理信息 教育管理基础代码》等七个教育信息化行业标准 [EB/OL]. http://www.moe.gov.cn/publicfiles/business/htmlfiles/moe/s5889/201204/134097.html. 2014-09-14.

参与，共同完成，以保证利益相关者都能贡献力量，获得最大利益。在此之前，可以暂时遵循或引用已有的相关标准或规范。

4．建设内容

智慧校园建设是一项系统工程，工程的实施要在完整规划的基础上按时间段安排逐一完成相关部分的建设。智慧校园的建设内容分为技术性和非技术性两部分，非技术性是指组织机构、人员配备、制度建设、文档管理等。

5．建设目标

《教育信息化十年发展规划》提出了教育信息化的发展目标，这一目标涵盖了学校信息化的发展目标，也即学校信息化发展目标要与此相适应。具体到智慧校园的建设目标或发展目标，就是智慧校园建设要达成的效果，即建成智慧校园环境、实现智慧教学、实现协同办公和基于大数据的决策系统。

6．建设阶段

由于智慧校园建设的超前性、系统性、协同性、智慧性、长期性，无论是在原有基础上的改造，还是新建，投入较大，都需要很好的组织，会经历一个较长的周期。因此，一般情况下智慧校园的建设同其他信息化建设项目有所区别，要进行阶段性建设规划，这样才能更好地完成智慧校园的建设。以三年期为例，一般会规划第一年、第二年、第三年分别建设什么内容，不同年份为不同的建设阶段，或者称为建设时期。越详细的建设阶段描述，越有利于建设执行人员对智慧校园建设整体进度的把握，越有利于对其阶段效果的评估。

技术方案。智慧校园的建设内容分为不同的方面，这些不同内容具有不同的技术特征，遵循不同的技术标准或者同一个内容，可以选择采用不同的技术手段，有多种实施方案或途径，如基础网络综合布线同服务器选型差别较大，基础接入网络可以选择 ATM 或者以太网，或者 GPON。整体的技术方案就是要为建设内容和建设目标选择能够协同并且能够实现的技术类型和技术手段，及其步骤乃至实现途径。

7．体系架构

智慧校园是一个虚实结合的系统，智慧校园的建设是一项系统工程。通过对智慧校园的系统分析，可以确定用户对智慧校园的需求，智慧校园的组成和系统架构。

8．建设经费投资概算

投资概算是指在项目计划书里对投资资金进行使用说明，并说明项目投资的基本情况。智慧校园的投资概算属于建设申报立项书中的重要内容，用于在智慧校园建设起步初期让学校领导或者上级主管部门对智慧校园建设投资花费有初步了解，是对智慧校园建设进行审批及控制投资的依据，概算涵盖智慧校园工程建设从开始到竣工并交付使用的全部内容。

3.1.8　智慧校园规划与设计中常见的问题

智慧校园的规划与设计在数字校园建设的整个过程中占有很重的分量，往往需要智慧校园建设团队至少投入三分之一的时间和精力。由于系统思考的缺失，在制定智慧校园发展规划与建设实施方案时容易出现顾此失彼的现象，未能从整体上对智慧校园建设进行把握。

当前智慧校园战略规划实践活动主要存在如下典型问题。

第一，前期未做充分调研，对智慧校园发展过程中取得的成就和存在的误区分析不到位，以致不能准确分析未来智慧校园发展面临的机遇与挑战。

第二，智慧校园战略规划的指导思想缺乏系统观，不能从宏观层面指导智慧校园建设，往往出现"缺乏与教育发展规划、教育信息化发展规划等相关政策与标准的紧密结合、过度强调信息化基础设施建设、忽视智慧校园的有效应用"等现象。

第三，智慧校园战略规划中的发展目标定位不合理，往往出现"缺乏短、中、长期目标的相互结合；发展目标定位过高或定位过低"的现象，不利于智慧校园的长期可持续发展，目标定位过高难以实现，目标定位过低不具有挑战性。智慧校园的发展目标不明确，未能与学校的办学目标、学校特色，以及与学生、教师和教育管理者的需求紧密结合。只关注智慧校园的当前发展，未考虑智慧校园的长期可持续发展。仅从本校的角度考虑智慧校园建设，未考虑国家有关智慧校园建设和教育未来发展的政策导向，也未考虑如何充分利用社会资源。

第四，对学校教育信息化发展的现状与存在的问题分析不透彻，未能准确调研出学生、教师、教育管理者和社会公众等智慧校园的实际需求，以致智慧校园重点建设内容定位不准确。

第五，智慧校园战略规划中的重点任务或重大工程，不是依据如何解决智慧校园发展过程中实际存在的问题提出，或实施难度太大，难以实现。智慧校园建设的应用系统，要么大而全，模仿其他学校的应用系统的建设方式，要么直接采用公司开发设计的应用系统，未结合学校的实际情况做本地化处理。

第六，保障措施不到位。考核机制不到位，缺乏相应的激励措施，未能有效执行智慧校园战略规划，无足够的经费支持工程的实施等。建设经费分配不合理，存在硬件和软件经费投入较多，资源建设经费投入较少，有的甚至没有考虑运营维护费用。绝大部分学校的智慧校园建设方案未考虑建立激励机制，没有相应的激励措施，很难推动智慧校园的实际应用。信息化领导力薄弱，建设队伍组建不合理，未能充分调动各个部门的人员积极参与智慧校园建设。

第七，智慧校园建设方案整体上存在如下三种倾向：①强调技术与媒体在数字校园建设中的应用，对应用系统、资源建设关注较少。②强调智慧校园辅助教育管理的功能，对智慧校园支持教与学的功能关注较少。③强调智慧校园对教与学的支持，兼顾利用数字校园提高教育管理质量和水平，同时注重在数字校园建设中使用合适的媒体与技术。显然，最后一种智慧校园建设倾向是建设智慧校园的最佳选择。如果能够运用系统思考，整体上考虑智慧校园的规划与设计，则能设计出更适用于学校实际情况的智慧校园建设方案。

第八，智慧校园的智慧化程度不高，与数字校园在本质上无显著区别。尽管有些意识超前的高校和中小学提出建设智慧校园，但是由于对智慧校园的内涵把握不清晰，智慧校园的智慧化程度还有待提高。

3.2　智慧校园的功能分析

智慧校园功能主要包括：智慧教学、智慧学习、智慧管理和智慧生活服务。

3.2.1 智慧教学

1. 优化学习环境，培养学生的信息素养

现代社会是信息社会，信息社会对社会成员的基本要求，即教育要面向未来、面向现代化，要求在教育实施中对师生进行信息素养的培养。信息类工具的熟练使用是个人能否融入社会、正常生活的前提。

美国高等教育图书研究协会（ACRL）在召开的美国图书协会仲冬会议上审议并通过了"美国高等教育信息素养能力标准"（Information Literacy Competency Standards for Higher Education）。该标准分为三个板块：标准、执行指标和效果。有五大标准：具有信息素养能力的学生能决定所需要的信息种类和程度；具有信息素养能力的学生能有效而又高效地获取所需信息；具有信息素养能力的学生能评价信息及其来源，并能把所遴选出的信息与原有的知识背景和评价系统结合起来；具有信息素养能力的学生无论是个体还是团体的一员，能有效地利用信息达到某一特定的目的；具有信息素养能力的学生懂得有关信息技术的使用所产生的经济、法律和社会问题，并能在获取和使用信息中遵守公告法律。[1][2][3]在此标准参照下，我国高校学生的信息素养不容乐观。

一项对皖北地区高校进行的大学生信息素养的现状调查表明：71.38%的大学生对自己所处的信息环境不太了解；13.74%的大学生根本不了解信息的重要作用；10.58%的大学生完全不能对信息做出正确选择；48.68%的大学生不能够明确地表达信息需求。[4]

另一项对西南大学荣昌校区在校学生的信息素养教育现状调查表明：只有37.5%的学生能熟练使用搜索引擎中的高级检索方式查找信息；只有26.3%的学生学习过文献检索课；有76.4%的学生表示对于图书馆的信息服务功能及信息资源了解得并不是很多；有56.3%的学生不知如何去检索自己所需要的专业信息；

① Information Literacy Competency Standards for Higher Education[ED/OB].http://www.ala.org.acrl/files/content/standards/standards.pdf.2014-8-30.
② 陆光华. 对美国高等教育信息素养能力五大标准的分析与思考 [J]. 图书馆学研究，2003（4）：86-89.
③ 聂鑫. 信息素养概念界定研究进展 [J]. 图书馆学研究，2005（7）：100，37.
④ 杨虎民，余武. 当代大学生信息素养的现状调查与思考——以皖北地区高校为例 [J]. 教育研究与实验，2014（2）：73-78.

有 63.7% 的学生对信息素养的含义不太了解。[①]

而一项对高职学生的信息素养现状调查表明：85% 的学生对中国知网、维普、万方等数据库不了解，74% 的学生不知道超星数字图书馆、书生之家等数字化图书馆。[②]

这反映了尽管我国教育信息化取得了很大成就，但是具体到学习主体，一些大学生信息的敏感性不强，尤其是在中西部经济相对落后的地区，部分大学生还没意识到信息的重要作用，对信息利用能力不强。这说明师生的信息化素养的提升还必须经过一个过程，必须得到培养才能提高，也部分地反映了教育信息化的一个努力方向——提高师生的信息化素养。

智慧校园的建设扩展和深化了教育信息化的内涵，它应当具有提升师生信息化素养的功能，也能够具有这个功能。第一，智慧校园既然是教育信息化的内涵深化，就要在一定程度上超越其技术属性，以用户为中心，让师生的信息素养有很大的进步；第二，相比于早期的校园网和数字校园，智慧校园提供了一个完整的虚拟空间，要在完全数据化的物理空间更好地学习生活，必须对虚拟空间的相关知识熟练地掌握；第三，智慧校园的"智慧"成为校园文化，能让师生更便捷、更容易、更全面地在无意识中对信息技术保持较高的兴趣，并获得所需的信息技术，最终转化为一项对信息技术的本能反应。

2. 智慧教学管理

教学管理是学校管理的中心，主要内容包括教学组织和教务行政等。[③]教学管理的信息化是教育信息化的一部分，相应地也经历了计算机化（单机）、网络化的快速发展阶段，教学管理系统的功能模块越来越多、越来越智能，给教学管理带来了极大的便利，并有效促进了教学改革、改善了教学效果。[④][⑤][⑥]

---

① 毕瑞. 大学生信息素养教育现状调查及对策研究 [J]. 科教导刊（上旬刊），2014（7）：240，254.

② 张成光. 信息素养落地——高职学生信息素养现状调查分析及培养策略 [J]. 中国信息技术教育，2014（1）：21-22.

③ 王道俊，王汉澜. 教育学 [M]. 北京：人民教育出版社，1999:593-596.

④ 赵玉. 基于网络教学平台的流媒体课件与录像教材在远程学习中的效果比较研究 [J]. 远程教育杂志，2004（2）：26-29.

⑤ 董春华，张茂林. 网络信息平台在运动技术教学中的时效性 [J]. 上海体育学院学报，2011（3）：91-94.

⑥ 王力纲. 基于 Smart Client 教务管理系统的评价 [J]. 系统科学学报，2010（3）：80-84.

然而数字校园时代对数据的利用还存在一些问题：没有认识到数据作为基础资源的重要地位及其在教学管理方面的重要性，导致信息化应用还处于较低层次，大数据背景下，对哪些数据可以应用到教学管理没有相关的调查分析；教学过程拥有来源广泛的数据，缺少从数据中发现价值的能力。教学管理系统能采集到哪些数据、怎么采集那些数据、怎么分析使用数据、如何将数据分析的结果用于预测与决策以促进信息技术与教育教学的深度融合，这是一个广泛存在亟待解决的大问题。[①]智慧校园中的智慧教学管理平台以其对数据的重视从大数据中发现价值，发挥智慧校园的教学功能。

3. 教学资源智慧生成、存储、传播

"联通主义"认为管道比管道中的内容更重要，获得所需知识的途径比学习者当前掌握的知识更重要。这提醒我们智慧校园的建设在提供"管道"或者环境的同时，要更加注重资源的智慧性。这样学习者才能利用管道顺利地按需取用。

信息化教学资源是指支持教和学活动的学习材料、学习工具和交流工具等资源，是经过数字化处理或者经过再加工和制作的、可以在多媒体计算机与网络环境下运行的、能够展现相关知识节点内容的教学材料。

信息化教学资源包括：电子课件或课程、教师课堂录像、数据化图书、教学网站及其他能用于教学或学习的网络资源。信息化教学资源对于信息化环境中的教学，培养学生发现问题、解决问题的能力，对于充分利用时间进行泛在学习，全面掌握所学内容，培养学生的创造性等都发挥着积极作用。然而，早先的信息化教学资源缺乏系统性和整体规划、信息资源分散、资源标准不统一、制作不规范、重复建设较多、利用率较低、与学校需求脱节；[②]或随着时间的推移，信息化教学资源所承载的知识内容变得陈旧过时，或者知识内容的表现形式或载体的媒介类型逐渐陈旧过时而不再被人们应用于教与学活动，教学资源开始"老化"，人们在教或学活动中，越来越少使用它。[③]

智慧校园中的教学资源能够克服这些问题，其原因如下。

① 于长虹，王运武. 大数据背景下数字校园建设的目标、内容与策略 [J]. 中国电化教育，2013（10）：30-35+41.
② 张一春.Web2.0 时代信息化教学资源建设的路径与发展理念 [J]. 现代远程教育研究，2012（1）：41-46.
③ 杜玉霞.信息化教学资源老化的影响因素探析 [J]. 中国电化教育，2014（2）：67-73.

第一，智慧校园经过智慧性设计和总体规划，充分考虑教学过程和教学资源与信息技术尤其是新技术的深度融合，教学资源的设计以相关学习理论为指导，在统一标准和统一规范下制作生成。如伍海波等设计了一个一个基于 MVC 模式的教学资源管理系统，系统是基于 J2EE 平台和 MVC 架构的应用开发，采用 Struts 的框架设计，并且利用 MySQL 作为后台数据库；[①]邢丽刃、徐博提出基于云计算的高校网络教学资源平台的建设方案，提出了平台的总体架构、资源库的建设方法，以及资源的组织和展现方式；[②]李玉顺等人提出以基于学习对象的教学资源设计为基础，融合学习对象的数字化资源设计、制作、整合与封装、元数据绑定等数字化学习对象资源的完整创建过程，以过程化、全流程的系统化建构思想为基本出发点，构建有效的、高可用性的资源应用环境。[③]这些实践可以用于智慧校园学习资源的建设。

第二，智慧校园中的教学资源具有自动生成的智慧性。通过智慧教学资源平台，可以将教师电子教案、教材（文本、音视频、PPT、动画等）根据一定的要求和规则自动聚合为教学资源；而课堂自动录播系统可以自动录制和直播教学实况，并缓存或永久存储起来，成为可共享的教学资源。智慧生成还包括学习者获得的任何资料打包为教学资源并可共享。

第三，智慧校园中的教学资源能够自动消亡或更新，优秀的资源通过学生的使用次数、点评等得以保留，而不适合的自动退出或更新，能够去除没有意义的重复资源。

因此，智慧校园中的教学资源具有的特性包括：动态智慧生成，自动进化、存储，智慧推送共享。教育信息化前期已经建设了大量数字化资源，为智慧校园的教学资源建设提供了良好基础。

4．个性化教学

个性化教学就是尊重学生个性的教学，必须根据每个学生的个性、兴趣、特长、需要进行施教，学生进行一定程度的自主性学习。个性化教学是指教师以个性化

---

① 伍海波，匡静，朱承学，谢景杨 . 基于 MVC 的教学资源管理系统的设计与实现 [J]. 计算机技术与发展，2014（7）：214-217+222.

② 邢丽刃，徐博 . 基于云计算的网络教学资源平台建设研究 [J]. 武汉大学学报（理学版），2012（S1）：159-161.

③ 李玉顺，武林，顾忆岚 . 基于学习对象的教学资源设计及流程初探 [J]. 中国电化教育，2012（1）：78-85.

的教为手段，满足学生个性化的学，并促进个体人格健康发展的教学活动，强调教师个性化的教和学生个性化的学。① 个性化教学的目的是提高教学质量，培养全面发展的学生，提高教育效果。早在春秋时期，孔子就提出"有教无类"、"因材施教"、"不愤不启，不悱不发"，掌握时机，对不同的学生采取不同的方法启发诱导。

现代教学以捷克教育家夸美纽斯的《大教学论》的出现为开端。夸美纽斯通过对文艺复兴运动的人文主义教育、宗教改革的新教教育的总结，通过自身的教学实践，形成了理论著作《大教学论》。② 人文主义教育的重要思想就是注重个体的身心特点和个性差异，实施人性化、个性化教学。

实践中，素质教育日益推进，个性化教学是我国教育的长期追求。但是，在教育的现代化推进中，规模与效率难以平衡，生多师少、教室受限、硬件受限等原因导致个性化教学难以实现。培养的学生千篇一律：没有个性特点、人格不健全、缺少创新精神，等等。这已成为我国教育饱受诟病的重要原因之一。信息时代为个性化教学提供了可能：计算机和通信技术的广泛使用，改变了教学内容的呈现方式和教学资源的获取方式；互联网的快速发展拓展了师生、生生的交流渠道和信息获取渠道。教育信息化早期的个性化教学得以发展不足为怪，然而只有到了大数据时代，个性化教学才有可能真正实现。

智慧校园的个性化教学具备了关注并记录学生的个体差异及丰富其个性体验的技术基础，完全能够做到个性化教学。智慧校园中的教学管理系统能够全程感知并记录学生的学习时间、学习情境、学习状态、学习效果、学习需求等，并将之转化为大数据进行分析处理，据此为学生和教师提供基于数据分析的学生评价和诊断结果，为下一步教学安排提供依据和方向，教师据此可以有针对性地对学生进行辅导，学生可以根据自己的学习状况进行针对性的补充练习，比如可以给不同程度的学习者组合不同难度的练习题或试卷，并给出不同的频度和时间间隔，这样可以使学习者在相同的时间内完成学习进度。同时，在判断学生学习效果和需求之后主动推送合适的所需信息和资源。这样，基于大数据分析的个性化学习可以辅助个性化教学的实现。再如，通过无线个人局域网通信技术（Wireless

---

① 李如密，刘玉静 . 个性化教学的内涵及其特征 [J]. 教育理论与实践，2001（9）：37-40.

② 黄济，王策三 . 现代教育论 [M]. 北京：人民教育出版社，1996：358-364.

Personal Area Network Communication Technologies，WPAN）、无线体域网（Wireless Body Area Network，WBAN）等技术，学习者对象的属性信息（ID、编码、人体特征等）、个体状况信息（体温、血压、位置等）及环境信息（温度、湿度、雨量、压力、加速度、震动等）等信息准确收集，及时通过泛在接入网络传输到数据中心进行实时分析处理，然后将处理结果作为智能化服务提供给用户。[①]（不同网络、不同设备、不同服务在任何时间、任何地点、对于任何人都必须保持高度紧密连接，将感知数据进行认知分析和处理，为客户提供个性化、智能化服务）。

3.2.2　智慧学习

　　智慧学习称为"学习的新革命"。相较传统的学习而言，智慧学习是从传统学习到"智慧+"的过程。它包括内部自我知识的识别定位，外部核心问题的识别定位，内外互动产生知识优化、进化，最后才是解决问题和收集意见反馈并进行改进。在此过程中，人的知识水平呈螺旋式上升，同时问题得到持续优化解决。智慧学习与传统学习不同，它是基于信息化、全球化和协同创新与知识融合的全新学习方法。[②]

　　智慧时代各种各样的信息遍布我们周围，让我们应接不暇。从传播学的观点看，学习是外部信息经过媒介进入到人的大脑的一个过程。在这个知识剧增的时代，世界上一天产生的知识就足够我们学习一生。虽然很多人有很好的学习能力，掌握了现代信息媒介符号，可以用现代化的媒体工具进行学习，但是面对多变的数字时代不免有些迷茫，有种无从下手的感觉。智慧时代应该如何学习呢？应该如何面对浩如烟海的知识？

1．自学为主，指导为辅

　　学习者学习应该以自学为主，教师指导为辅。学习者必须有很强的自学能力，自学能力是获取知识的能力基础。教师在某一方面的研究可能会很深，可以给研究生全面、深刻的指导，但是没有万能的教师，其不可能熟悉所有的研究领域。这就需要学习者自己去研究、去探索。要想在某一方面有所创新，甚至超过教师的思维，必须有很强的自学能力，借此能力去获取教师和别人未涉猎的知识。

---

① 陈如明．泛在/物联/传感网与其他信息通信网络关系分析思考 [J].移动通信，2010（8）：47-51.
② 王捷，汤继强．创新时代的智慧学习 [N].中国青年报，2015 年 05 月 04 日第 02.

2．跨文化、跨学科多角度学习

不同学历层次的学习者，其学习能力、学习方式、学习内容等存在较大差异。在"大众创新，万众创业"的背景下，学习应该是创新性的学习，主要从学习中能够发现问题、解决问题。学习不是被动地接受外界知识，而是有辨别地接受外界知识，能够辨别知识的真伪并能创造、产生自己的知识。学习者需要学会跨文化、跨学科多角度学习。要想全面、深刻地认识某一问题，必须跨文化、跨学科多角度学习，只有建立在全面、深刻认识的基础之上，才可以谈创新的问题。比如"信息"这一事物，不同文化背景、不同学科背景的人对它下了足足有一百个定义，假若你要想理解什么是信息，必须跨文化、跨学科地对信息的内涵进行探索。跨文化、跨学科多角度学习，可以让学习者顿开茅塞、发现解决问题的方法。

3．关注本领域前沿研究

学习的最终目的是为了创新创造。这就决定了学习需要本领域的理论研究前沿和实践研究前沿，以求解决迫切需要研究的问题。紧跟世界本领域的前沿研究内容的同时，必须注意培养自己宽厚的理论基础和技术基础，没有基础根基，就无从谈及本领域的前沿问题研究。

4．努力培养宏观思维、逻辑思维和创新思维

21 世纪的人才应该是创新型人才，必须有宏观思维、逻辑思维和创新思维的能力。所谓宏观思维，是指分析某一问题时可以站在宏观的角度全面、深刻地看问题，避免短浅的目光影响对事物的认识。所谓逻辑思维，是指解决某一问题时有很强的逻辑分析能力，认识事物时符合认识事物的客观规律。所谓创新思维，简单地说是指分析某一问题时，能够看到别人看不到的问题，提出别人提不出的见解。

5．敢于、勇于挑战权威

每个人都有认识能力和思维能力的限度，看问题时难免受当时的历史背景和科技发展水平的限制，提出的见解并不见得是一成不变、完全正确。学习者不能"迷信"本领域权威，要敢于、勇于挑战权威。只有这样才有可能突破前辈的思维，提出新的更深刻的见解。一般说来后人与前人相比，占有的资料更充分，思维更活跃，接受新事物的能力更强。人们一开始对问题的见解并不是那么深刻、正确，

随着人们认识的深入，各个学科的知识都在不断地完善和发展。

6．追其根源，打破沙锅问到底

学习过程中可以获得各种各样的学习资源，这些学习资源经过了多次加工和整理，每次加工和整理都会有或多或少的信息损耗。从信息传播的角度看，信息的每一次传播都会有信息的损耗或信息内容的扭曲，这样不利于我们理解信息的内容，甚至会曲解信息的内容。为了准确地理解学习资源，需要学习者具有追其根源、打破沙锅问到底的精神和毅力。

7．拿来主义，善于汲取思想的火花

鲁迅先生曾经提出"拿来主义"，并对此进行了评析。学习中要善于用"拿来主义"。一个人的思维是有限的，在研究问题时要善于向本领域的国内外大师、导师、周围的人汲取思想的火花。特别是在今天这个网络支持的智慧时代，全球的人可以通过网络进行实时的思想沟通。要在与别人的沟通、交流、协作中获取思想的源泉，用共同的智慧激起创造性的知识的火花。学习要着眼于全球化的背景，有全球背景下学习的意识，时刻要汲取别人的思想火花，只有如此才可能有创造性地提出新的知识。值得一提的是，这里所说的"拿来主义"和"汲取思想的火花"不是指剽窃别人的研究成果或思想，而是在别人的研究成果或思想之上，创造性地提出自己的研究成果或思想。

8．有选择地学习，有所学有所不学

智慧时代的知识浩如烟海，任何一个人都不可能学完所有的知识，即使本学科领域的知识也无法完全涉猎。面对这个问题，需要学会有选择地学习，做到有所学有所不学。每个人都有研究的领域或内容，以及关注的研究领域或内容。对于自己研究的领域或内容要深入地研究学习，对于关注的研究领域或内容做到了解即可。假设你从事教育相关问题的研究，对于教育这一范围内的问题都应该有所了解；除此之外还应了解社会学、心理学、思维科学等领域的相关内容。进一步说，假设你研究的是高等教育方面的教育资源，对于高等教育的教育资源的相关问题要做到了如指掌，除此之外还应熟悉资源科学的相关知识。高等教育资源属于资源科学的下属研究内容。只有这样做，你才可以在知识的大海中做到游刃有余，更好地进行科学研究。

3.2.3 智慧管理

管理是一种社会实践活动，管理的对象无论是一个旧系统还是建立一个新系统,它都表现为管理者依据一定的原理和方法,在特定的环境下,引导他人去行动,使有限的资源得到合理的配置,以实现预定目标的行为。管理的关键在于决策。

学校管理是学校管理者通过合理的组织形式和运行方式,充分发挥学校人、财、物、时诸因素的最佳功能,以实现学校教育目标的活动。[1]当前,信息化成为教育事业发展的战略选择,教育信息化已经到了深度应用与融合阶段。智慧校园的智慧管理功能主要体现在用信息化工具即信息技术主要是新技术优化学校资源配置,提高学校行政和组织效率,对教育教学进行预测和规划,促进管理方法的科学化和管理模式的优化与转变,进而形成新的管理模型,提高学校的管理水平。学校管理工作的水平,关系着学校的教育质量和发展前景,信息化时代则取决于学校的信息化管理模型能否建立和有效利用。袁贵仁部长在全国教育管理信息化工作视频会议上的讲话指出,加快推进教育管理信息化,建设好国家教育管理公共服务平台,全面、准确地掌握全国学生、教师和学校办学条件的动态数据,对于提高教育服务水平、支撑教育科学决策、加强教育管理,都具有十分重要的意义。[2]

1. 数据管理

大数据时代,数据成为基础性资源,校园内产生的数据可称为大数据,其种类繁多、数据量大、非结构化。数字校园时期,各应用系统主要由校内各部门自己建、管理,信息孤岛现象比较普遍,统一规划的智慧校园通过统一数据交换平台解决了这个问题。统一数据交换旨在打破校内信息孤岛,规范数据的描述和存储,减少数据的冗余和不一致性,改变原始的数据传递的交换流程和方式,提高数据的准确性,提高工作效率。

智慧校园的数据包括:人事信息数据,如教职工信息,所有部门和教学院系从人员入校开始就统一使用其身份、职称、工龄、科研、政治面貌等数据,并随时更改人员变动信息;学籍数据,如在其整个生命周期即从入学到毕业,各部门使用同一身份、成绩、健康状况等数据,及时变更变化信息;[3]国资等设备、物

---

① 王道俊,王汉澜.教育学 [M].北京:人民教育出版社,1999:578.

② 袁贵仁.在全国教育管理信息化工作视频会议上的讲话 [J].中国教育信息化,2013(16):5-6.

③ 张平伟.大学信息化与资源计划管理 [M].北京:科学出版社,2011.

质数据，统一使用二维码或者射频标签，既方便信息录入，又方便管理查询；教务数据，如班级、教室安排、课表、考评、考试成绩等；组织机构和制度数据，如机构及其职责、规章制度及其发布和适用范围等；金融数据，如学生消费时间、消费内容、消费地点，物资采购价格，人员工资，奖助学金，投入与支出财务数据等。除此之外，统一数据交换平台具有灵活的兼容性和接口，方便数据类别更改添加。

在系统组成上，统一数据交换平台由中央数据库系统、元数据管理、数据交换引擎、数据标准、数据安全等组件组成，通过定向开发或者连接教务、人事、科研、学生管理、财务、一卡通、统一门户、OA、图书馆、Mail 系统、国资、医疗等的数据库，为其提供统一的数据，实现基础数据在全校的共享。统一数据交换的功能即提供基础数据服务、实现数据统一管理。

对于教育统计年鉴的数据，随时可以汇总统计分析，实现大数据深入分析挖掘。

2．业务处理

数字校园时代，校园业务处理部分通过办公自动化（OA）实现，然而 OA 只能处理简单的行政公文，而且多数是自上而下的，各管理单位职责内的人财物管理业务没有统一的定义，各自管理本部门的信息管理系统。

智慧校园业务处理主要通过协同办公系统和基于大数据的决策系统实现。协同办公系统是基于学校组织机构的管理信息系统的智慧融合，统一的校园教务、学生、人事、财务、国资、后勤、科研等管理数据，极大提高了管理层的运行效率。实现流程审批、协同工作、公文管理、文档管理、信息定向发布、会议管理、关联人员、系统集成、门户定制、通讯录、工作便签、问卷调查等。

基于大数据的决策系统主要为校园决策层服务：洞察和预测教育教学的发展方向及校园人财物等资源配置，决策办学方向。通过无处不在的计算和传感器，大数据能够解析存在于现实校园、虚拟校园及虚实融合校园的复杂网络关系，并适时做出判断和决策。这种决策模式遵循数据转变为信息、信息转变为知识、知识涌现出智慧的流程。因此，智慧校园可以说是一个非线性的、去中心化的、自下而上的、发现群体智慧的管理模式。

智慧管理功能涵盖人、财、物,如行政机构和人员、流程管理、教学资源和教务行政、科研数据生成、科研项目管理、智慧图书馆、智慧教室、校园安防、校园节能等。智慧校园管理要充分发挥信息化最新思维即互联网思维的优势:更好地协作,使所有人员有机会了解校园管理每一个具体细节并能发挥相应的作用,对行为结果进行预测,从而进行科学决策。需要注意的是,智慧校园的智慧管理功能,并不是要全面"接管"校园,而是为管理提供更科学的手段、更高效的流程。

3.2.4 智慧生活服务

生活服务功能是智慧校园教育教学、管理功能之外的另一个重要功能。校园生活服务包括校园内的食、住、行、用等,智慧校园的这一功能主要通过掌上校园和一卡通系统来实现。

1. 信息获取

随着无线通信技术的发展,移动互联网和智能终端逐步普及。掌上校园是利用移动互联网和智能终端,提供校园信息查阅、业务办理、交流沟通等应用服务的 APP,由移动管理平台和客户端两部分组成。掌上校园不仅仅是把 PC 上的应用在智能终端上实现,更是为了方便师生的校内外生活、提升用户体验。

通过移动管理平台对数据的集成、应用的管理和用户的权限设置,用户通过账户登录可以自定义自己的快捷应用,不同角色的用户能够访问权限内的应用。系统自动推送重要的通知及各应用系统的提示信息。

教师可以查看考勤信息、奖惩信息、考评信息、工资、个人报账信息、日程安排、邮件提醒、学籍信息、财务信息、健康情况,进行公文处理、移动 OA 办公等。

学生可以通过在线咨询功能进行提问,与老师进行互动;查询校园卡余额、消费明细、在线挂失,查询宿舍、水电费缴纳情况、卫生检查结果等;查询自己的学分、课程表、成绩、考试安排、论文、辅修课程、空闲教室,进行教学评估等;可以进行移动学习:学生可以方便地下载到学校发布的各种教学资源,访问智慧图书馆学术资源数据库,真正做到移动学习。

掌上校园基于移动互联网,充分利用了智慧校园的基础网络和应用资源,实现智慧校园生活服务和移动学习无缝覆盖功能。

2．校园消费

校园消费通过校园一卡通，即在校园内，凡有现金或需要识别身份的场合均采用一卡来完成，"一卡在手，走遍校园"，实现用校园卡代替就餐卡、借书证、上机证、学生证、考试证、工作证、出入证等各种卡证，达到一卡多用的目的。通过与市内公交公司的合作，可以实现校园卡校外刷卡乘车；通过和第三方支付比如支付宝、微信等合作，可以实现校园卡充值、校外消费的功能。校园一卡通既实现了对师生员工日常活动的管理，又为教学、科研和后勤服务等提供了重要信息，同时又是智慧校园中信息采集的基础系统之一，对学校的管理和决策支持具有重大意义。

3．校内泛在导航

地理信息系统（Geographic Information System，GIS）通过使用地理信息综合管理应用平台，可以实现智慧校园 GIS 校内导航功能。GIS 服务是大型空间数据库管理平台，存储空间地图数据及业务系统相关的专业空间数据，实现空间数据的共享和统一管理，并对相关数据进行综合展现。

业务系统可以通过统一的 GIS 接口调用 GIS 地图服务，访问 GIS 地图数据，其主要功能是三维虚拟校园展示，支持新生和校外来访人员的引导，如校内地图、建筑物和教室介绍及路径与空闲时间查询、校园信息发布等。可以支持 PC 端、手机端和固定位置触摸屏展示。

3.3　智慧校园建设内容分析

3.3.1　便捷、协作、节能的校园环境

建设便捷、协作、节能的校园环境，是智慧校园对校园物理环境的基本要求。这个物理环境实际上融合了网络和数据，目的是给学习及其辅助要素提供最高效、最简单、最易用的空间和环境。包括基础网络、环境感知与泛在导航、门禁与号牌识别、能源监管系统等。

智慧校园基础网络要达到泛在网络的程度，即网络无所不在，为泛在学习和移动学习及移动办公提供网络支撑。包括有线和无线覆盖：有线网络技术成熟、

稳定、带宽高、相对安全，无线网络部署灵活，有线和无线网络相结合能发挥各自优点，无缝覆盖形成泛在网络，基本能满足移动学习和办公的需求。有线网络用于室内网络覆盖，对园区网而言，当前采用的技术主要是比较成熟的以太网技术和吉比特无源光网技术，主干带宽为万兆，桌面达到千兆或百兆，用户采用统一网络接入，即在校园内任何地点、任何时间，使用任何智能终端，只需一个账号登录一次，就能访问权限之内的所有信息和服务，比如选课、缴费充值、成绩等信息查看等。统一网络接入的前提是泛在网络，实现途径是统一认证系统，可以使用笔记本电脑、平板电脑或者智能手机等智能终端。

环境感知利用物联网覆盖、视频图像识别技术、射频技术、无线网络技术（WLAN、移动互联网、WPAN、WBAN、ZigBee）、二维码等，实时感知人或物附近环境或学习者动态。提供导航服务，如教室排课情况、图书馆座位、图书借阅信息的查询，外来人员服务如校内 GIS 地图导航，办事流程查询，科室教室职责查询等；提供学习者个性化学习服务，如捕获并分析学习者学习状态，提供个性化辅导、资源等，帮助提高学习者的学习效果；楼宇与室内环境的智能调控，如温度、湿度、亮度等；门禁系统主要针对楼宇各出入口，通过指纹识别或者一卡通卡识别或者其他方式，对校内正常出入人员进行身份识别后放行，方便了人员出入，减少了不必要的安全力量；车辆号牌识别系统用于校门或者校内区域性的车辆出入或停靠的自动识别、放行、泊车。

能源监管系统主要用于技术上的节能管理。通过部署智能水表、电表等，对校内各房间或楼宇用水用电用暖等进行智能监控，发现问题，提前预警；通过感知系统，控制路灯、教室、会议室等的照明系统。管理人员通过智慧网络随时查看系统运行情况，掌握能源使用状况。

智慧校园的校园环境不再是信息化技术和设备的简单应用，而是通过先进理念，应用先进的信息技术和设备，实现人与人、人与物、物与物的全面、充分的协同，同时采集大量数据，通过对大数据的挖掘获得有价值的指导，对未来进行预测，指导教学、指导校园治理乃至指导教育决策。

3.3.2 基于大数据、学习分析、资源个性推荐等技术的智慧教学系统

智慧校园环境是基础，智慧校园建设的目的是支持教学。这种支持可以是直

接的，也有部分是间接的，智慧教学系统是大数据背景下必不可少的校园信息化主要组成部分。

智慧校园中的智慧教学系统不同于数字校园孤立的多媒体教学和数字化教学平台，除了数字校园时代便捷性、网络化、泛在化（不受时空限制）特征，其功能和组成均有较大拓展：包括以大数据为基础、以学习分析为手段的个性化教学，可协作、自适应、友好的线上社区，基于定制的信息推送如掌上校园，对教育教学资源的管理，对教学资源的分配预测等。具体来说，应具备一些新的特性，如能涵盖教学相关的所有环节（教学计划、教师分配、教室安排、编班、排课、备课、上课、课后互动、辅导答疑、协作学习、考试、作业提交批改、评教、听课、教研活动等）、数据统计分析、支持个性化学习、资源按需获取、教学效果评价、对教学效果进行预测、对资源分配进行管理和预测。

从数字化教学走向智慧教学已成为信息时代教学发展的必然趋势。智慧教学是教师在智慧教学环境下，充分利用各种先进的信息化技术和信息资源开展的教学活动。总的来说，智慧校园提供一个智慧教学环境，智慧校园的智慧型教学系统涉及教学的全过程，克服了信息孤岛，能提供智慧教学服务。

3.3.3　智慧协同办公系统

智慧协同办公系统通过使用统一数据库技术、统一存储系统，对校内数据统一管理，避免部门间的信息封闭，实现不同职能部门对各自职责范围内的人财物业务的管理，校内校外协同办公。协同办公系统是基于学校组织机构的管理信息系统的智慧融合，统一的校园教务、学生、人事、财务、国资、后勤、科研等管理数据，极大提高了管理层的运行效率。通过掌上校园，可以为手持智能终端提供无缝办公工具，实现师生泛在学习、办公。[①]

3.3.4　基于大数据的教育资源分配预测及决策系统

在大数据时代，可通过对采集到的所有实时数据和历史数据进行分析，为教育教学资源分配等提供决策支持。可预测的数据的处理系统（采集、传输、存储、

---

① 于长虹，王运武，马武. 智慧校园的智慧性设计研究 [J]. 中国电化教育，2014（9）：7-12.

挖掘）基础数据不仅包括结构化数据，还包括图像等非结构化数据，通过整合搜索引擎技术、超文本全文检索技术、多媒体检索技术、人工智能技术、大数据挖掘技术，对大数据进行分析，洞察和预测教育教学的发展方向、校园人财物等资源配置，以及决策办学方向。

3.3.5 信息化环境与资产的智慧运维

智慧运维首要保证是数据中心建设。数据中心实现智慧校园的各种智慧功能，是智慧校园的心脏。包括环境和服务提供。数据中心环境保证服务的稳定提供，含空调新风及温 / 湿度调节系统、防雷接地系统、防噪声系统、电力及照明系统、安防监控系统等。服务提供则主要包含核心路由交换设备及网络融合设备、统一存储系统、应用系统或者应用模块。

智慧运维系统则要能预警关键设备和应用如统一认证、DNS、负载均衡等的故障，保留日志、智能处理（如网络拥塞自动检测并处理等），运行环境监控和故障预警，服务器资源和带宽资源的负载均衡，流量类型及业务热度的自动分析等。

3.4 智慧校园智慧性设计的构成要素分析

智慧性设计的构成要素和智慧表现是我们对智慧校园的设想，是对智慧校园欲达成目标的期望，是智慧校园功能的实现，是智慧性设计的基础。

智慧校园是一个完整的系统，涵盖现实的校园和虚拟的校园两个方面，是虚实结合的新的智慧型校园形态。智慧性设计的构成要素包括如下内容：智慧服务理念、智慧环境、智慧应用和服务（智慧教学、智慧管理、智慧科研等）、智慧文化和体验等。

智慧服务理念包含两层含义，一是"站在促进高校教学、管理整体水平的高度定位学校的信息化建设，将学校发展规划的'顶层设计'与信息化建设的'顶层设计'衔接合一，使信息化观念深入高校每一个管理者心中，促进信息化与决策管理的深度融合"；二是智慧校园的设计应以人为本，采取用户中心主义——以用户为中心，以用户体验为中心——从生活、学习的外部环境到教学内部需求，所有应用与服务的实施都首先征求用户的需求，然后再平衡技术和管理的需求。

智慧环境是物理和虚拟校园的有机融合（也是智慧校园智慧表现的一个方面），包括智能感知（如温／湿度感应、车辆识别、节能监控、安全监控的人像识别和预警、信息系统安全预警等）、无缝网络（如无处不在的互联网和内联网接入、物联网、电信网、移动互联网等）、泛在学习与工作（如数据资源获取、信息传输与处理、协作学习、存储空间、资源制作、移动办公）、便捷生活（如便捷消费、校内外互通）等，是智慧设计的实现。

智慧应用体现在以大数据采集和挖掘为特征的一体化综合信息平台，采用统一数据库和统一存储，提供主动信息服务，记录智慧环境中发生的一切，并利用大数据技术对数据进行处理，获得对教学的洞察和预测。

智慧文化和体验则是提供一个对智慧校园信息化实现之后的信息素养和信息文化感受与体验平台和环境，体现了人与智慧环境的互动及相互促进：用户的使用体验促进智慧校园始于理念、终于体验全过程的改进，这种改进更好地促进人的智慧的形成，最终智慧校园会成为一种文化。

智慧设计除涵盖各构成要素之外，与各构成要素及各构成要素之间还存在循环共生、相互促进的关系，形成良性循环。智慧设计与其各构成要素之间的关系如图 3.4 所示。[①]

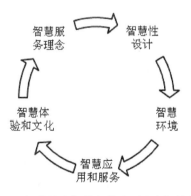

图 3.4　智慧设计与其各构成要素之间的关系

---

① 于长虹，王运武，马武 . 智慧校园的智慧性设计研究 [J]. 中国电化教育，2014（9）：7-12.

3.5 智慧校园设计的方法与原则

智慧校园是信息化发展的新阶段,是教育信息化内涵式发展质的飞跃。我们对智慧校园的建设与应用管理寄予极大的期望,希望智慧校园对校园环境与服务、教育教学、科学研究、学校乃至教育管理提供全新的方法和思路。因此,智慧校园的设计必须在新的信息化理论和学习理论的指导下进行,比如大数据、物联网与云计算理论,联通主义学习理论等。要结合信息化的发展已进入大数据时代,新的时期对校园信息化建设有新的要求,通过需求分析,找出这些要求到底是什么,进而实现其智慧型应用、智慧型管理和智慧型服务。

3.5.1 方法:基于分层思想的模型设计

智慧性设计模型构建是目前设计中采用较多的方法,即在智慧服务理念的指导下,充分了解校园环境的外在表现和内在功用,形成物理的和虚拟的现实校园的逻辑结构,采用适当的技术并充分发挥技术的功能,形成智慧校园的逻辑结构。

已有的智慧校园的设计方案多基于物联网或者云计算技术,采用分层的思想构建模型。简化的物联网参考模型如图3.5所示,基于物联网技术构建智慧校园的参考模型如图3.6所示。

图 3.5　简化的物联网参考模型

参考模型中,数据标准是前提,安全体系是保证,是在物联网参考模型的基础上增加和修改部分层次而得到的。事实上,通过考察互联网的发展历史,可以发现这些智慧校园参考模型渊源于计算机网络参考模型(Open System Interconnection, OSI)。

图 3.6　基于物联网技术构建智慧校园的参考模型

OSI 参考模型是为了统一和兼容网络发展的繁杂和无序状态，形象地总结、描述和规范已经发展起来的计算机网络体系结构和协议，研究复杂的计算机网络系统而采用分层的思想构建的分析方法。OSI 的提出并没有在多大程度上促进计算机网络的技术和标准的统一，反而是已经在运行并且蓬勃发展中的 TCP/IP 参考模型（Transmission Control Protocol/Internet Protocol）成为后来计算机网络发展的事实上的标准模型。[1]

OSI 尽管由于功能层数太多稍显复杂等诸多原因未成为事实上的标准，但它的积极作用之一则是使分层的思想深入人心。分层成为网络设计中常用的方法，其优点是将复杂通信问题按数据或信息的流动过程，通过模块化的功能层次，划分为一个个的功能层，将复杂的系统进行逐步处理，提高其效率和兼容性，最终获得较为简便的处理方法。从教育信息化早期的校园网直到数字校园，这一思想均被广泛应用。数字校园被认为是一个较为复杂的生态系统，包含"规划与设计、校园文化、基础设施、应用系统、数字化资源、保障条件、数字化服务、服务对象"等诸多要素[2]，采用分层模型对其进行原型设计遂成为数字校园建设与研究的常用方法。

教育信息化发展到智慧校园阶段，分层设计思想得以延续。智慧校园中的数据和"信息流动"，即数据及其逻辑流向。泛在用户（办公室、教室、机房等处，智能终端）、视频监控数据、感应设备智能感应数据、用户消费等行为数据通过信道和应用平台或接口同数据库进行互动，对数据的分析通过相关应用进行，分析结果可视化呈现给用户。在结果到达用户之前，数据要经过一系列协议和标准

---

[1]（美）特南鲍姆，韦瑟罗尔. 计算机网络（第 5 版）[M]. 北京：清华大学出版社，2012：32-38.
[2] 王运武."数字校园"向"智慧校园"的转型发展研究——基于系统思维的分析思辩视角 [J]. 远程教育杂志，2013（2）：21-28.

的转换，其采集、传输、存储、分析、呈现是一个复杂的过程。这个过程是智慧校园建设过程中的技术和管理人员所要面对和处理的，对用户来说是透明的。用户需要的只是信息和数据分析之后的结果。因此，智慧校园的智慧性设计应该有明确的原则。①

3.5.2　原则：以用户为中心、以教学为目标

以技术和管理为中心，不自觉地表现出信息化管理人员的自我中心主义。虽然技术是因为人的需求而诞生的，本身即有以人为本的因素，设计时也是面向服务的，同时这种设计思路对信息化实施者自己的管理和维护也是有利的，但却忽视了智慧校园建设的最终目的，是为了给广大师生提供一个安全、便捷、智慧的生活、学习和工作环境，是为了利用信息技术促进教育教学效果的提升，最终是为了人的发展，即学生和老师的素质和综合能力的提高——即从设计规划开始，一切以有利于技术实施和工程建设及后期管理的方便或者有利为前提，在方便施工与管理的前提下，实施相应的应用与服务。实质上，这脱离了教育的最终目的，不符合教育现代化语境下的教育理念，也表明智慧校园的智慧性设计需要理论层面的探究，需要教育学、设计学、教育信息化等理论的指导。若在智慧校园的建设中依然采用这种参考模型，则可能会引起一些误导。

因此，智慧校园智慧性设计的原则应当是，在教育目的和现代化教育理念即相关理论的指引下，以人为本、教与学为中心，优先应用和服务提供，在满足用户需求的前提下综合考虑技术和管理方案，以润物细无声的境界将信息技术融入教学当中，构建稳定、灵活、便捷、安全、科学、广泛参与的智慧校园模型。②

3.6　智慧校园体系架构

3.6.1　智慧校园系统的构成要素

智慧校园系统有如下 8 个构成要素：智慧校园规划与设计、智慧校园文化、

---

① 于长虹，王运武，马武.智慧校园的智慧性设计研究 [J].中国电化教育，2014（9）：7-12.
② 于长虹，王运武，马武.智慧校园的智慧性设计研究 [J].中国电化教育，2014（9）：7-12.

智慧基础设施、智慧应用系统、智慧资源、智慧校园保障条件、智慧服务和智慧服务对象（见图 3.7）。任何一个智慧校园都由这 8 个要素构成，这些要素相互配合，协同发挥作用。

智慧校园规划与设计由智慧校园发展规划、智慧校园建设及实施方案两部分组成。智慧校园发展规划一般有短期规划（1~2 年）、中期规划（3~5 年）和长期规划（6~10 年）。在智慧校园建设实践中，短期规划和中期规划较多，由于信息技术发展迅速，而未来 5 年后的教育需求又面临很大的不确定性，长期规划很少见。智慧校园发展规划一般由教育信息化发展现状分析、用户调研需求（包括业务流程分析）、确定发展目标、制定具体战略措施构成。

智慧校园文化包括学校的办学理念、办学目标，校友资源，学习氛围、教学风格、学习方式、教学方式、管理方式等，以及社团组织。智慧校园应用系统由学生成长类智慧应用系统、教师专业发展类智慧应用系统、科学研究类智慧应用系统、教育管理类智慧应用系统、安全监控类智慧应用系统、后勤服务类智慧应用系统、社会服务类智慧应用系统、综合评价类智慧应用系统构成。智慧资源包括智慧课程、精品课程资源，教育教学过程中生成性智慧资源，科普、讲座类智慧资源，课件、教案、题库、素材等智慧资源，智慧教材、智慧数据库、特色资源库等。智慧校园保障条件包括信息化队伍、智慧校园管理与运维、经费投入、规章制度、激励措施。智慧服务包括智慧学习，智慧教学，智慧教研、智慧科研，智慧管理，智慧德育，智慧家校互动，智慧图书馆，智慧教务，智慧办公，以及智慧后勤。智慧服务对象包括学生、教师、教育管理者、社会公众。智慧校园功能效益能否得到很好的发挥，在很大程度上取决于这些要素的配合程度。

在智慧校园建设过程中，智慧校园规划与设计起着核心作用，贯穿智慧校园建设与应用的整个过程；智慧校园文化体现学校的办学特色，潜移默化地影响着智慧校园的建设；智慧基础设施、智慧应用系统、智慧资源是智慧校园建设的重点内容，构成智慧校园建设的主体；智慧校园保障条件促使智慧校园建设得以顺利实施；智慧服务最能体现数字校园的功能价值；智慧服务对象是智慧校园的价值享受主体。

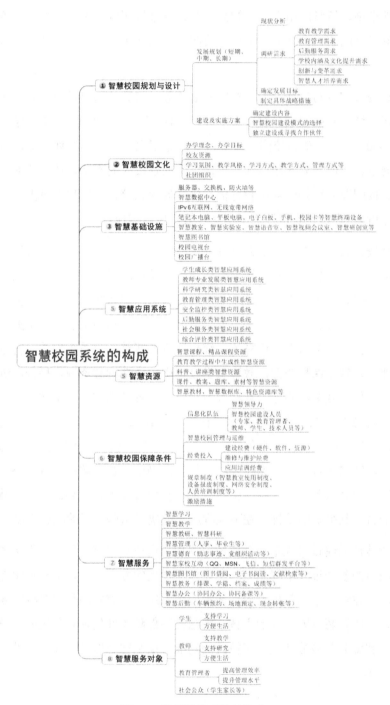

图 3.7　智慧校园系统的构成

3.6.2　基于 SOA 的智慧校园体系架构

1996 年美国 Gartner 提出了 SOA 的概念，由于当时的技术水平和实施环境限制，SOA 并未引起广泛关注。2003 年以后，SOA 备受 IT 行业的关注。目前 IT 行业部分已经实现技术标准化或正在标准化。2007 年，CESI（China Electronics Standardization Institute）开始启动 SOA 标准化工作，2009 年发布了《中国 SOA 标准体系研究报告（征求意见稿）》[1]。

什么是 SOA 呢？ 1996 年 Gartner 给出的定义是 "A service-oriented architecture is a style of multitier computing that helps organizations share logic and data among multiple applications and usage modes" [2]。维基百科（Wikipedia）对 SOA 的描述为 "In computing, a service-oriented architecture（SOA）is a flexible set of design principles used during the phases of systems development and integration. A deployed SOA-based architecture will provide a loosely-integrated suite of services that can be used within multiple business domains" [3]。

SOA 是一种思想，是一种理念，是一种技术，是一种顶层设计方法。SOA 具有如下 4 个特点[4]：①重点关注服务，强调服务的复用。支持面向服务的开发方法；围绕服务构建 IT 系统，IT 系统更靠近实际业务要求，更容易适应业务变化的要求；对已有应用系统服务化封装，有利于系统复用，保护已有应用系统建设的投资。②松耦合。接口松耦合；技术松耦合；流程松耦合。③重构的灵活性。SOA 系统建设的基本单位是实现业务功能的服务；服务与实际业务功能相关，具有明确接口；业务服务复用性强，业务流程易重构，IT 系统灵活性强。④对标准的支持。强调互操作性，服务尽量符合开放标准。减少对特定厂商的依赖；为服务请求者增加了使用不同服务提供者的机会；为服务提供者增加了被更多服务请求者使用的机会；增加了使用开放源代码的标准实现，以及参与这些实现的开发机会。正式由于 SOA 具有上述特点，基于 SOA 架构智慧校园可以有效实现

---

① 中国 SOA 标准体系研究报告（征求意见稿）[R]. 中国电子化标准研究所，2009 年 6 月.

② Service Oriented Architectures [EB/OL]. http：//www.gartner.com/DisplayDocument?doc_cd=29201. 2010-07-06.

③ Service-oriented architecture [EB/OL]. http：//en.wikipedia.org/wiki/Service-oriented_architecture. 2010-07-06.

④ 黄荣怀. 利用 SOA 提升数字校园价值 [R]. 2009 教育网络管理与应用大会暨数字校园创新应用研讨会，2009-9-24.

数据集成、流程集成和界面集成，更好地整合智慧校园的各种业务，提高智慧校园的服务质量和服务水平。

在基于 SOA 构建的智慧校园模型中，凸显了智慧校园应用模块的重组性、应用系统的开放性、数据交换的便捷性、教学和教育管理等各种业务的整合性。SOA 对智慧校园的业务服务建模，如果智慧校园业务流程发生了变化，IT 系统就能重用已有业务模块快速地适应变化。基于 SOA 的智慧校园体系架构如图 3.8 所示。在该模型中，智慧校园主要由智慧基础设施、智慧数据服务、智慧数据交换、智慧业务系统和智慧信息服务五部分组成。

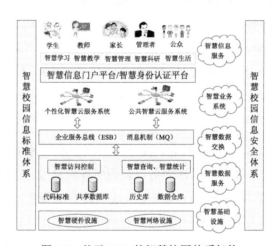

图 3.8　基于 SOA 的智慧校园体系架构

基于 SOA 的智慧校园系统架构具有显著优势，SOA 具有的特点迎合了智慧校园建设的需求。有利于智慧校园信息系统的整合和升级改造，有利于智慧校园服务业务的整合，有利于提升智慧校园的价值。这种软件架构模型，可以根据用户需求通过网络对松散耦合的粗粒度应用组件进行分布式部署、组合和使用。服务是面向服务架构的基础，可以直接被应用调用，从而有效控制系统中与软件代理交互的人为依赖性。面向服务架构的松耦合性增强了服务的复用性和共享性，提高了业务提供和业务开发的快捷性和灵活性。

3.6.3　以用户为中心的智慧校园体系架构

智慧校园建设实践还比较少，没有通用的可供参考的体系架构，通过功能分析、内容分析建构智慧校园体系架构。智慧校园体系的构成首先要体现以用户为中心的理念，同时要包含系统构成和建设实体及其相互关系，还要体现出技术手段和智慧表现。基于上述所提出的设计原则，改进后的以用户为中心的智慧校园体系架构如图 3.9 所示。①

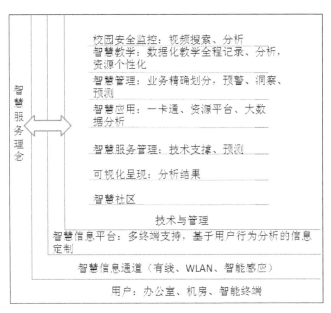

图 3.9　以用户为中心的智慧校园体系架构

　　智慧服务理念跟技术与管理是互动关系，体现出智慧校园及其建设的广泛参与：智慧服务理念属于顶层设计，需要充分评估教师、学生及各部门员工的需求，以满足需求为动力，以满足教学需求为目标，充分互动，产生螺旋式上升的效果。智慧信息通道包括智慧校园中各种数据传输所需的信道，同时是智慧环境的要求和组成之一。智慧信息平台则为用户提供最简洁、自适应、可定制的接口，用于展现、体验智慧校园和分析结果，由于用户的多样性，需要支持各种类型的终端。技术与管理是智慧校园的有力支撑，是智慧校园建设落地的最终手段，也是建设的结果之一，是平稳运行的保证，但技术与管理已不是智慧校园建设所要考虑的核心内容，因为智慧校园的核心是用户。其中，管理包含智慧校园内的管理和对智慧校园本身的管理两方面的内容。

---

① 于长虹，王运武，马武．智慧校园的智慧性设计研究 [J]．中国电化教育，2014（9）：7-12.

此模型的优点是既体现了用户为中心进行智慧设计的智慧服务理念，又表达了适当的分层设计思想，以利于技术实现；智慧校园的系统构成和智慧体现，也适当表达在该模型中。对比以前的设计原则与方法，多以技术和系统本身管理为中心，该参考模型也做出了改进，对智慧校园的实施是比较有利的。

第**4**章

智慧校园关键技术

4.1 物联网技术创设超级学习环境

1999 年，麻省理工学院 Auto-ID 研究中心首先将物联网定义为："物联网就是把所有物品通过射频识别（RFID）和条码等信息传感设备与互联网连接起来，实现智能化识别和管理，其实质就是将 RFID 技术与互联网相结合加以应用。"

国际电信联盟（ITU）发布的《ITU 互联网报告 2005：物联网》引用了"物联网"的概念。报告指出：无所不在的"物联网"通信时代即将来临，世界上所有的物体都可以通过因特网主动进行信息交换。射频识别技术（RFID）、传感器技术、纳米技术、智能嵌入技术将得到更加广泛的应用。对物联网定义如下：物联网主要解决物品到物品（Thing to Thing，T2T），人到物品（Human to Thing，H2T），人到人（Human to Human，H2H）之间的互连。但是与传统互联网不同的是，H2T 是指人利用通用装置与物品之间的连接，从而使得物品连接更加简化，而 H2H 是指人们之间不依赖于 PC 而进行的互连。[①]2012 年 7 月，ITU-T 第 13 研究组——包括云计算和下一代网络（NGN）的未来网络——批准了新的标准 ITU-T Y.2060，确定了物联网定义："物联网是信息社会的一个全球基础设施，

---

① 张铎 . 物联网大趋势 [M]. 北京：清华大学出版社，2010：25-26.

它基于现有和未来可互操作的信息和通信技术，通过物理的和虚拟的物物相联来提供更好的服务。"ITU-T Y.2060 还从更广的角度展望了物联网的技术和社会影响，通过对"物"的标识、数据获取、处理和通信能力的挖掘，使未来的"物"能为各种各样的应用提供服务，并确保其安全性和私密性。[①]

智慧校园包括校园所有物的数据化，其数据采集、传输与物联网密切相连。通过各种信息传感设备，实时采集任何需要监控、连接、操作控制的设备的信息，与无缝网络结合形成统一的网络，方便对设备、物体等的识别、管理和控制。

物联网通过智能感知、识别技术、普适计算等通信感知技术，把传感器、控制器、机器、人员和物等联系在一起，实现人与物、物与物相连。物联网迅速发展，并被教育领域采用，使得智慧校园、智慧教室、智慧实验室等智慧学习环境成为可能。物联网在未来创建智慧学习环境的过程中发挥着非常重要的作用，能够依据用户的地理位置，扩展其知识能力，以便于推送相关的学科知识，进而构建超级学习环境（Hypersituation）。在超级学习环境中，借助情景感知，学习者和学习对象可以相互交流，从而产生互动的学习体验。

4.2 云计算与虚拟化技术助力智慧数据中心

4.2.1 云计算

云计算（Cloud Computing）是将计算资源分布在大量计算机构成的资源池（包括网络、服务器、存储、应用软件、服务）上，使用户能够按需获取计算力、存储空间和信息服务；其特点是超大规模、虚拟化、高可靠性、通用性、高可伸缩性、按需服务、极其廉价；按照服务类型，大致可以分为三类，即 IaaS（将基础设施作为服务）、PaaS（将平台作为服务）和 SaaS（将软件作为服务）。在作为商业服务被提供的盈利模式中，IaaS 将硬件设备等基础资源封装成服务提供给用户，其优点是，资源几乎是无限的，由公众共享，用户可以动态申请资源，按使

---

① 中国互联网络信息中心 .ITU 新标准定义物联网并描绘其发展蓝图 [EB/OL].http：//www.cnnic.net.cn/gjjl/gjyjydt/201207/t20120727_32808.htm.2014-10-01.

用量收费；PaaS 提供用户应用程序的运行环境，用户应用程序不必考虑节点间的配合问题，但用户必须使用特定的编程环境和编程模型；SaaS 将特定的应用软件封装成服务，提供给用户。①

　　智慧校园中基于云计算建设的数据中心，提供以前难以满足的用户对稳定的高性能服务器环境、存储空间，以及对高价正版应用软件的需求服务，如可以构建基于私有云的 IaaS，给校内各部门和教学院系或个人研究者提供完整的虚拟化服务器，为他们可以搭建属于自己的服务器环境提供个性化服务。

4.2.2　虚拟化技术

　　虚拟化技术主要用于智慧校园数据中心的建设，智慧数据中心的虚拟化技术主要指存储虚拟化和服务器虚拟化。

　　数据中心早期的存储是单机存储，后来在单机上使用独立磁盘冗余阵列（Redundant Arrays of independent Disks，RAID）技术，再后来使用磁盘阵列，现在发展到基于 IP 网络的存储。基于网络的存储是一种多协议系统，这种多协议系统通过 IP 和光纤通道将服务器连接至存储系统，服务器通过虚拟化技术实现对应用的负载均衡和资源的负载均衡，保证应用或服务系统的稳定、连续运行，负责应用系统或服务的前台处理，即用户通过统一应用门户界面处理业务，服务器将处理结果和用户数据存储在存储系统中，而不是本机硬盘上，通过虚拟化技术将存储系统镜像或冗余，保证数据的连贯性和完整性，不但可以提高访问速度，还可以保证数据不会丢失，同时存储系统的可扩展性比较强，即可以为未来的大数据应用提供足够的预留存储空间。

　　存储虚拟化技术是为了解决信息化建设发展过程中越来越多的信息被存储在大量不同品牌的存储设备中给数据的管理带来的复杂性和不确定性。虚拟化存储优点是很明显的：可以减少不同类型的存储系统带来的复杂性，从而简化存储管理工作、提高存储资源利用效率、优化存储性能。

　　服务器虚拟化将多台服务器或 PC 机虚拟成一台服务器，然后再逻辑地划分成有限多个服务器，统一使用原所有服务器的所有物理资源和软件资源。与服务

---

① 刘鹏 . 云计算（第二版）[M]. 北京：电子工业出版社，2011：2-3.

器虚拟化相关的还有一种应用虚拟化，这种虚拟化让某种应用根据服务器的负载和资源占用情况，自动在虚拟服务器间漂移，达到应用的持续和负载均衡的目的。服务器虚拟化给数字化校园的改造带来极大的方便：原有的服务器独立工作已不能满足当前需要的情况下，集合多台类似的服务器，统一利用其原有硬件计算资源，提高设备的使用年限和效率。另外，校园信息化建设中，对服务器虚拟化软件的应用，可以选择开源软件，将极大降低建设成本，开源软件的使用也将是数字化校园应用方面的发展方向之一。

云计算技术用到虚拟化技术，二者结合用于智慧数据中心服务提供的构建。

4.3　大数据推动教育决策科学化和可视化

维基百科对大数据的定义是："巨量资料（Big Data），或称大数据、海量资料，是指所涉及的资料量规模巨大到无法通过目前主流软件工具，在合理时间内达到撷取、管理、处理、并整理成为帮助企业经营决策更积极目的的资讯。"对大数据的理解，可以通过大数据的特征进行。除了数据量巨大，大数据的特征通常可以用 IBM 定义的"3V"概括。即：规模性（Volume）、多样性（Variety）和高速性（Velocity）。规模性即数据量庞大；多样性即数据类型多样，如以事务为代表的结构化数据、以网页为代表的半结构化数据和以视频及语音信息为代表的非结构化等多种数据；高速性，即时效性，也就是大规模数据处理越快，结果价值越大。

在应用中，传统的数据分析技术面对的数据较小，采用关系型数据库对这些一致性数据分析处理即可。而大数据背景中，数据来源非常丰富且数据类型多样，存储和分析挖掘的数据量庞大，对数据展现的要求较高，并且很看重数据处理的高效性和可用性。大数据的存储与分析，关键技术包括：①存储技术，以 Google 的 GFS（Google File System）和 Hadoop 的 HDFS（Hadoop Distributed File System）为代表，HDFS 是 GFS 的开源实现，它们均采用分布式存储的方式存储数据，用冗余存储的模式保证数据可靠性；②并行处理引擎，以 Google 的 MapReduce 为代表，通过大量廉价服务器实现大数据并行处理，对数据一致性要求不高，适用于海量的结构化、半结构化及非结构化数据的混合处理，适合进行数据分析、日志分析、商业智能分析、客户营销、大规模索引等业务；③大数据挖掘技术，以 Hive 和 Mahout 为代表，Hive 是一个基于 Hadoop 的 PB 级数据仓库平台，在 Hadoop 之上管理和查询结构化数据并完成海量数据挖掘。Mahout 是一个机器学习与数据挖掘算法库，提供了一些可扩展的机器学习领域经典算法的实现，如集群、分类、推荐过滤等，与 Hadoop 结合后可以提供分布式数据分析挖掘功能。[①]其他技术还有流式计算、并行数据挖掘和机器学习等。需要注意的是，这些技术易用性和性能方面还存在一定问题。与传统数据的存储与分析技术相比，大数据的存储与分析技术还比较稚嫩，大数据分析工具还不成熟。

大数据的研究作为越来越多的企业和政府研究机构的战略选择，像自然资源、人力资源一样，被打上战略资源的标签。大数据时代，国家层面的竞争力将部分体现为一国拥有大数据的规模、活性，以及对数据的解释、运用的能力。教育大数据将直接影响国家的教育的未来。[②]

智慧校园中，对大数据的使用可归纳如下。

第一，大数据是一种新的理念。这种新的理念包括三个层次的含义。首先，大数据就像基础设施一样，成为基础资源，不是抽样数据，而是全部数据，其重要性前所未有。未来的应用需要大数据进行优化和预测，哪个行业拥有的大数据越多，大数据分析能力越强，哪个行业就能更好地发展，教育大数据成为基础资源凸显数据的价值从没像今天这么重要。其次，某种程度上放弃对精确性和因果关系的追求，更关注事物的相关关系。通过对海量数据的分析，找出数据之间的相关关系，揭示教育教学各元素的相关性，在某种程度上，具有统计学的特点。再次，数据应用于预测，通过洞察事物的发展方向，为教育教学提供巨大的价值，可以说，数据是广泛可用的，重要的是从数据中提取价值的能力。

第二，大数据来源广泛，结构多样，传统的数据库无法满足大数据的需求。智慧校园物联网、视频分析技术的应用，大大增加了数据的来源渠道和数据量，如果说以前多是结构化数据，现在则是非结构化数据为主。

第三，数据更具有客观性。因数据采集的无微不至及时间上的延续，加之数据规模的巨大，保证了数据的客观性。在设计良好的智慧校园中，一切都以数据

① 李志刚.大数据——大价值、大机遇、大变革 [M].北京：电子工业出版社，2012.
② 于长虹，王运武.大数据背景下数字校园建设的目标、内容与策略 [J].中国电化教育，2013（10）：30-35+41.

在无形中记录下来，这样的数据其客观性更强。其应用于科研和信息技术与教育教学深度融合的前景是广阔的。[①]

大数据的特征决定了其在智慧校园中的应用价值，决定了其会对教育信息化的发展产生巨大影响。这一点在校园信息化发展中已经有所体现，如基于大数据的智慧校园或教育信息化战略决策、基于大数据的师生综合素质评价、基于大数据的学生成长记录、基于大数据的学生心理健康问题分析等。

4.4 先进组网技术营造智慧网络环境

1. WLAN 与移动互联网（4G）

WLAN（无线局域网）是利用射频技术传输无线电磁波信号，达到信息无线传输目的、实现无线通信的局域网。其组成包括无线网卡、无线 AP、无线天线或基站等。早在 2000 年，南京邮电学院就进行了校园无线接入技术的测试与应用，[②]2002 年 6 月,北京大学与设备供应商合作建成了全国最大的校园无线网络。[③]早期的 WLAN 部署都采用胖 AP 部署方式，即每个 AP 分别配置，独立工作。当前使用比较多的是瘦 AP 方式。其理论接入带宽有 11MB（802.11b）、54MB（802.11a、802.11g）、300MB（802.11n）、1GB（802.11ac）等多种。

移动互联网（Mobile Internet）是一种通过移动智能终端，采用移动无线通信进行互联网接入交互信息和共享资源，包含终端、软件和应用三个层面。终端即智能手机、平板电脑、电子书等；软件包括操作系统、中间件、数据库和安全软件等。应用即休闲娱乐类、工具媒体类、商务财经类等不同应用与服务。3G 方兴未艾，4G（第四代移动通信技术）已迅猛发展，中国移动正在建设全球最大的长期演进技术（Long Term Evolution，LTE）4G 网络。截至 2014 年 10 月，中国移动已建成超过 50 万个 4G 基站，覆盖超过 300 个城市，4G 用户已超过 4 000 万户。[④]

---

① 黄荣怀，张进宝，胡永斌，杨俊锋.智慧校园：数字校园发展的必然趋势 [J].开放教育研究，2012（4）：12-17.

② 许棣华，许建真.校园网无线接入技术的研究 [J].南京邮电学院学报（自然科学版），2000（1）：75-77，85.

③ 北京大学与 Avaya 合作构建无线校园网 [J].电信技术，2002（6）：25.

④ 人民网.中国移动 4G 用户已超 4000 万 [EB/OL].http://media.people.com.cn/n/2014/1005/c14677-25779230.html.2014-10-01.

尽管无线网络技术一直在进步，但是早期，由于 WLAN 的安全性和带宽等原因，在我国校园信息化进程中，WLAN 更多的是作为有线网络的一种探索或补充而建设的。目前，我国多数高校都实现了或即将实现 WLAN 的全部或部分覆盖。随着宽带无线接入技术和移动终端技术的飞速发展，人们迫切希望能够随时随地、方便地从互联网获取信息和服务已成为现实。尽管移动互联网面临着一系列移动终端、接入网络、应用服务、安全与隐私保护等方面的挑战，[①] 由于智能终端的大规模涌现，移动学习、泛在学习方兴未艾，在移动互联网时代实现智慧校园在空间上的网络无缝覆盖，利用其移动、灵活的特点实现对个性化学习的支持至关重要。与通信运营商合作，在校内建设全覆盖的 WLAN 与 3G 或 4G 相融合的无线网络，是今后的一个发展方向。

2. WPAN、WBAN

无线个人局域网通信技术（Wireless Personal Area Network Communication Technologies，WPAN）是一种采用无线连接的个人局域网。它被用在诸如电话、计算机、附属设备及小范围（个人局域网的工作范围一般是在 10 米以内）内的数字助理设备之间的通信。支持无线个人局域网的技术包括：蓝牙、ZigBee、超频波段（UWB）、IrDA、HomeRF 等。

无线体域网（Wireless Body Area Network，WBAN）是以人体为中心，由和人体相关的网络元素组成的通信网络。通过 WBAN，人可以和其身上携带的智能终端、智能设备进行通信、数据同步等。通过 WBAN 和其他数据通信网络比如其他人的 WBAN、无线 / 有线接入网络、移动通信网络等成为整个通信网络的一部分，与网络上的任何终端如 PC、手机、电话机、媒体播放设备、数码相机、游戏机等进行通信。WBAN 将把人体变成通信网络的一部分，从而真正实现网络的泛在化，可穿戴的计算（Wearable Computing）、无所不在的计算（Ubiquitous Computing）也将随着 WBAN 的普及应用成为人们日常生活的基本特征。

这两种技术主要用于个人或人群之间智能终端的相互连接或组网，以此进行通信或资源共享。

---

① 罗军舟，吴文甲，杨明 . 移动互联网：终端、网络与服务 [J]. 计算机学报，2011（11）：2029-2051.

3. 无源光网络

无源光接入网（PON）是在所谓的"最后一公里"中缺少带宽时的解决方案。由于这种接入技术使得接入网的局端（OLT）与用户（ONU）之间只需光纤、光分路器等光无源器件，因此被称为无源光网络。PON 有 FTTH（光纤到户）、FTTO（光纤到办公室）、FTTC（光纤到路边）、FTTB（光纤到楼）等多种接入形式。在此架构中，一个光纤终端下可以有多个无源光网络单元。每一个单元均可形成一个独立的 PON 网，使用光分路器（分光器）和光纤连接多种不同类型的光网络设备（ONT 或 ONU）。在智慧校园的典型应用中，OLT 放在中心机房，既是一个交换机或路由器，又是一个多业务提供平台，它提供面向无源光纤网络的光纤接口，是 PON 系统的核心功能设备。OLT 具有带宽分配、控制 ONU、实时监控和运行维护管理 PON 系统的功能。（基于 GPON 的高校 FTTH 设计方案）ONU 为接入网提供用户侧的接口，提供语音、数据、视频等业务接入和传输。目前国内使用比较多的是 EPON 和 GPON 两种。EPON 基于以太网技术，可以承载语音、数据、视频等业务；GPON 是一种与已有 PON 系统相比有本质区别的新的 PON 技术，是一种典型的全业务接入网。[1]GPON 与 EPON 相比，都能满足智慧校园建设的内容传输承载要求，但是 GPON 技术、标准完备性和复杂度较高。国内已经使用这两种技术架设进行信息化建设的高校有中央财经大学、中国人民解放军海军大连舰艇学院、[2] 桂林理工大学等。[3]

4. 10G 以太网

以太网技术的每一次进步都是建立在修改之前的不足的基础之上的。相比于早期的以太网、快速以太网及后来的吉比特以太网，10G 以太网不仅仅是带宽和网速的提升，它拥有鲜明的技术优势。第一，端到端、全双工的网络服务，更高的带宽和更远的传输距离（40km）；第二，在用户普及率、使用方便性、网络互操作性，以及未来升级到 40G 甚至 100G 以太网有明显的优势；第三，可以使用6 类或 7 类双绞线或光纤作为传输介质；第四，结构简单、管理方便。[4]就应用特点而言，10G 以太网适合作为智慧校园基础网络的主干或者智慧校园统一存储

① 孙维平 .FTTx 与 PON 系统工程设计与实例 [M]. 北京：人民邮电出版社，2013.
② 李明强，张永，李鑫 . 基于 GPON 的校园网方案设计 [J]. 科技信息，2013（13）：170-171.
③ 刘亚荣，杨春，李新，等 . 基于 GPON GPON 的高校 FTTH 设计方案 [J]. 光通信技术，2011（2）：7-9.
④ 敖志刚 . 网络新技术概论 [M]. 北京：人民邮电出版社，2006：67-70.

数据中心的出口，保证多媒体教学、数字图书馆、视频资源传输等的高带宽需求。实际上从 2006 年开始，高校校园就开始逐步出现万兆以太网，如上海大学、烟台大学、安徽大学、北京师范大学等。今天已经升级为万兆主干的学校更加普及。[①]

4.5 学习分析技术使学习、教学和管理精准化

学习分析在教育中具有广阔的应用前景，将会在全世界掀起学习分析的研究热潮。学习分析在教育领域是一个研究新热点，是"大数据"在教育领域中的应用，学习分析将在未来一年内对高等教育领域产生重要影响。随着各类技术对于移动通信和在线学习的促进，学习分析已逐步得到了快速发展。

学习分析是对学习者及学习情境、学习行为的数据进行测量、收集和分析，以便更好地理解和优化学习及学习发生的情景，从而提高学习效率和效果。学习分析技术可作为教师教学决策、优化教学的有效支持工具，也可为学生的自我导向学习、学习危机预警和自我评估提供有效数据支持，还可为教育研究者的个性化学习设计和增进研究效益提供数据参考。[②]学习分析的发展经历了四个阶段：第一，描述学习结果；第二，诊断学习过程；第三，预测学习的未来发展；第四，指示与干预学生学习。

在首届"学习分析和知识国际会议"上，与会者一致认为：学习分析技术是测量、收集、分析和报告有关学生及其学习环境的数据，用以理解和优化学习及其产生的环境的技术。学习分析技术有助于发挥学习过程中数据的价值，使数据成为审慎决策、过程优化的重要依据。[③]学习分析技术是对学生生成的海量数据的解释和分析，以评估学生的学术进展，预测未来的表现，并发现潜在的问题。[④]学习分析的核心工作是深度挖掘学习者的学习行为和学习情况，为教师和学习者提供课程调整的分析数据依据，为管理者和教育机构提供决策制定的数据依据。

① 校园网迈进万兆时代 [J]. 中国教育网络，2011（10）：65-66.

② 黄荣怀，张进宝，胡永斌，杨俊锋. 智慧校园：数字校园发展的必然趋势 [J]. 开放教育研究，2012（4）：12-17.

③ 魏顺平. 学习分析技术：挖掘大数据时代下教育数据的价值 [J]. 现代教育技术，2013（2）：5.

④ Johnson，L.，Adams，S.，and Cummins，M.（2012）. NMC Horizon Report：2012 Higher Education Edition[R]. Austin，Texas：The New Media Consortium.

学习分析的结果将会对学生的个性化学习、网络学习环境设计、教学管理和决策产生重大影响,将会对高等教育的改革和发展产生重大影响。

国外许多大学积极开展学习分析技术研究,开发学习分析工具精确追踪和记录学习者的学习行为数据,判断学习者对网络课程的适应力、对课程内容的理解力和学习成效,从而做出相应的预测和干预。学习分析不仅有利于挖掘学生的学习潜能,而且有利于提升教师的教学水平。教师通过对学生学习产生的相关数据进行分析,利用实时和基于数据决策的工具,有利于提高课堂教学效率,改进学习服务。通过学习分析,学生可以及时发现学习中存在的问题,了解自己的学习轨迹,有针对性地突破学习难点和学习重点,从而改善学习效果。通过学习分析,教师可以及时掌握学生的学习情况,对学生的学习活动进行预测和干预,有针对性地编排教学资源,从而提高教学效果。通过学习分析,教育管理者可以及时了解教师教学和学生学习的情况,实时调整管理政策和措施。大数据支持的学习分析技术将会使未来学习、教学和管理精准化。

4.6 3D 打印技术推动教学创新

3D 打印技术出现于 20 世纪 90 年代,由于材料、费用等方面的限制,这项技术近几年才受到人们的青睐,相继利用 3D 技术打印了汽车、比基尼、飞机、人造肝脏、金属手枪、航空部件等。3D 打印技术是一种快速成型技术,以数字设计为基础,运用粉末状金属、塑料等可黏合材料,通过逐层打印的方式来构造物体。3D 打印技术为制造业的发展带来了新的机遇,将会引发制造业的革命。

随着 3D 打印机和材料价格的下降,这项技术逐渐受到教育领域的青睐,将会促进教学和学习创新,为研究探索带来契机。教师和学生可以将自己设计的数字化模型、艺术品、教具等,利用 3D 打印技术打印出实物,提供了探索真实实物的机会。3D 打印技术在数学、物理、计算机科学、工程和设计等课程中具有广泛的应用,高等教育领域引入 3D 打印技术,有利于提高学生的动手能力与参与能力,激发学生的学习兴趣,培养学生的创造力。2013 年,美国麻省理工大学在 TED 2013 大会上发布 4D 打印技术,通过软件设定模型和时间,变形材料会在设定的时间内变形为所需要的形状。[①]4D 打印技术颠覆了人们对打印的传统认识，打印不再是创造过程的终结，而仅仅是一条路径，打印出的产品可以进化，使得产品具有智慧的属性。这项技术也将会激发教育中的很多创新，可以设计出具有自我修复功能的产品。

4.7　可穿戴技术助推智慧学习和生活

20 世纪 60 年代，美国麻省理工学院媒体实验室提出了可穿戴技术。可穿戴技术是探索和创造能够把多媒体、传感器和无线通信等技术嵌入人们的衣着中，可支持手势、眼动操作等多种交互方式的创新技术。可穿戴设备可以通过"内在连通性"实现快速的数据获取、通过超快的分享内容能力高效地保持社交联系。摆脱传统的手持设备而获得无缝的网络访问体验。[②]

目前，可穿戴技术的主要产品有 Google Glass、苹果 Iwatch、BrainLink 意念头箍、智能手环、智能手表等。可穿戴技术产品不仅可以跟踪心率、血压等生命指标，以及专注、紧张、放松、疲劳等大脑状态，而且在不久的将来还可以检测学习过程中情绪的变化，为个性化学习提供支持。可穿戴技术将会使未来的学习和生活更具智能化，智慧学习和智慧生活将会成为可能。

4.8　仿真技术创设仿真学习资源 [③]

仿真在教育中的应用具有广阔的前景，近年来随着系统仿真与建模技术的逐渐成熟，系统仿真技术逐渐引起了教育研究者的注意，成为教育领域中亟待应用的一项关键技术。进入 20 世纪，随着建模与仿真技术的逐渐成熟，现代建模与仿真技术已经被成功地运用到航空、航天、电力、化工等工程技术领域，而且日益广泛应用于社会、经济、生物、军事等领域，如交通控制、城市规划、环境污染防治、市场预测等。仿真在教育中的应用，尤其是职业教育、教育系统仿真中的应用，有着广阔的前景。

---

① 4D 打印技术问世 可创造出"智能化"的物体 [EB/OL]. http://tech.qq.com/a/20130301/000020.htm.2013-03-1.

② 可穿戴技术 [EB/OL]. http://www.hbstd.gov.cn/kjzx/kjjy/32694.htm.2014-04-08.

③ 王运武，陈琳. 仿真在教育中的应用初探 [C]. 第 13 届中国系统仿真技术及其应用学术年会论文集，2011：5.

1．教育仿真的内涵

1）模拟

模拟是指用物质的或观念的形式对实际物体、系统、过程或情境的仿真。模拟有物理模型、情境模拟、类比模拟和数学模型等形式。物理模型往往与所要再现的物体有某种相似性。情境模拟可以是对环境中的物理特征的模拟，也可以是对态度、气氛等观念性东西的模拟。类比模型是用更容易观念化、更容易使用或操作的特征代表所要模拟的特征，它往往具有抽象化的特点（如在仪表判读研究中以蓝道环代替仪表）。数学模型是由数量化地描述所要研究的特征的公式组成的。

2）虚拟

虚拟一般有如下三种理解：不符合或不一定符合事实的情况；凭想象编造或虚构的事情；由高科技实现的仿实物或伪实物的技术。

3）仿真（建模与仿真技术）

关于仿真，国内有不少界定。李伯虎院士认为："现代建模与仿真技术是以相似原理、模型理论、系统技术、信息技术及建模与仿真应用领域的有关专业技术为基础，以计算机系统、与应用相关的物理效应设备及仿真器为工具，根据用户的项目需求，利用系统模型对已有或设想的系统进行研究、分析、设计、加工生产、试验、运行、评估、维护和报废活动的一门多学科的综合性技术。"[①]《中国大百科全书》中对仿真的界定为：是利用复现实际系统中发生的本质过程，并通过对系统模型的实验来研究存在的或设计中的系统。1982年中文版的《科学技术百科全书》，对仿真的定义为："仿真是指研制和使用计算机模型，用以研究实际或假设的动态系统。"

国外对仿真（计算机仿真）的代表性界定如下：

仿真是在计算机上进行试验的一种数值技术，涉及描述一段时间内复杂、真实世界系统的行为和结构的某些类型的数学和逻辑关系（Naylor，et al.，1966）。计算机仿真是研究一种可以用来研究现实世界系统性能的方法（Anderson，et al.，

---

① 中国科学技术协会学会学术部．仿真——认识和改造世界的第三种方法吗 [M]．北京：中国科学技术出版社，2007：2，34．

1991）。仿真通常是指在计算机上应用适当的软件模拟真实系统行为的各种方法和应用（Kelton，Sadowski & Sadowski，1998）。[1]

仿真是为了理解系统行为或者为系统的运作而评估各种策略（在一定的标准或系列准则下），而设计一个真实的系统模型并在模型上进行试验的一个过程（Robert E. Shannon，1975）。仿真是为了理解系统的行为或者为系统的运作评估各种策略（在一定的标准或系列准则下），而设计实际动态系统的动态模型的过程（Ricki G Ingalls，2002）。[2]

4）系统仿真

随着计算机技术的发展，现代建模和仿真技术在各个领域得到广泛应用，逐步形成了特定的研究对象、相对独立的理论体现和研究方法。仿真正在从潜学科逐渐成为一门显学科，仿真的学科化趋势越来越明显。

1989 年，文传源在北京国际系统仿真与科学解算学术会议上，对系统仿真学科提出的定义为：“系统仿真是一门建立在相似理论、控制理论和计算机技术基础上的综合性和实验型学科。”[3]

系统仿真是运用计算机模拟或仿真各种各样的真实世界设施或过程运作的一系列技术（Law 2007）。计算机用于生成现实中的数值模型，以描述系统组件复杂的相互作用。系统的复杂性随着事件的概率及其性质、要素相互作用的规则、随着时间的推移整个系统行为感知到的难度的变化而变化。[4]

5）仿真学

与仿真学相近的一个词汇是仿生学。仿生学是研究生物系统的结构和性质，以及工程技术提供的新的设计思想及工作原理的科学。仿生学把生物的功能或建造技术移植到工程技术之中，改善原有的功能或创造新的技术。仿生学成为人们设计思想和创造发明的源泉。仿真学和仿生学的概念，有时可以混用。例如，在动物仿真学和动物仿生学这两个概念中，仿真学和仿生学的含义区别不大。一般

---

① Introduction to Simulation[EB/OL]. http://www.eng.uwi.tt/depts/mech/ieOld/ugrad/courses/ieng3016/Simulation/Chapter1.pdf. 2009-06-03.

② SIM0183 Simulation[EB/OL]. http://staff.unak.is/not/andy/Year%203%20Simulation/Lectures/SIMLec2.pdf. 2009-06-03.

③ 文传源. 系统仿真学科与仿真系统技术 [J]. 系统仿真学报，1992（7）：1-8.

④ Systems Simulation[EB/OL]. http://en.wikipedia.org/wiki/Systems_Simulation. 2009-06-03.

认为仿真学是现代仿真学、系统仿真学、动物仿真学等概念的上位概念。仿真学的研究对象和研究内容与系统仿真学相比，比较宽泛。系统仿真学强调运用现代建模和仿真技术研究实际或假设的动态系统。

6）教育仿真

教育仿真是仿真学的下位概念，与动物仿真（生物仿真）的概念所处的位置较为一致，但是研究内容上存在很大差异。教育仿真是建模与仿真技术在教育领域的具体应用。教育仿真的研究内容主要包含两方面：仿真工具、技术、软件、方法等在教育领域中的应用；教育系统的仿真。前者主要是指运用仿真理论和技术开发仿真学习环境、仿真实验室等教育教学中运用的环境或工具。教育系统仿真是指对复杂的教育系统进行建模，运用仿真技术再现复杂的教育系统演变过程，从而可以发现教育系统发展过程中的问题，为教育决策者制定政策提供依据。

2. 教育仿真的发展历史

仿真在教育中的应用具有悠久的历史。在人类的发展史上，很早就有对仿真的应用。国际兵棋届认为孙子发明了世界上最早的兵棋"Wei Hai"——围棋的古代原形。"Wei Hai"很好地表现了孙子"不战而屈人之兵"的军事思想，产生了围棋这样高超的战争仿真模式。秦朝、汉朝的兵马俑，以及唐朝的唐三彩等都是古代仿真的应用。

中国是算盘的故乡，算盘起源于汉代，后来被世界各国用作计算工具和教学工具。我国学者段海滨认为算盘就是一个原始的"仿真机"，它部分模拟了人的计算智能。[①] 我国北宋、明、清时期，针灸教学中经常用"针灸铜人"作为教具。针灸铜人是用古代教学中应用的一种典型仿真教具。针灸铜人是用青铜浇铸而成的人体经络腧穴模型。其高度与正常成年人相近，胸背前后两面可以开合，体内雕有脏腑器官，铜人表面镂有穴位，穴旁刻题穴名。同时，以黄蜡封涂铜人外表的孔穴，其内注水。如取穴准确，针入而水流出；取穴不准，针不能刺入。

教育仿真在中国的发展有三个典型的事件。1989年，陈舜明、金仲根运用系统动态学原理及方法，设立了合川县教育发展动态仿真模型，提出了六套教育

---

① 中国科学技术协会学会学术部.仿真——认识和改造世界的第三种方法吗 [M]. 北京：中国科学技术出版社，2007：2，34.

发展备选方案。^①这是我国最早对仿真在教育中的应用进行探讨。2008 年 8 月 11 日～13 日，全国教育仿真技术培训班在大连举办。这次培训班由中国教育技术协会主办，大连海事大学协办，大连市人工智能与计算机辅助教育学会承办。主要培训内容有：虚拟现实技术与仿真模拟技术；以就业为导向的职业教育与仿真模拟软件、虚拟现实软件的开发工具及应用；仿真实训软件开发及应用实践；仿真实训软件示范基地建设等。^②2008 年 12 月，中国教育技术协会仿真技术专业委员会成立。仿真委员会的成立是我国教育仿真技术发展的一个新的里程碑。^③

国外早期仿真在医学中的应用始于 18 世纪法国助产士古德雷夫人（Madame du Coudray）的分娩机。一个世纪后，出现了另外一种重要的模型，用来帮助练习掌握生命救护技能，如心肺复苏操作等。同时，首次全面病人仿真器正在开发，但是只有少数有特权的学员使用。直到 1990 年，类似的这种仿真器终于成功商业化。由于价格的原因，这些复杂的交互式培训模型的应用推广比较缓慢。到 2007 年，据估计有 4 500 多个高逼真度病人仿真器已销往世界各地，其中英国大约占 10%。^④

早在 20 世纪初，国外就开始利用仿真设施培训飞行员。20 世纪初，为了实现载人飞行的梦想，培训重要性被释放出来。尤其是第一次世界大战和第二次世界大战的爆发，需要培训大量的飞行员（见图 4.1），这种需求更加旺盛。各种各样的培训准飞行员的仿真设施应运而生，在培训飞行员过程中发挥了重要作用。综合飞行训练设备、运动系统训练器、空气发生训练器、飞行仿真设备、数字仿真器等一些仿真设备成功应用于飞行员的培训中。^⑤在航天员的培训中，仿真设备或仿真环境的应用发挥了卓越的功能。航天员可以借助仿真的设备或仿真环境获得与太空中接近的体验，可以仿真操作各种设备或处理各种故障。仿真器中所实现的训练为航天员进入太空提供了足够的经验，仿真功能能够满足航天员的训练要求。

---

① 陈舜明，金仲根 . 教育发展动态仿真 [J]. 农业系统科学与综合研究，1989（4）：54-59.

② 关于举办全国教育仿真技术培训班的通知 [EB/OL]. http://218.22.0.27/news/show.asp?tbxid=380&lb=w. 2009-09-09.

③ 中国教育仿真专业委员会在南宁成立 [EB/OL]. http://www.dmuit.com/ZxView.asp?id=86. 2009-09-09.

④ Brief history of 'simulation' in midwifery education[EB/OL]. http://www.studentmidwife.net/educational-resources-35/midwifery-history-43/1631-brief-history-simulation-midwifery-education.html. 2009-09-08.

⑤ A Brief History of Aircraft Flight Simulation[EB/OL]. http://homepage.ntlworld.com/bleep/SimHist1.html. 2009-09-08.

通过上述分析可以发现，教育仿真的发展历史大体可以分为三个阶段：20世纪以前为古代教育仿真阶段；20世纪初至20世纪90年代末为现代教育仿真阶段；21世纪初至今为教育系统仿真阶段。20世纪以前，主要是简单的仿真工具在教育中的应用。20世纪，随着计算机和网络技术的迅速发展，现代化的仿真工具或环境在教育中得到应用，是现代教育仿真阶段。任何技术在教育中的应用都具有滞后性，现代系统建模与仿真技术在教育中的应用，同样具有滞后性的特点。进入20世纪80年代，随着网络计算及分布交互仿真方法与技术的快速发展，建模与仿真理论及方法论逐渐成熟。仿真的应用领域逐步由自然科学扩展到社会科学。教育是一个复杂系统，教育的发生和发展规律很难被人们深刻认识。认识教育系统的复杂性，需要除理论和试验之外的第三种方法。系统仿真作为认识事物的第三种方法在教育中的应用将会有广阔的前景。进入21世纪，开始有人初步探讨教育系统仿真，系统仿真在教育中得到进一步应用。

图 4.1　二战期间飞行员的训练

3．教育仿真的未来发展

仿真在职业教育中具有广阔的应用前景。2006年，教育部《关于全面提高高等职业教育教学质量的若干意见》中明确提出："要充分利用现代信息技术，开发虚拟工厂、虚拟车间、虚拟工艺、虚拟实验。"[①]

中国教育技术协会仿真技术专业委员会秘书长于双和提出仿真实训在职业教育实训教学中的发展前景如下：①实现仿真实训环境与仿真实训操作对象统一成一体，如仿真实训工地、车间、工厂等；②计算机仿真实训向质量检验标准化，使用操作程序化，设计（教学）、编写（脚本）规范化，制作合成专业化方向发展；

---

① 关于全面提高高等职业教育教学质量的若干意见 [EB/OL]. http://www.moe.edu.cn/edoas/website18/50/info24250.htm. 2009-09-10.

③计算机仿真实训，将纳入职业院校实训教学方案、实训基地建设方案及教育教学改革方案之中；④有实物介入式计算机仿真系统将成为职业教育仿真实训教学中的又一个亮点。随着实训仿真技术的发展，实训内容、实训手段、实训设备将发生变革，传统的校内、校外实训基地模式将向着校内、校外实训基地与虚拟实验实训相结合的教育实践模式发展。[①]职业教育对仿真技术的需求异常迫切，这必将会带动一批人加入到仿真在职业教育中的应用研究队伍之中。

除职业教育之外，仿真在学历教育中也有广泛的应用。仿真教具、仿真化学实验室、仿真物理实验室、仿真教学环境（如 Second Life 中的前沿虚拟课堂等）等都被用于教育教学中。数控加工仿真软件、单片机仿真软件、电路仿真软件、工厂仿真软件、路径规划仿真软件、城市仿真建模工具、军事仿真软件都成为教学中的得力助手。围绕教育用仿真软件或仿真环境展开的研究将会成为教育仿真研究的重要内容。

教育系统仿真技术是教育技术学领域中的一项关键技术。如果能够恰当地将系统仿真技术应用于教育领域，必将会成为推动教育发展的利器。从系统仿真在教育中的应用范畴看，有三方面的具体应用：宏观教育系统仿真、中观教育系统仿真和微观教育系统仿真。比如，国家教育信息化发展模型与仿真、国家教育系统发展演化的仿真则属于宏观教育系统仿真的应用；区域教育投资决策模型与仿真、区域教育信息化发展模型与仿真则属于中观教育系统仿真的应用；学校教育资源共享模型与仿真、学生个体学习行为的改变与演化仿真则属于微观教育系统仿真的应用。对教育系统进行仿真的主要目的是通过再现教育系统的发展演变过程，分析教育现象与教育过程，发现教育发展中存在的问题，以便为教育决策者制定合理的决策提供有效支持，或对教学进行正面干预以促进学生的发展。对教育系统仿真进行研究有着广阔的空间，但是由于教育系统极其复杂，而系统仿真又涉及多门学科或技术，这就需要研究者具有多学科的背景知识和跨学科研究的能力。

目前我国对教育仿真的研究主要集中于仿真工具、技术、软件、方法等在教育领域中的应用，而对教育系统仿真的研究相当匮乏。之所以会出现这种现象，主要有如下原因。

---

① 于双和. 应用教育仿真技术推动实践教学改革 [R]. 第九届中国教育信息化创新与发展论坛，2009-07-12.

第一，教育是一个复杂问题，教育系统是一个独特的复杂系统，具有开放性、不可还原性、非线性与非均衡性等特征。国内外学者对教育复杂性的研究多局限于对传统教育思想和理论的反思，对适用于复杂性教育系统的管理与控制方法缺乏科学而深入的研究，用定性分析开展描述性研究多，用数学、计算机模拟等方法开展定量研究少，缺乏专门组织从事教育复杂性研究，许多研究工作是学者个人兴趣所至，研究内容不成体系。[①]教育系统自身的复杂性制约了系统仿真技术的运用。

第二，教育系统仿真涉及教育学、仿真学、运筹学、复杂性科学（包括老三论"控制论、信息论和系统论"和新三论"耗散结构论、突变论、协同论"，以及混沌理论、超循环理论等其他学科理论）、计算机科学、虚拟现实技术等多门学科或技术。从事教育系统仿真研究需要具有多学科的背景知识，并且具有很强的跨学科研究的能力。

第三，系统仿真技术在教育中应用的优势还没有充分显现出来，目前尚无运用系统仿真技术支持教育发展的成功案例。第四，需求是推动科学研究的根本动力，目前教育领域中尚未出现运用系统仿真技术解决教育问题的迫切需求。与此不同，仿真工具、技术、软件、方法等在教育中确得到广泛应用，且取得了良好的效果，获得了较多研究者的关注。

4.9　全息投影技术塑造空中幻像

1947 年，英国匈牙利裔物理学家丹尼斯·盖伯发明了全息投影术（Front-projected Holographic Display）。全息投影技术又称为虚拟成像技术，是利用干涉和衍射原理记录并再现物体真实的三维图像的技术。全息投影技术有三种：空气投影和交互技术、激光束投射实体的 3D 影像和 360 度全息显示屏。基于全息投影的幻影成像技术，可以将物体的全息影像投射到透明介质上，产生 3D 立体观感，提升视觉效果。

全息投影技术和幻影成像技术的关键设施有投影仪、全息膜等。从投影机成像原理看，分为 CRT 三枪投影机、LCD 投影机、DLP 投影机和 SXRD 投影机。

---

① 王强 . 教育复杂性研究进展 [J]. 开放教育研究，2003（4）：16-19.

3D 投影机主要采用 TI 的 DLP Link 技术，其原理是通过 DMD 芯片输出 120MHz 刷新率的画面，左右眼交替使用，使人眼形成 3D 的"错觉"。为了获得最佳的影像，具有 4K 投影机效果较好。4K 分辨率即 4 096×2 160 的像素分辨率，可以实现电影级的画质。投影膜分为：全息投影膜、灰色投影膜、魔镜投影膜、镜面投影膜和幻影成像膜。不同类型的投影膜，其反射率、制作工艺、适用环境不同。

幻影成像系统由主体模型场景、造型灯光系统、光学成像系统、影视播放系统、计算机多媒体系统、音响系统及控制系统等组成。幻影成像逼真、立体特效很炫，无须戴 3D 眼镜即可观看 3D 效果。目前，幻影成像技术已经在各类博物馆、名人故居、百年古镇、历史名街、主题公园、遗址公园、城市规划展示馆等开始逐渐应用。由于其价格较高，在科技馆、展览馆等场馆中已经有广泛的应用，但是在学校教育中的应用还较少。

4.10　3D 成像技术催生数字化资源新形态

3D 摄像机通常具有两个摄像镜头以上，间距与人眼间距相近，能够拍摄出类似人眼所见的针对同一场景的不同图像。常见的 3D 摄像机有 Sony DEV-50 3D 摄录望远镜、Sony TD30E 3D 摄像机、UCVREYE 双镜头 3D 摄像机、AEE SD30 2D/3D 高清微型运动摄像机、Project Beyoond 360°3D 全景摄像机（内置 16 个摄像头，一次快门能抓拍 10 亿像素）、Sony PMW-TD300 3D 摄录一体机、Panasonic AG-3DA1MC 高清 3D 摄像机等。常见的 3D 影片制作软件有 MakeMe3D、Pinnacle Studio Ultimate、StereoMovie Maker、Free 3D Video Maker、AE、PR、FCP、NUKE、EDIUS 等。

观看 3D 视频资源需要配戴 3D 眼镜。3D 眼镜分为三种：红蓝红青 3D 眼镜、偏振镜和液晶快门眼镜。从配戴体验看，偏振镜、液晶快门眼镜舒适度较好，红蓝红青 3D 眼镜舒适度较差。长时间观看 3D 视频资源容易出现头晕、眼痛、恶心等"3D 晕眩症"。

裸眼 3D 利用人两眼具有视差的特性，在不需要任何辅助设备（如 3D 眼镜、头盔等）的情况下，即可获得具有空间、深度的逼真立体影像，其最大的优势便是摆脱了眼镜的束缚。目前主流的裸眼 3D 技术手段有：狭缝式液晶光栅、柱状棱镜和指向光源。2014 年以来，三星 55 英寸裸眼 3D UHD 电视机、夏普 8K 裸眼 3D 电视机、东芝 56 寸裸眼 3D 电视机、利亚德 110 寸裸眼 3D 电视、海尔裸眼 3D 电视机、长虹裸眼 3D 电视，以及长虹裸眼 3D 手机、PPTV 裸眼 3D 手机、HTC 裸眼 3D 手机等正在逐渐进入人们的生活。

观看裸眼 3D 视频不需要配戴特定的眼镜，利用多视点显示器即可观看视频，适用于不同的应用环境，观看的视角范围相对广阔，使观看者更有身临其境的感觉。尽管裸眼 3D 电视一个致命的缺陷就是可视角度问题，一般可视角度只有两到三个，偏一点看都会出现图像模糊的现象，但是裸眼 3D 视频资源将会是 3D 资源的未来发展方向。

2012 年 1 月 1 日，由江苏电视台、深圳电视台等 6 家单位联合开办的中国 3D 电视试验频道开播，通过中星 6A 卫星覆盖全国大部分地区。这是中国首个 3D 电视试验频道。

第 **5** 章

智慧校园基础设施

5.1 智慧大楼

　　智慧大楼又称为智慧楼宇，为传统建筑业注入了绿色、生态、环保的理念，将会是未来建筑业的必然发展趋势。智慧大楼是智慧时代和互联网＋时代的产物，与传统大楼相比具有典型的智慧特征。智慧大楼的智慧性主要体现为智慧物业管理和智慧建筑过程。智慧大楼通常配有大楼自动化管理系统、办公自动化管理系统、通信自动化系统、安全监控自动化系统、火灾自动化处理系统、综合布线系统等。智慧大楼具有智慧化的设备维护、安全监控、状态监控、通信和防灾救护设施、空气监测等，可以利用先进的宽带网络和设施，为用户提供安全、高效、舒适、便利的学习、工作和生活环境。

　　智慧大楼利用互联网、物联网、大数据等现代化技术构建智慧大楼系统，具有敏锐的视觉、感觉、听觉和触觉，能够对大楼内的信息进行收集、处理、分析，并能通过智慧化系统做出智慧决策，为大楼的管理者和用户提供综合信息，为用户提供智慧环境。

　　智慧校园中办公楼、教学楼、图书馆、体育馆等楼宇应该建成智慧大楼。目前，智慧大楼已经有一些成功的典型案例。例如，腾讯北京总部大楼在建设过程中，采用了"物联网＋施工"的理念，将物联网技术与施工现场管理深度融合，利用互联网的海量数据进行项目精细化和标准化管理，让传统的建筑工地长出"智慧大脑"。采用物联网技术，具有如下两个优势：第一，传感器采集数据真实准确，可以给项目管理提供决策支撑；第二，数据自动采集，最大限度地减少了人的工作量，这对工作面大但人员配置有限的项目来说很重要。项目施工现场依靠"高支模变形监测"和"塔吊运行监控"两项物联网技术，消除了很多安全隐患问题。①

智慧大楼可以广泛部署无线充电设施，使得移动终端充电更方便快捷。无线充电的基本原理有：电磁感应式、磁场共振和无线电波式。无线充电设备具有隐形、设备磨损率低、应用范围广、操作方便等优点，经济成本投入高，维修费用大等缺点，但是将来随着技术的成熟和广泛普及，经费成本将会降低。

智慧大楼的电、水、空气、温度等可以实现智慧监测和智慧管理。灯光亮度随着自然光强度的变化自动调节，房间内有人时灯光自动亮。智慧大楼可以自动调节温度，自动换风，自动净化空气。通过化学过滤系统，消除二氧化硫、二氧化氮等气态有害物质。

智慧大楼的楼顶、阳面可以部署太阳能电池板，既可以利用太阳能发电，也可以美化大楼。目前，新型超薄太阳能电池板（见图 5.1）已经研发成功。这种太阳能电池板可以像纸一样弯曲。②新型光伏电池，只有人类头发的五分之一厚。这种光伏电池至纤至薄，轻盈柔韧，身轻如羽，甚至可以放置在泡沫上。这样轻薄的电池可以被放置在任何地方，从智能服装到氢气球等。③新型超薄太阳能电池板将会改变能源结构，具有广泛的应用场景。

在电梯口、楼道等行人多的位置安装发电地砖，将行人踩踏的机械能量收集，转化为电能，既可以增加行人的乐趣，又践行着绿色环保的理念。目前，发电地砖已经被应用于一些场所，取得了较好的效益。

---

① 智慧技术助力 让传统建筑工地长出"智慧大脑"[EB/OL].http://www.afzhan.com/news/detail/44703.html.2016-03-23.
② 新型超薄太阳能电池板面世 成本缩减10万倍[EB/OL]. http://www.qqdcw.com/content/wjzx/2013/2/19/30558.shtml. 2013-02-19.
③ 超轻光伏电池：可以放在肥皂泡上 [EB/OL]. http://tech.sina.com.cn/d/i/2016-03-03/doc-ifxqaffy3537228.shtml. 2016-03-01.

图 5.1　超薄太阳能电池板

5.2　智慧交通

智慧校园内可以建设无线充电道路、无线充电停车场，电动汽车在行驶或停车的时候可以方便地充电。无线充电技术已经相对较成熟，2014 年韩国铺设了一条长达 12 公里的无线充电路段，车辆行驶在路上可边开车边充电。

高校一般面积较大，有些高校有多个校区。智慧交通也是智慧校园的重要组成部分。无人驾驶校车将会为智慧校园提供方便、快捷的交通服务。近年来，无人驾驶汽车已经进行了较多测试，未来将会进入校园助力智慧交通。

智慧交通可以提供实时的校车运行情况，依据乘车人数的动态变化适时增加校车运行的数量，师生可以精确地了解校车到达站台的具体时间，避免长时间等待或错过校车。智慧门禁能够识别车辆，实现车辆进出的智慧管理，自动计算停车时间和收取停车费。智慧停车能够动态显示校园内的停车场位置和停车位数量，并能对停车实现高效率导引。近年来，随着人们生活水平的提高，汽车进入了千家万户，未来将会有更多的师生开车进入校园，停车难已经成为城市亟待解决的难题。智慧立体停车库与互联网的结合，将会提供停车的智慧解决方案，实现停车查询、预定车位、自动计费支付等功能，在很大程度上缓解停车难的问题。智慧停车市场具有良好的发展前景，万亿市场等待开启。

5.3　智慧研创室

教室是学校的主要学习场所，教室的发展先后经历了"传统教室—多媒体教室—智慧教室—智慧研创室"的变迁。多媒体教室又称为网络教室，智慧教室又称为未来教室。智慧研创室是依托物联网技术、大数据技术、学习分析技术、全息投影技术、3D 成像技术等智慧技术，平板电脑、3D 投影机、电子白板、3D 电视、3D 摄像机等智慧终端，以及智慧学习系统、智慧教学系统、智慧管理系统、智慧评价系统、智慧录播系统、智慧教研分析系统等智慧应用系统构建的智慧学习场所。传统教室、多媒体教室、智慧教室和智慧研创室的比较如表 5.1 所示。智慧研创室与传统教室、多媒体教室、智慧教室相比，最大的区别是建设理念强调在促进学习的基础上，强化研究和创造知识，促进培养智慧型、创新型人才。

表 5.1　传统教室、多媒体教室、智慧教室和智慧研创室的比较

	传统教室	多媒体教室	智慧教室	智慧研创室
多媒体设备	无	有	有	有
互联网	无	有	有	有
无线宽带网	无	不一定	有	有
智慧性	无	无	有	有
智慧技术 *	无	无	有	有
智慧应用系统	无	无	有	有
智慧终端	无	无	有	有
知识	知识传播	知识传播	知识传播	知识传播 + 知识创造

5.3.1　智慧研创室建设的基本要求

为保证智慧研创室的建设效果，智慧研创室建设应该达到如下基本要求。

第一，执行建筑光学标准的灯光配置，便于摄像机获取色彩正常的影像。

灯光配置特殊要求如下：摄像区的照明度控制在 750～12 500LUX 之间。非摄像区的照明度应小于 80LUX。为保证产生均匀的照明效果，应考虑用深色窗帘遮挡窗户，光源安放在被照物的前上方 45°；为保证摄像机自动彩色均衡器正常工作，教室只能采用一种光源，选用冷光源，比如三基色灯。

第二，按建筑声学标准安置专业的音响系统，便于学生获得清晰、舒适的声音，同时能可靠拾取现场声音。

音响配置特殊要求如下：频率特性控制、回声控制、啸叫抑制、噪声控制、音节清晰度、响度级和声场不均匀度。频率和回声控制可通过控制室的调音台，用增设的优质功率放大器，控制高音、中低音。啸叫是设计重点。还要配置专用的啸叫抑制设备，使无线话筒能在教室的所有位置正常使用。噪声控制主要是隔音与吸音效果控制，隔音主要是指选用双层窗户隔离外界噪声，电子设备主要部

件安装在控制室，主要避免电感性电气设备噪声；吸音主要指室内应铺地毯，吊天花板，四周墙壁应装有隔音毯并用墙布软包，保证室内噪声小于 40dB。音节清晰度要求大于 80%，响度级在 60～70phon 之间，声场不均匀度小于 6dB。

第三，装配至少 2 台全自动摄像机（或广播级专业摄像机），以便获取必要的现场的影像。

第四，配备投影机、液晶电视、电子白板等智慧教学媒体，建设智慧学习系统、智慧教学系统等智慧应用系统，拥有智慧学习资源、智慧教研资源等智慧资源。

第五，配置智慧中控系统，做到远程控制所有设备和应用系统。

5.3.2　智慧研创室类型

智慧研创室可分为演播型、互动型和普通型智慧研创室，这三种类型的智慧研创室的比较如表 5.2 所示。

表 5.2　演播型、互动型和普通型智慧研创室的比较

	演播型	互动型	普通型
课程类型	访谈、模拟、辩论	课堂教学	课堂教学
典型特征	交互性强、表演性强、知识传播、知识创造	交互性强、知识传播、知识创造	知识传播、知识创造
规模	20～50 平方米	20～50 平方米	50～100 平方米
教室布局	演播室+演播台	教室+大讲台	教室+大讲台
光源、音场、温度等	准专业演播室	智控型研创室	智控型研创室
音视频	专业级音视频	高档拾音器+高清投影	高档拾音器+高清投影
互联	实时播出+接收+在线互动	接收+播出+在线互动	接收+播出+有限互动
学生设备	话筒、智慧终端	话筒、智慧终端	智慧终端
资源生成	实时生成	实时生成	实时生成
成本	150 万～200 万元	100 万～150 万元	50 万～100 万元

5.3.3　智慧研创室设备配备

智慧研创室的核心是智慧中央控制系统（见图 5.2）。智慧中央控制系统能够

实现教育媒体的远程集中管理，与各种智慧应用系统相互关联，使得学习、教学和管理更加智慧化，协助教师进行无人值守上课、计算机软件分发、操作系统远程启动，网络可视对讲、网络教研、智慧评价等丰富的功能。智慧研创室常见的软件系统有课堂互动系统、双屏教学系统、互动答题与反馈系统、互动展示与考评系统、云资源系统、智慧环境控制系统、电子牌系统等。智慧环境控制系统采用基于用户部署的控制策略，可以智控灯光照度、窗帘，智控防盗，实时监测净化空气。电子牌系统可以动态显示通知、课程信息、光照、温度、湿度等智控监测信息。

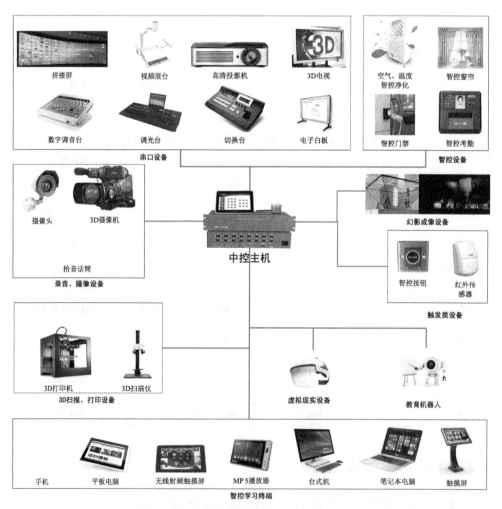

图 5.2　智慧中央控制系统常见的设备连接图

智慧中央控制系统主要控制设备有：手机、平板电脑、无线射频触摸屏、MP 5 播放器、台式机、笔记本电脑、触摸屏等智控学习终端，3D 扫描仪、3D 打印机等 3D 扫描、打印设备，拾音话筒、摄像头、3D 摄像机等录音、摄像设备，拼接屏、视频展台、高清投影机、3D 电视、数字调音台、调光台、切换台、电子白板等串口设备，空气、温度智控净化、智控窗帘、智控门禁、智控考勤等智控设备，智控按钮、红外传感器等触发类设备，以及幻影成像设备、虚拟现实设备、教育机器人等。近年来，智慧研创室广泛采用了微光量子板，微光量子板将绿板、投影幕布和电子白板三种功能集于一体，真正体现了环保低碳的特点，课堂教学进入了无尘教学新时代。智慧研创室还应该配备移动终端管理及充电设备，能够对移动设备进行快速批量充电。

5.4　智慧实验室

实验室是探索未知、验证构想的重要场所，是学习者获取知识和创造知识的重要场所，然而传统实验室还存在很多常见亟待解决的问题：第一，任课教师和学生难以及时查看、预约实验室的空闲时段。第二，实验室管理员为准备实验条件需要花费大量时间。第三，以班级或者专业为单位排课，往往受设备数量的限制，很难为学生安排个性化实验，实验教学缺乏自主性和个性化。第四，实验室有数量大、种类多、价值高、使用周期长、使用地点分散、实验药品容易过期等特点，因而资产盘点工作量繁重。第五，实验室管理方式效率低，主要依靠轮流值班、人工巡回等方式查看。第六，受时间、空间、人力等限制，实验设备无法得到充分利用，实验室资源浪费现象非常严重。智慧实验室系统构成如图5.3所示。

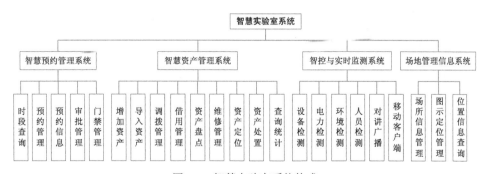

图 5.3　智慧实验室系统构成

智慧实验室利用物联网技术、大数据技术、传感器技术、人工智能技术等建构智慧实验环境。智慧实验室与传统实现实验室相比，在实验室借用、实验设备管理、实验室安全管理、实验材料订购等方面具有明显的智慧性、节能环保、高效实用等特征。智慧实验室是传统实验室的智慧化。智慧实验室往往是实体实验室、虚拟实验室和仿真实验室相互融合，实现实验室性能与功能的智慧融合。

5.5　智慧图书馆

智慧图书馆利用物联网、云计算、智慧化设备实现图书馆智慧化的管理和服务。智慧图书馆将会是图书馆未来的发展方向。智慧图书馆具有人性化的功能、人性化的设施、智慧化的服务和智慧化的管理。智慧图书馆在安静、便利、阅读、休闲、舒适等方面更具智慧性。智慧图书馆主要具有如下功能。

第一，图书馆数据的智慧分析。图书馆有图书数据、电子书数据、特色资源数据、视频数据、音频数据、期刊数据、杂志数据、读者数据、借阅数据等。在保护读者数据的基础上，可以通过大数据分析，挖掘图书流通情况、图书借阅情况、读者阅读偏好等，分析读者的学习习惯和学习行为，为读者提高学习效率和学习效果推送策略建议。

第二，借助 iBeacon 技术实现资源的个性化推送。图书馆 APP 中，应用 iBeacon 技术与位置定位、二维码等常用的移动技术与图书馆服务相结合，为读者提供新颖的智慧图书馆体验。iBeacon 是一项低耗能蓝牙技术，由 iBeacon 发射信号，iOS 设备定位接受、反馈信号。借助这种定位技术可以实现图书馆与读者的主动沟通交流。读者经过某一区域时，APP 将会弹出信息提示，帮助其查阅感兴趣的图书资料，并完成预约、借阅流程。

第三，利用超高频 RFID（无线射频识别）图书借还管理系统，实现了自助图书借还、图书 3D 精准定位、智慧盘点、智慧防盗等功能。

智慧图书馆管理系统主要连接设备如图 5.4 所示。

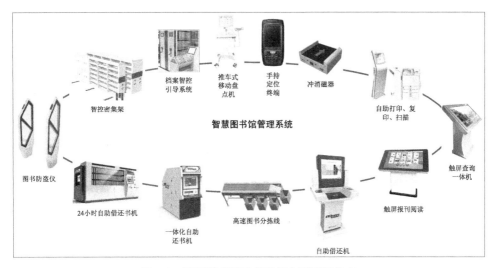

图 5.4　智慧图书馆管理系统主要连接设备

5.6　智慧办公室

　　智慧办公是综合利用智慧技术对办公业务所需的资源和硬件设备进行智慧化管理，从而营造舒适、便捷的办公环境，提高办公业务流程的智慧化程度，大力提升办公效率。智慧办公将会是未来的主流办公方式，智慧办公具有办公流程智慧化、灵活化，办公地点移动化，办公环境舒适化，办公终端智慧化等特点。智慧办公集智慧办公环境、智慧办公系统、智慧办公服务于一体，可以实现异地办公、移动办公、居家办公等多种办公方式。

　　办公家具的配置需要考虑智慧性。办公室可以配置多功能折叠沙发、智慧插座、蓝牙灯泡、智控窗帘、智控摄像头、扫地机器人等智控设备。智慧插座与智慧设备之间经过简单设定，即可进行自动化工作，打造智慧工作场景。利用光传感器、温度传感器、气味传感器等实现灯光、温度、空气的智慧控制。如果环境感应器监测光照不足，灯光将自动打开，并参照自然光的亮度自动调节光照亮度。

　　每天办公室座椅的摆放需要耗费大量的时间。2016 年 2 月，日本研发了自动泊"椅"系统，听到拍手声，椅子能够自动归位。办公室的四面墙上安装了 4 个动作控制摄像头，摄像头通过 Wi-Fi 与椅子相连，在摄像头的引导下，椅子可以进行 360 度旋转并找到自己在办公桌下的位置。[①]

　　智慧办公系统构成如图 5.5 所示。智慧办公室配置智控家具、视频监控、安防报警、门禁考勤等设施，打印、复印、扫描、传真一体机，电子白板，高清投影，平板电脑，台式机，笔记本电脑，可视电话，智慧手机等办公终端。利用笔记本电脑、平板电脑、智慧手机等智慧移动终端，可以方便地实现异地办公、移动办公和居家办公，使得办公环境无处不在。智慧办公可以有效拓展办公场所和办公空间，提高办公效率。

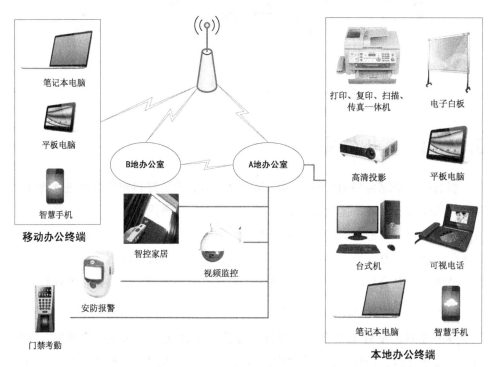

图 5.5　智慧办公系统构成

5.7　智慧校医院

　　智慧医疗又称为 WIT120（Wise Information Technology of 120），利用物联网技术、传感技术、大数据分析、可穿戴设备等实现医疗过程智慧化，促进患者与

---

① 日产开发自动泊 "椅" [EB/OL]. http://www.wtoutiao.com/p/10eqXYs.html. 2016-02-16.

医务人员、医疗机构、医疗设备之间的高效互动。智慧校医院由智慧校医院大楼、智慧医疗设备、智慧医疗应用系统、智慧医疗管理和智慧医疗服务组成。

　　智慧医疗系统由智慧预约挂号系统、智慧医疗诊断系统、智慧医疗管理系统和智慧医疗服务系统组成（见图 5.6）。智慧预约挂号系统主要有医疗信息查询、手机挂号、自助缴费、智慧分诊导引等功能。智慧医疗诊断系统主要有智慧急救、电子病历、病情自述、自诊问诊、病情分析、智慧检查、智慧诊疗、自助住院、自助取药、康复训练等功能。智慧医疗管理系统主要有医护人员管理、医疗器械管理、医疗药品管理、住院诊疗管理、医疗费用管理、医疗报销管理等。智慧医疗服务系统主要有病情监控预警、疫情监控预警、健康教育、健康体检等。

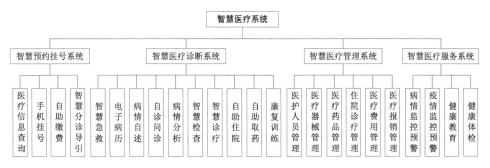

图 5.6　智慧医疗系统构成

5.8　智慧宿舍

　　宿舍是学生居住休息的场所，也是学生的家，更是一个重要的学习场所。目前，学校的很多宿舍环境还有待改善，多数宿舍具有居住学生数量多、人均面积小、空间狭小、味道浓厚、采光通风差等问题。智慧宿舍利用物联网、人工智能等智慧技术实现宿舍的智慧管理和智慧服务，从而提升居住者的智慧体验。

　　智慧宿舍系统主要包括智慧门禁、智慧家居、智慧可穿戴设备、智慧基础设施等（见图 5.7）。智慧门禁可以实现指纹开锁、手机开锁、IC 卡密码开锁、遥控开锁等多种开锁方式。创意折叠床、创意折叠椅、创意伸缩折叠书架、光感应智控窗帘等智慧家居，将会有效解决宿舍空间狭小问题，将小宿舍装出大房间效果，营造出舒适的居住环境。

图 5.7 智慧宿舍系统构成

随着可穿戴技术的发展，智慧可穿戴设备逐渐进入人们的生活，人们的生活方式将会更具有智慧性。智能手环可以记录日常生活中的锻炼、心率、血压、睡眠、饮食等实时数据，并将这些数据与手机、平板电脑等终端同步，发挥通过数据预警健康生活的作用。智能戒指可以实现提醒短信、语音和社交网络信息，管理语音来电、遥控摄像头、追踪定位、遥控音乐播放，显示不同时区时间、倒计时等功能。意念力头箍利用脑电波传感器，可以通过蓝牙无线链接手机、平板电脑、笔记本电脑、智能电视等终端设备，让终端设备实时了解大脑的专注、紧张、放松、疲劳等状态，配合相应的应用软件实现意念力互动操作。智能项链可以是一个迷你投影仪，把邮件、短信、通知等信息投射到任何附近的平面；也可以安装麦克风，通过咀嚼声音判断所吃的食物，以此判断摄入的热量。智能眼镜可以安装独立的 Android 操作系统、应用软件等，并能接入无线网络，通过语音或动作操控完成添加日程、地图导航、与好友互动、拍摄照片和视频、视频通话、坐姿提醒、防盗等功能。云端智能体温计可以精确测算基础体温，了解基础体温曲线，跟踪生理健康。云端健康检测仪可以实时监测血压、血氧、血糖、体温、心率、心电等数据，提供实时健康监测报告。医疗报警装置可以对特殊病人跟踪定位，监测佩戴者是否跌倒，智控发出报警信息。蓝牙耳机可以实现与手机、MP 4、MP 5 等移动终端的无线连接，具有低功耗、低辐射的优点。智能防丢器可以防止手机、钱包、笔记本电脑等贵重物品的丢失，可以有效摆脱丢失东西的困扰。智能"姨妈巾"探测器，通过蓝牙将卫生棉监测湿度的传感器和用户手机连接，可以在女性生理周期实时提醒卫生巾上的血量，以便及时更换。智能马桶具有臀部清净、下身清净、移动清净、坐圈保温、暖风烘干、自动除臭、静音落座等功能，可以为用户提供更舒适、更卫生、更方便的极致如厕体验。

智能照明、无线智能插座、智能探测器等智慧基础设施可以大力提升宿舍的智慧化程度。智能照明、无线智能插座、无线充电器的结合，可以利用物联网技术、无线通信技术、电力载波技术、嵌入式计算机智能化信息处理、节能控制等技术，实现远程单灯开关、调光、检测等管控功能，对照明设备和无线充电设备进行智能化控制。智能探测器可以实时监测烟雾、磁场强度、光照强度、辐射值、一氧化碳、甲醛、PM 2.5 等。智能空气净化器可以依据实时空气监测结果，自动启动空气净化系统。智能安防报警集各种传感器、功能键、探测器和执行器于一体，具有防火、防盗、煤气泄漏报警等功能。智能垃圾桶采用微电脑控制芯片、红外传感探测装置、机械传统设备，需要扔垃圾时能够自动开启垃圾桶盖，并能对垃圾进行初步的分类处理。扫地机器人能够自动识别房间内的卫生状况，依据粉尘、纸屑等垃圾类型，自启动合适的垃圾清理模式。蓝牙脂肪秤通过测量生物电阻显示分析体重、BMI（身体质量指数）、脂肪率、水分率、肌肉量、骨量、内脏脂肪、热量等数据，为用户提供健康指导。云打印机支持手机、平板电脑、笔记本电脑等多种终端，构建漫游共享打印平台，可以实现随时实地任何终端的云打印。无线充电智能水杯具有无线充电、手势感应、暖手功能、情感互动、茶颜功能等，杯身具有一个 LED 矩阵屏幕，可以显示水温、水量、饮水状态等基本信息，支持蓝牙，可以连接手机通过 APP 给水杯发送消息或图画。

5.9 智慧餐厅

智慧餐厅是利用物联网技术、大数据技术、无线网络技术打造的智慧用餐环境（见图 5.8）。智慧餐厅可以显著减少工作人员数量、降低经营成本、提升管理绩效、提升服务品质。学校餐厅具有用餐时间集中、用餐人数多、饮食偏好差异大的特点。智慧餐厅系统可以实现餐位预定、自助点餐、接单做菜、支付宝结账、微信结账、一卡通结账、自助打印发票等功能，并可以借助机器人厨师、机器人服务员替代厨师和服务员的工作。智慧餐厅系统可以借助用餐大数据，分析顾客的饮食偏好，按顾客所需精准供给饭菜。

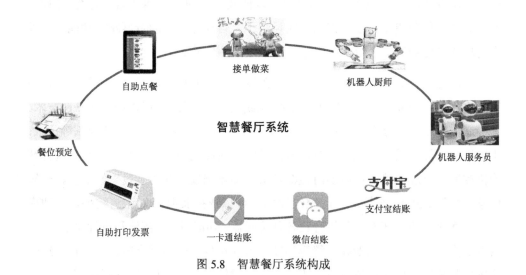

图 5.8 智慧餐厅系统构成

5.10 智慧健身场馆

学校健身场馆有游泳馆、篮球馆、排球馆、乒乓球馆、武术馆等。智慧健身场馆将部署智慧体育设施，利用物联网技术、大数据技术等自动采集、分析比赛数据，构建智慧健身场馆系统（见图 5.9），提供赛事智慧报名、智慧购票、场馆智慧管理等功能。智慧报名系统具有赛事信息查询、自助报名、费用支付等功能；智慧购票系统具有票务信息查询、自助购票、VR 选座、费用支付等功能；场馆智慧管理系统具有场馆信息查询、场馆预定、入场自动检票、赛事直播、赛事转播、智慧设施管理、精准营销管理、比赛数据采集等功能。

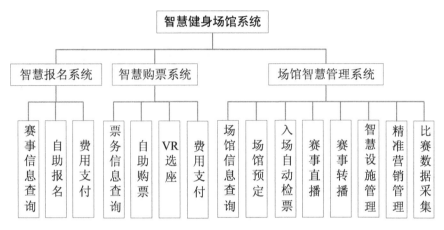

图 5.9　智慧健身场馆系统构成

第**6**章

智慧大数据中心

6.1　智慧大数据中心机房

智慧大数据中心机房需要具有如下智慧功能：机房室内温度智控在+5℃~+35℃，相对湿度智控在30%~85%；机房设备设施智控除尘、除静电；智控安防，智控聚焦安保摄像头和拍摄方向；设备运行状况的实时智控监测与智控报警；UPS与市电的智控切换；实时智控监测火警；数据智慧分析与挖掘等。

智慧大数据中心机房建设应该具有较强的抗震性，不宜建设在防水措施较差的地下室，预防雨季水灾。智慧大数据中心的主要设备配置有：数据库服务器、光纤交换机、磁盘阵列、应用服务器、备份管理服务器、Web发布服务器、数据采集机等。智慧大数据中心的主要软件配置有：数据库系统软件、备份软件、HA（集群软件）等。

6.2　智慧大数据中心的建设原则

随着教育信息化的深入发展，教育教学过程中积累了丰富的数据。教育大数据时代已经来临，挖掘、分析教育大数据，为精准学习、精准教学、精准管理和精准决策提供支持服务已经成为智慧数据中心的重要任务。

智慧大数据中心是综合信息服务平台的核心模块，是大规模数据存储和信息流通的中间节点，为全校提供教育信息共享服务。为了实现系统的集成和各个系统之间的数据共享，提供有效的决策支持数据，需要建立基于数据管理和利用的综合性技术方案的智慧数据中心，在用以存放大量数据的同时有效地将数据管理起来，并提供数据访问的手段，为系统集成和各个系统之间的数据共享提供平台，保证数据的及时性、完整性和一致性。智慧大数据中心建设的重要性不言而喻，必须依据如下原则进行建设。

1．高效实用性

作为一个系统，实用性永远是放在第一位的。智慧数据中心建设的根本原则就是能最大限度地满足学校各智慧应用系统建设的实际需要。所采用的主要技术和产品要具有成熟、稳定、实用的特点，并充分满足网络接入、数据查询、信息共享、数据上报等实际需要。

2．先进性、成熟性

作为一个系统，先进性是系统赖以生存发展的基础。只有先进的系统才能充分发挥计算机的能力，才能发展，才能体现良好的低投入、高产出的投资收益。同时，智慧数据中心建设在遵循先进性的同时还要特别关注建设方案的成熟性，减少不必要的开发风险。

3．开放与标准化原则

只有开放的系统才能充分发挥计算机的能力，只有坚持标准化的系统才能保护用户的投资，才能体现良好的可扩展性和互操作能力。从国内外的一些智慧数据中心建设的实际经验和教训来看，开放性与标准化原则如不能保证，则会在系统的使用阶段出现后期使用的维护困难，系统维护费用加大，甚至必须重复投资等问题。因此，智慧数据中心的建设从通信协议、系统架构到元数据描述都必须严格遵循通用的国际标准或国家正式颁布的技术规范。

4．可扩展性及易升级性

任何系统都不会是永远适用的，随着业务的发展，系统需要通过不断地升级改造来满足用户持续增长的需求。因此，智慧数据中心在前期设计时，务必采用模块化设计技术，保证系统可以积木式拼装，既可以方便地改进现有功能模块又可以快速将外部模块集成起来，实现系统的迅速扩展和升级。

5. 良好的可管理性和可维护性

按照软件工程理论，软件的后期维护将占用人们70%的精力，因此，智慧数据中心在设计开发时务必考虑到后期的管理和维护，系统的操作应尽量简单，对操作提示、错误报告、交换监控信息反馈等要全面、详细，真正做到易学、易用、易培训，功能尽可能可视化，操作上不要给管理人员带来技术障碍。

6. 具有高可靠性和安全性

系统的安全性是保证整个系统正常运转的前提条件和基础，也是智慧数据中心的重要要求之一。智慧数据中心要具有超强的数据保护、灾难恢复、病毒防护等安全能力，如用户口令的管理、权限管理、数据备份、防非法侵入、数据加密等方面的设计要尽可能周全，保证智慧数据中心的高可靠性和安全性。智慧数据中心具有良好的异地备灾功能。

6.3 智慧大数据中心的整体设计与标准

互联网数据中心（Internet Data Center，IDC）按照地理位置、硬件设施、网络条件、服务水平、人员配备等因素，可将数据中心分为五星级、四星级、三星级、二星级、一星级5个服务等级。五星级IDC代表最高服务水平，通过严格的专业标准认证，提供全业务服务，价格及服务体系在国内处于领先水平。从五星级IDC到一星级数据中心，提供的基础业务和服务质量，满足客户业务需求的能力逐渐降低。智慧校园建设既可以租赁数据中心云服务，也可以独立建设适当服务等级的智慧大数据中心。

智慧大数据中心是一个涵盖全校教育信息共享传递的共享数据中心。这些数据是学校业务关心的核心数据，涉及信息标准、筛选、集成等问题，能够进一步分析和挖掘。智慧数据中心将各个业务部门的基本数据进行集中整理，实现统一管理，保证数据的权威和准确，为各个业务应用系统和各类服务系统提供数据支持，承担着学校的大量数据、信息、流程及处理结果。其系统功能如图6.1所示。

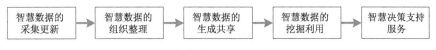

图 6.1　智慧数据中心的系统功能

智慧数据的采集更新：所有数据来源于各个业务系统，通过通用的数据抽取或同步方法将数据采集到共享数据中心，同时做出数据更新报告。

智慧数据的组织整理：按照教育部门的信息标准对各个部门和学校更新的数据进行整理，要报告数据异常，保证数据的一致性和准确性，保留历史数据。

智慧数据的生成共享：经过标准化的组织整合，将有效数据归入共享数据中心存储库中，并通过授权，可将共享数据中心的部分或全部资源进行共享和利用。共享数据中心实时做出数据使用情况报告。

智慧数据的挖掘利用：通过对共享数据和历史数据的联机分析处理（On Line Analytical Processing，OLAP），形成各种报表或根据需要展现分析结果，为用户查询和领导决策提供参考。

智慧决策支持服务：通过对数据的分析和挖掘，为精准学习、精准教学、精准管理和精准决策提供支持服务，充分体现数据的内在价值。

按照智慧大数据中心建设原则中的标准化要求，智慧数据中心的建设必须遵循国家颁布的相关技术标准和规范，以促进教育信息的共享。需要严格遵循的标准有：《教育管理信息化标准》（教育部）；《基础代码标准》（国标）；《教育资源建设技术规范》（教育部）；《基础教育教学资源元数据规范》（教育部）等。

6.4　智慧大数据中心的体系架构

为了实现教育信息的规范管理，保证数据在不同的系统间能够根据需要快速、安全共享，智慧大数据中心的建设至关重要。本着"数据一致，按需共享"的原则，现设计智慧大数据中心的体系架构如图 6.2 所示。智慧校园的大数据中心与国家、省市智慧大数据中心相互关联，为用户提供各种智慧大数据云服务。

智慧大数据中心的核心模块是中间的四个数据库：人员信息数据库、教学资源数据库、教育管理基础数据库、动态信息数据库，用来存储公共数据，是数据在不同系统间实现共享传递的存储地和中转站。其数据源来自各个单独的智慧应用系统，包括已有的系统和新建设的系统。智慧大数据中心所有的数据要严格按照教育大数据标准（教育资源建设标准、学习对象元数据标准、教育管理信息系统规范、教育信息系统互操作规范等）进行建设，不符合规范的数据需要经过数据整理方可进入中心数据库。

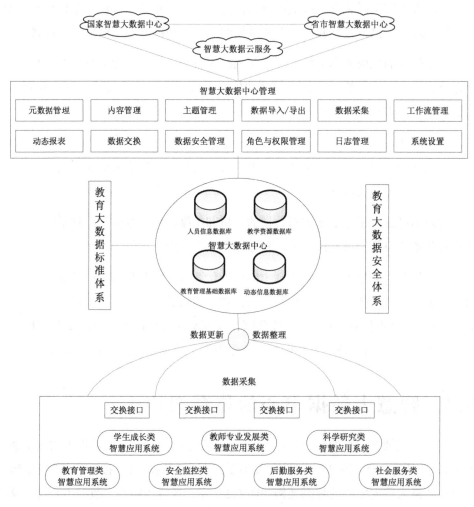

图 6.2　智慧大数据中心的体系架构

智慧大数据中心的数据通过采集众多子智慧应用系统的数据源而来，为了保证数据的一致性，智慧大数据中心与智慧应用系统数据源间的数据必须通过手动或自动的方式实现数据更新。原有系统由于在建设之初没有严格按照相关教育信息化标准进行建设，采用的技术路线、架构模式多不相同，因此造成数据交换上的困难，数据更新时需要首先采集数据，然后对数据进行规范化格式转化，生成符合教育大数据标准的数据格式，最后数据入库，实现异步数据更新。新建系统可以采用 Web Service 技术开发，数据结构严格按照教育大数据规范设计，因此，数据共享上不存在问题，通过 xml 更新文件动态觉察智慧应用系统的数据变化，实现同步更新。

　　智慧大数据中心体系架构的最上端是智慧大数据中心管理区，主要包括元数据管理、内容管理、主题管理、数据导入 / 导出、数据采集、工作流管理、动态报表、数据交换、数据安全管理、角色与权限管理、日志管理、系统设置等模块。通过智慧大数据中心前端的管理界面实现对数据中心的简单、快捷、可视化管理，大大提高数据管理的透明度和数据管理的效率。

6.5　智慧大数据中心的主题库设计

　　智慧大数据中心作为教育信息存储、流通、共享的关键系统，在设计时要涵盖教育业务部门常用的关键信息。针对不同的业务需求，教育大数据中心应该包含不同的主题库。智慧大数据中心的主题库结构图如图 6.3 所示。

图 6.3　智慧大数据中心的主题库结构图

每类主题库简单描述如下。

（1）人事库（教育部门人事信息、人事调动信息等）。

（2）学籍库（学生基本信息、奖励信息、处罚信息、毕业去向、家庭情况等）。

（3）教职工库（在职教职工基本信息、离退休职工基本信息等）。

（4）教学资源库（教学设计方案、教学课件、MOOC、SPOC、微课、教学录像、文献资料等信息）。

（5）科研成果库（论文、专著、专利、鉴定成果等信息）。

（6）设备库（计算机、笔记本电脑、投影仪、服务器、电子白板、摄像机、打印机、扫描仪等设备的基本信息及使用情况）资产库。

（7）财务库（科研经费、教职工工资、学生缴费贷款信息等）。

（8）成绩库（学生各门课成绩、辅修课程成绩、第二专业课程成绩等）。

（9）课程库（专业教学计划、本学期开课计划、本学期排课列表等）。

（10）教材库（精品教材、国家规划教材、校本教材等）。

（11）科研项目库（申请、在研、完成项目的信息）。

（12）综合素质评价库（道德品质、公民素养、学习能力、交流合作与实践创新、运动与健康、审美、表现能力等评价信息）。

（13）动态信息库（学习、教学、管理等业务的动态信息）。

（14）角色权限库（各类用户的角色、权限信息等）。

6.6 智慧大数据中心的角色库定义

智慧大数据中心的角色主要包括：系统管理员、设备管理员、人事管理员、资源库管理员、财务管理员、教材管理员、课程管理员、教师、学生、家长、教研员、学校教务人员、学校领导等。角色的定义是开放的，即系统管理员有权限根据实际需要对系统角色进行扩充或删减，与删除角色关联的用户要进入待审核库，管理员将用户关联到角色后方可享受特定服务。

智慧大数据中心的角色管理模块需要实现如下功能。

添加新角色：系统管理员可以为系统动态添加新的角色，新加角色不能与现有角色冲突。

指定角色权限：系统管理员可以为系统角色指定相应的权限（增、删、改、模块管理等），每位注册用户审核通过后需要指派角色分配权限方可享受服务。

修改角色权限：系统管理员可以重新编辑角色的权限。

群组管理：系统管理员可以创建、删除、修改 Group，并将用户直接添加到特定的 Group 中，进行群组管理。

删除角色：管理员可以删除指定的角色。

6.7　智慧大数据中心的元数据描述

智慧大数据中心涉及的数据范围很广，综合起来可以归结为学校基础信息、教师基础信息、学生基础信息、资源信息四大类数据对象。每类对象的类属图（见图 6.4～图 6.7）及原数据描述如下。

1. 学校类对象

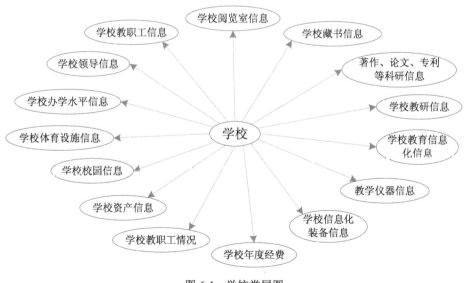

图 6.4　学校类属图

2．教师类对象

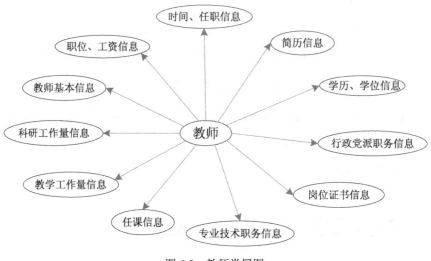

图 6.5　教师类属图

3．学生类对象

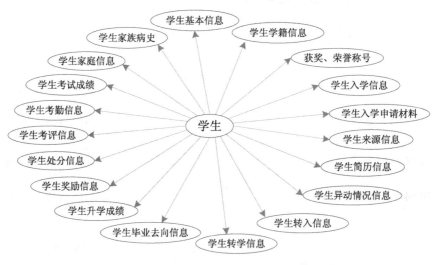

图 6.6　学生类属图

4．资源类对象

《教育资源建设技术规范》将教育资源划分为 9 大类，资源信息集严格按照该规范的要求进行设计。

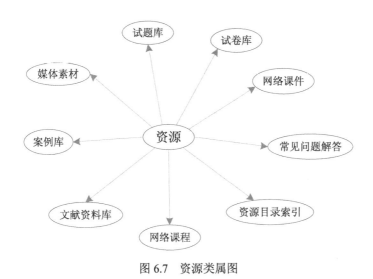

图 6.7　资源类属图

6.8　智慧大数据中心的功能描述

1. 元数据管理

首先需要强调的是，此处讨论的元数据并非一般意义上所指的构成数据的数据，而是指智慧校园建设中的一系列原始的基本数据。元数据也是指管理系统中各数据表及字段的真实涵义，元数据管理完成对智慧共享数据中心的数据库结构的管理维护工作，即对智慧共享数据中心中标准表的原数据进行登记，以方便日后的数据管理。

元数据管理包括：①表的注册。对表名进行中文注释，并对该表进行详细的描述。共享数据中心中的表数量非常多而且涉及学校的每一个方面，表的注册就是为智慧共享数据中心建立档案，供访问者查阅。②字段注册。与表注册一样，字段注册也是为共享数据中心的数据结构建立档案，供访问者查阅。③更新数据库结构。为了适应学校信息化的发展，做到与时俱进，还有面对数据标准的错误或者误差，更新数据库结构是必要的，但因为更新时牵连极大，须万分小心，不到万不得已不能更改，更改的原则是对于未使用的表可以更新、新增、删除字段信息，对于已经使用的表只能做新增操作。

另外，在元数据的管理中还涉及元数据的分类，根据信息子集的分类可以将标准库分成让业务人员熟悉的分类以方便查找。对于某些需要特别关心的数据可以进行 CheckPoint 记录，以便跟踪和统计，这主要是针对一些敏感数据，需要知道其来龙去脉，有哪些人在哪些时间进行了哪些操作，记录下来以便后查。

2. 内容管理

智慧数据中心是一个海量信息的聚集地，对其进行科学安全的管理直接影响着系统的正常运行。内容管理负责智慧数据中心所有资源的管理，主要包括网络课程资源、教学资源、教育管理信息等。主要功能包括内容的增、删、查、改、导、审等，具体功能包括网络课程管理、教学资源管理、教育管理信息管理（主要对教育管理类信息，如财务信息、人事信息、课题信息、设备等进行集中管理）。

3. 主题管理

主题管理包括主题库的建立和主题对象的管理，针对某一主题，其相关信息一般并不是从唯一的一个库里面获取的，要全面利用信息就需要构建一个综合性的主题库。例如，对于一个教师来说可形成一个数据主题，即与该教师相关的信息集成。人事管理系统中有基本信息、档案信息、工资信息、异动信息等信息与该教师相关，可以将这些信息数据归入教师主题之中。以此类推，科研管理系统和教务管理系统中的教师相关信息数据也可集成过来，最终形成一个用户自定义的完整的教师主题。

对于主题对象的管理包括：①主题对象生成。根据应用的访问权限，对于其可以访问的表的操作进行封装，建立成对象以后对数据库的访问都通过对象实现，对象最终关联到 SQL 语句。②对象权限管理。划分用户对主题对象的访问权限。③主题对象查看。查看对象对应的应用、对象名，对象对应的 SQL 语句，对象对应的 xml 文件格式，访问的 WebService 的 WSDL 地址等。④主题对象展示。根据用户的访问权限，图形化地展示对象和对象查看的内容。⑤我的数据库。根据用户的访问权限，展示元数据表、字段，以及表中的数据、CheckPoint 记录，并且可以导出数据库里面的数据。

4. 数据导入 / 导出

智慧大数据中心的数据来源主要是国家标准代码数据和各类应用系统的集成数据。这个过程就是数据抽取的过程，已有的应用系统的数据是不符合数据规范的，抽取的过程就是实现从不规范的数据源内通过整合转化成规范的数据来保证数据的准确。

数据集成的前提条件是对于要接入的每一个应用系统的数据源进行调研，应用系统应该确保提供一定程度的数据接口。这是一个从应用系统向共享数据中心上行的过程，首先需要确定从应用系统中抽取哪些数据，这些数据的含义是什么，即提供相应的数据字典，并且确定对应于数据中心的哪张表，可接入的数据接口模式分为：①直接开放数据库。只需只读的账户权限即可，需要在绝对保证原有系统数据的安全性和完整性，不影响原有系统运行的基础上建立触发器。②中间文件数据源。如果应用系统不能对外开放数据库，则可以导出差异数据文件到指定的目录，这些文件可以是 Access 文件数据库模式、Excel 文件模式。格式在实施时共同商定。需要提供的功能包括如下内容。

数据源接入：通过透明网关或者 ODBC 进行连接，对于市场上比较流行的主流数据库 Oracle、SQL Server、Sybase 和 DB2 直接通过透明网关进行配置，对于其他的数据库可以采用 ODBC 连接的方式接入。

导入元数据并进行数据映射：在完成数据源接入后将需要的应用系统的元数据进行导入，并和中心数据库的相应内容进行数据映射，产生一对一的匹配。

数据清洗：完成类型转换和过滤步骤，应用系统的数据源大多数本身是不符合数据标准的，要通过数据清洗完成转换工作，并过滤掉一些不必要的历史数据。

制定流程：将多个数据源接入形成相应的 JOB，并制定出流程，让其顺着预先制定的流程周期性地执行。

5．数据交换

智慧大数据中心的建设最重要的意义在于数据共享，数据交换正是达到这一目标所必不可少的技术手段。数据交换可以打破信息"孤岛"，实现对跨地域、跨机构、跨业务领域的数据交换和资源共享。智慧大数据中心需要有效解决数据交换的实时性、数据的准确性、传输的可靠性、大数据量传输、功能的完备性、接口的可配性、交换的可控性等问题。

智慧数据中心通过数据采集将不同应用系统的数据经过标准化改造转换成符

合特定教育信息化规范的数据。不同的应用系统通过到数据中心提取数据实现教育信息的共享。例如，学校 A 某学生转到了学校 B，该学生的学籍信息通过学校 A 的学籍管理系统提交到智慧数据中心，学校 B 的学籍管理系统到智慧数据中心提取该生的学籍信息，从而实现学籍信息的共享传递（见图 6.8）。

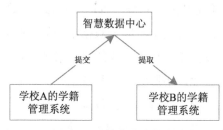

图 6.8　学籍信息交换图

6．数据采集

数据采集是智慧数据中心的核心业务，主要通过数据访问接口实现数据的共享传输。智慧校园各应用系统的数据接口方式可能不同，如果有些应用系统没有采用 Web Service 技术进行开发，需要开发相应的数据交换接口程序来实现与数据中心的数据传输。

Web 服务即通常所说的 WebService 技术，Web 服务可以适用于开发和部署多层结构的、分布式的、面向对象的 Java 应用系统的跨平台的构件体系结构。Web 服务体系的优势是平台无关性，可扩展性强，可分布性强，具备很高的可靠性，可以实现动态负载均衡。其针对智慧共享数据中心的表和视图可以提供标准的 WebService 访问接口，为用户的 Select、Update、Insert、Delete 操作提供服务，并对提交的数据的合法性提供校验。

数据采集是实现数据集成、数据交换的前提，系统管理员可以灵活地选择数据采集源，可以是某个信息化应用系统的数据采集，也可以是某类主题的数据采集，采集的时间、数据的生命周期等都可以灵活设置。数据采集的原则如下。

按需采集：并不是所有的数据都要采集，数据中心主要用来保存公共信息，实现信息在不同系统间的共享交流，同时，也为了避免给数据库服务器带来不必要的压力。因此，务必按照需求来采集数据。

数据一致：为了实现数据的共享，数据的一致性是必需的。因此，在数据更新的过程中务必进行数据一致性检验，避免数据不一致给后期应用带来麻烦。

7．动态报表

报表是教育信息的流通方式之一，先前由于各应用系统的相互独立与隔离，造成报表定制过多地依赖手工操作，数据库间的字段结构的差异也导致报表信息不断地重复输入。因此，灵活的、按需定制的动态报表功能需要实现如下具体功能。

1）报表定制

相关角色可以按照上级部门的报表要求，选择合适的字段信息，自由定制报表的内容和样式。

2）报表预览

对于定制完成的电子报表，用户可以预览查看。

3）报表导出

定制完成的报表可以导入到本地保存或直接通过网络传送报表数据包至上级部门管理系统。

4）报表打印

通过网络打印机直接将定制完成的报表打印出来，以作备案。

8．数据安全管理

数据安全管理主要负责系统数据的安全保密，是系统配置与管理中最重要的一环。数据中心对数据的备份策略、恢复机制、加密策略、数据清理等都有很高的要求。

1）数据备份

数据备份是所有应用系统安全防护的第一步，管理员可以手工配置数据库备份的方式、频率、备份的位置，以及配置备份的技术如数据镜像复制技术、虚拟存储技术、快照技术、SAN 技术等。管理员还可以设置备份的时间、策略等。

2）数据恢复

管理员可以在平台中手动恢复数据库。

3）数据加密

管理员可以选择数据加密的方式：MD5、RSA、IDEA、DES 等，敏感数据通过密文的方式在网上传输。

4）密码设置策略

密码的长度和复杂度会影响密码的安全性，管理员可以设置注册用户的密码长度、密码字符的类型等，以加强用户密码安全管理。

5）验证码策略

为防止恶意批量注册，系统能自动生成 JPG 格式验证码，图片里加上一些干扰像素（防止 OCR），由用户肉眼识别其中的验证码信息（随机英文字母＋随机颜色＋随机图像＋随机位置＋随机长度）。

6）数据清理

数据中心的数据纷繁复杂，难免会有数据冗余。因此，系统要能够实现定期的数据冗余检查，发现冗余数据即时清理。另外，对于已经过时的陈旧数据系统要能够自动删除，以节省存储空间。

9. 角色与权限管理

角色与权限管理是整个系统安全运行的基础，注册用户必须分配某种角色后才能享受特定的服务。不同角色的权限分配直接影响用户享受服务的质量和水平，权限控制不当将会给系统的安全带来潜在的威胁。角色与权限管理主要实现角色管理和权限管理等功能。

10. 日志管理

为了保证数据中心的安全运行，系统会自动对所有用户的关键操作信息进行日志记录，当系统运行出现问题时，管理员可以通过查看日志来了解系统的问题产生的原因，及时解决问题以保证系统平稳、安全地运行。日志管理为应用提供了标准的日志接口函数，并对这些日志进行归档，在必要时通过查询接口来检查日志记录。日志管理模块主要实现日志设置、日志备份、日志恢复、日志删除、日志导出等功能。

11．系统设置

系统设置主要用来设置智慧大数据中心与各应用系统间的更新时间、更新频率、更新方式，以及数据保存期限、数据备份策略、在线最大用户数、界面风格等。

1）更新设置

管理员可以设置更新的类型（异步更新、同步更新）、更新的频率（每天 / 每周 / 每月）、更新的时间点等。

2）数据保存期限设置

数据保存期限设置指对采集上来的数据设置保存期限，过期数据自动清理。

3）在线用户设置

在线用户设置指设置允许在线的最大用户数目，连接达到最大数目时的提示消息。

4）界面风格设置

界面风格设置指选择系统自带的主题风格，更改显示界面样式。

6.9　数据交换技术

数据交换的作用是实现各教育信息业务系统之间的数据交换，使业务数据可以实现网上流转，以实现网上申请与业务办理。数据交换是分布式信息服务系统不同部分之间的核心通信接口，其目的是为不同的应用系统提供安全可靠的、基于消息的通信和数据交换服务。不同的应用系统通过数据交互平台进行信息数据的交互和共享，从而集成为一个功能更加强大的复杂系统。

1．数据交换需求

数据中心的建设最重要的意义在于数据共享，数据交换正是达到这一目标所必不可少的技术手段，通过建设数据交换平台可以实现不同应用系统之间不同数据源的数据交换。从功能需求、关键技术要求，以及与其他系统的关系三方面对数据交换平台进行分析。

从功能需求上看，数据中心具有如下关键功能模块。

（1）应用系统与数据交换平台的交换接口。

数据交换接口采用 WebService 形式或 JMS 客户端的形式提供服务，各个应用系统通过数据交换接口实现与数据交换平台的松散耦合，并且通过数据交换平台实现与其他应用系统的数据交换。不同业务部门和学校之间业务的数据交换，包括水平及跨地域的数据交换都是通过数据访问接口来实现的。

（2）数据交换平台对数据的传输和处理。

数据交换平台要处理来自各种应用的请求任务，通过路由计算、地址解析、任务处理、格式转换完成数据的交换。同时，数据交换平台还要管理各种系统配置信息、路由信息，并对系统进行实时监控、保障交换的顺畅进行。

（3）数据交换平台与消息中间件。

数据交换平台的核心处理功能是在消息中间件的基础上实现的，数据交换平台和消息中间件应遵循标准的 JMS 规范，实现数据交换平台与消息中间件之间的松散耦合，即数据交换平台支持符合 JMS 规范的消息中间件产品，从而保证系统的可迁移性和扩展性。

从技术要求上看，数据中心采用如下关键技术。

（1）消息中间件。

传统的数据交换技术的局限性如下。①同步通信：客户发出调用后，必须等待服务对象完成处理并返回结果后才能继续执行；②客户和服务对象的生命周期紧密耦合：客户进程和服务对象进程都必须正常运行；如果由于服务对象崩溃或者网络故障导致客户的请求不可达，客户会接收到异常；③点对点通信：客户的一次调用只发送给某个单独的目标对象。

消息中间件可以较好地解决上述问题。发送者将消息发送给消息服务器，消息服务器将消息存放在若干队列中，在合适的时候再将消息转发给接收者。这种模式下，发送和接收是异步的，发送者无须等待；二者的生命周期未必相同：发送消息的时候接收者不一定运行，接收消息的时候发送者也不一定运行；一对多通信：对于一个消息可以有多个接收者。

（2）Web 服务（WebService）。

WebService 的主要优势是跨平台的可互操作性。WebService 完全基于 XML（可扩展标记语言）、XSD（XMLSchema）等独立于平台、独立于软件供应商的标准，是创建可互操作的、分布式应用程序的新平台。

各种应用之间可以轻易实现互操作性，而不管它们的系统在什么平台上运行，使用什么开发语言。同时，WebService 技术还可以实现跨防火墙的通信。

（3）XML。

良好的数据存储格式、可扩展性、高度结构化、便于网络传输是 XML 主要的四大特点。对于数据交换平台来说，其主要工作就是完成与不同的数据源进行交互。数据可能来自不同的数据库，它们都有各自不同的复杂格式。数据交换平台与这些数据库间只通过一种标准语言进行交互，即 XML。由于 XML 的自定义性及可扩展性，它足以表达各种类型的数据。这样，XML 就解决了数据的统一接口问题。

从数据交换平台与其他系统的关系上看：数据交换平台实际上就是各个应用系统之间的数据交换中心，一方面，某个应用需求通过数据交换平台来获取应用，另一方面，某个应用也为数据交换平台提供数据并将数据传递给其他应用。

2. 数据交换模式

参与交换平台的各系统之间的数据交换主要包括两类：获取数据和更新数据。根据这两类数据交换，在数据中心中定义了两种数据交换模式，即"请求—应答模式"和"发布—预约模式"（见图 6.9 和图 6.10）。

请求—应答模式是指当一方需要数据时即制作一个请求报文发送给数据交换中心，中心将请求报文转发给应答方，应答方即反馈一个应答报文，并通过中心转发给原请求方。

发布—预约模式是指当应用程序更新本地数据后即制作一个事件报文发送给数据交换中心，中心负责将该事件报文发布给所有关心该数据的其他系统，实现数据的及时更新。

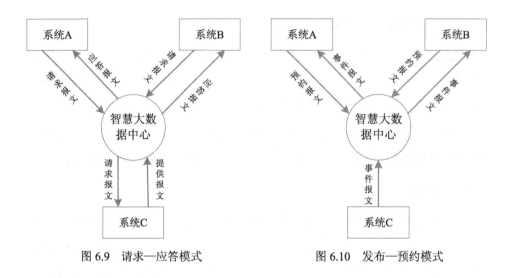

图 6.9　请求—应答模式　　　　　图 6.10　发布—预约模式

3. 数据描述标准

整合后的信息系统包括多种数据类型，例如，来自不同数据库的结构化数据、各类文件文字信息等。不同类的信息交换需要不同的应用手段来完成。使用统一数据格式的方法，即数据传送之前先转换成统一的一种格式，到达目的地后再转换成相应的格式。这样做的好处是：①简化了应用，所有的原始数据使用同一种手段传递；②系统的可扩展性好，由于采用的传输方式基于开放数据标准，因此将来任何一种其他系统的数据或其他种类的数据均可非常方便地、无缝地加入交换平台。

XML 满足这一条件，是最好的数据交换格式，已经成为业界数据交换格式的标准。XML Schema 规定了各 XML 本身的数据结构，因此非常有必要在各应用系统间，为数据建立统一的数据 XML Schema。此外，基于 XML 的 Web Service，也成为异构系统间相互调用的通用协议。

对于新建的应用系统，都应当满足如下条件：①数据交换使用 XML；②功能调用，预留基于 XML 的 Web Service 接口。

在整体规划的时候，需要建立一种以 XML 为核心的数据交换模式，任何格式的源数据，首先经由接口程序变成 XML 数据，再传输到数据交换中心；然后，在数据交换中心，可以方便地通过规则引擎进行数据映射、数据清洗、数据加工和数据关联，之后传到目的端，由目的端的接口程序将 XML 变成目标数据格式。

4. 数据交换应用模式

在进行数据交换之前，可以根据系统数据交换的需要制定一个 XSD 交换格式定义文件。其中定义了多个数据节点。数据节点是数据提供方与数据接收方进行实际数据交换时的数据标准。

数据提供方使用本地的调度工具从数据交换中心载入公共的 XSD 文件后，为每个数据节点定义数据提取逻辑（从本地数据源获取数据），并定义数据包上传的触发方式与发生频率。

数据接收方使用本地的调度工具从数据交换中心载入 XSD 文件后，为每个数据节点定义数据推送逻辑（将数据存入本地数据源），并定义数据包下载的触发方式与发生频率。

数据交换实际运行时将生成一个 XML 数据包，数据包中包含 XSD 中定义的每个数据节点。节点数据是按照事先定义好的提取逻辑从数据提供方获取并存储在 XML 数据包缓存中的。数据接收方下载数据包并按定义好的推送逻辑存储至本地数据源。

WebService 安装在 Web 数据中心的服务器上，每个业务系统需要安装一套客户端的程序，负责制定提取逻辑和推送逻辑，同时还包括调度工具，主要负责制定数据交换的策略。智慧数据中心数据交换操作流程如图 6.11 所示。

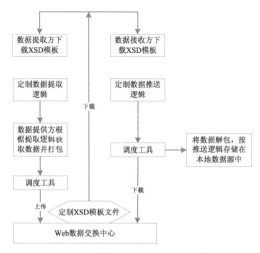

图 6.11　智慧数据中心数据交换操作流程

5. 数据交换系统功能

数据交换系统功能主要有 ①数据共享交换。把某区基础教育信息数据库的数据转换成标准 XML 数据集。把源数据按照一定数据转换规则转换到目标数据。通过数据网关的数据转换工具，可以进行数据的导入 / 导出。支持大多数数据源格式的导入和导出，如 mdb 文件、dbf 文件、xml 数据集。②支持多种数据源。良好的扩展性，支持各种数据库，如 SQL Server 2000 或后续版本、Oracle 8 或后续版本、Ole DB 的数据源等。③灵活的工作方式。数据服务支持灵活的工作方式，随时：手工方式或者编程方式触发数据服务运行。定时：通过数据服务管理工具设置，数据服务可以有效地以定时方式运行。实时：数据网关支持实时的数据交换。数据的更新可以及时反映到数据服务。④标准规范化。支持 XML 数据集，对数据库结构完全屏蔽。数据服务的定义具有很大灵活性，能最大程度地满足数据业务需求。符合 W3C 标准。⑤安全可靠。通过验证授权机制、加密数据，保证数据可靠性、完整性和安全性。

第 **7** 章

智慧校园应用系统

7.1 智慧校园应用系统构成

智慧校园应用系统建设内容可以概括为"118 工程",即由一个智慧信息门户、一个智慧大数据中心和 8 类智慧应用系统构成,如图 7.1 所示。

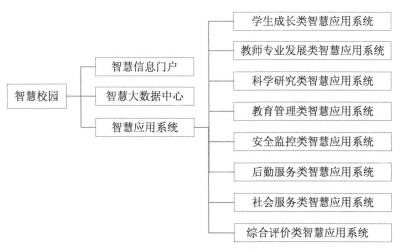

图 7.1 智慧校园应用系统构成

智慧信息门户集中整合了智慧数据中心、智慧应用系统等各应用系统的数据和信息，通过计算机、智能手机、平板电脑、电视等多渠道发布提供信息服务。智慧信息门户一般分为对内服务门户体系和对外服务门户体系，分别服务于校内外的不同用户群体。对内服务门户体系由 8 类智慧应用系统组成，实现统一信息门户认证，整合各智慧应用系统数据和信息，对校内师生提供信息资源服务。对外服务门户体系由多个业务部门网站共同组成，为学校教师、学生、家长和社会公众等提供"一站式"信息资源服务。智慧信息门户分为 PC 端智慧信息门户和移动端智慧信息门户，前者方便在台式计算机、笔记本电脑、平板电脑、电视等终端设备使用，后者方便在智能手机、平板电脑、可穿戴设备等移动终端使用。

江苏师范大学信息门户网站如图 7.2 所示。该信息门户网站集成了网上办公、财务系统、科研系统、学工系统、迎新系统、离校系统、电话查询、人事系统、图书馆、失物招领、师大百科、师大云盘、校园卡、官方论坛、资产管理、网上后勤、信息标准站群管理、资源平台、校内搜索、实践教学、校网自助、本科教务、科文教务、研究生系统、设备查询系统、档案查询系统、电视直播系统、正版化软件、知网查重系统等应用系统，同时呈现通知公告、苏师要闻、学术海报、行政部门文件等信息。

图 7.2　江苏师范大学信息门户网站

　　江苏师范大学移动信息门户网站如图 7.3 所示。汇聚了丰富的校内外资源，可以为全校师生提供便利的信息服务。通过智能终端，师生可以直接浏览公告，查询本人的教学、科研、学习、生活等个人信息，实现智慧学习和智慧办公。该移动信息门户集成了通讯录、通知公告、收入查询、校园资讯、校园黄页、校园备忘、问讯平台、公积金查询、成绩查询、师大搜索、校内链接、师大邮箱、师大网盘、一卡通、后勤保障、师大校历、映像师大、移动办公、我的资产、校园自助、中心网、图书馆等应用系统，并可以根据个人需要自主增加微应用。

图 7.3　江苏师范大学移动信息门户网站

　　随着大数据时代的到来，数据的价值和重要性日益凸显。教育数据实现教育智慧化的灵魂，已成为一种宝贵的教育资产。智慧大数据中心是智慧校园建设的核心内容之一，可以有效打破"信息孤岛"，挖掘教育大数据价值，重塑教育业务流程。目前，高校普遍建设了独立的数据中心，中小学普遍采用了省市、区县统一部署数据中心的模式，也有少数中小学建设了独立的数据中心，或者租用企业建设的云服务数据中心。教育大数据中心建设需要遵循国家已有的教育数据标准，统一规范数据的采集、存储、共享和分析。

智慧应用系统是实现教育业务流程数字化、智慧化的重要载体。一般来说，高校业务系统较为复杂，建设的智慧应用系统较多，中小学业务系统较为简单，建设的智慧应用系统较少。智慧校园建设不宜强调智慧应用系统的数量，而是应该根据学校特色和现实需求，建设适当数量的智慧应用系统，最大限度地发挥每个智慧应用系统的功能和作用。智慧校园常见的智慧应用系统可以归纳为 8 类（见表 7.1）。

表 7.1　智慧校园 8 类智慧应用系统

8 类智慧应用系统	主要包含的子智慧应用系统
学生成长类智慧应用系统	智慧迎新系统、智慧课程系统、智慧实践教学系统、智慧家校互动系统、智慧校园电视台系统、智慧校园广播系统、智慧考勤管理系统、智慧离校系统
教师专业发展类智慧应用系统	智慧研修系统、智慧协同备课系统、智慧巡课系统、智慧考试系统、智慧实时授课 / 答疑系统
科学研究类智慧应用系统	智慧科研系统、智慧图书馆管理系统、智慧云盘系统、智慧研创系统
教育管理类智慧应用系统	智慧 OA 系统、智慧财务系统、智慧学工系统、智慧人事系统、智慧校园一卡通系统、智慧教务系统、智慧视频会议系统、智慧教育质量监测评估系统、智慧教育决策系统、智慧教育现代化评估系统、智慧教育信息化评估系统、智慧实验室管理系统、智慧教室管理系统、智慧招生系统、智慧就业服务系统
安全监控类智慧应用系统	智慧监控安防系统、智慧心理健康评测系统
后勤服务类智慧应用系统	智慧失物招领系统、智慧资产管理系统、智慧档案管理系统、智慧停车场系统
社会服务类智慧应用系统	智慧校友系统、智慧产学研服务系统、智慧虚拟校园漫游系统
综合评价类智慧应用系统	智慧学生综合素质评价系统、智慧教师综合评价系统

7.2　学生成长类智慧应用系统

1. 智慧迎新系统

智慧迎新系统一般包含自助迎新网站和智慧迎新管理平台两部分，可以对学生报到的业务流程进行全方位管理和服务。智慧迎新系统的主要功能如下。

（1）帮助学生了解学校的基本情况，以便学生尽快适应学校生活，进入最佳的学习和生活状态。

（2）搜集学生的基本信息，以便选购合适的校服、军训服装、床上用品等。

（3）学生自助完成报到、财务缴费、选择宿舍，办理校园卡、银行卡和手机号，查询班级学号分配情况。

（4）统计分析学生报到情况。

2. 智慧课程系统

智慧课程系统是为了实现在线学习和传统学习相结合的混合式学习而创设的智慧课程管理平台。智慧课程系统是开展智慧学习活动和智慧教学活动的网络空间。智慧课程系统通常由课程管理系统模块、学习工具模块、协作交流模块、智慧答疑模块、学习资源模块、智慧评测模块、维护支持模块等子系统组成。

智慧课程是旨在着力培养学习者高级思维能力和适应时代创新创造能力，使学生更富有智慧地学习、教师更富有智慧地教育教学的课程，具有多元性与选择性、生成性与发展性、智慧性与创造性、虚拟性与真实性，以及研创性的特点。智慧课程的设计与实施，要按照"互联网+"时代对教育的创新要求，正确把握课程目标的时代定位和教育模式创新两大方向，以"知行创统一"为指导思想，实施融创式智慧教学模式。其智慧提升与实现，又要以解放教师、提升教师专业能力，重构教学评价方式，创新课程形态为基础和保障。[①] 基于智慧课程理念，陈琳教授团队建设了国家精品资源共享课——"现代教育技术"（见图 7.4）。

图 7.4 智慧课程——"现代教育技术"

---

① 陈琳，陈耀华，李康康，赵苗苗.智慧教育核心的智慧型课程开发 [J].现代远程教育研究，2016（1）：33-40.

实景课堂以课堂实录的方式再现课堂真实学习情境，受到了学习者的青睐。实景课堂虽然没有进行更多的艺术修饰，但是仍然体现了课程智慧和教学智慧。中国科学院实景课堂如图 7.5 所示。

图 7.5　中国科学院实景课堂

目前，MOOC、SPOC、微课程、创课等新形态课程正在席卷全球，冲击着传统课程，课程的智慧化程度日益提升，智慧课程逐渐成为智慧校园的主流学习资源。

智慧课程系统的主要功能如下。

（1）教师提供丰富多样的智慧课程学习资源，能够实现同步或异步的教学互动，方便地进行师生交流。

（2）课程资源上传、审核、分类、存储、下载等管理功能。支持微课的创作和管理。

（3）学生自主开展学习活动，能够实时记录学生的学习行为，自动判断分析学习效果，并依据学习情况推送个别化学习资源。

（4）依据学生的学习情况，为学生提供实时和非实时的教学辅导服务，并能够智慧组卷，智控评测学习结果。

（5）具有设计作业、分发作业、领取作业、回收作业、批改作业、分析作业、审核作业、管理作业等在线作业功能，并能与学科资源库互通，自动批阅作业，生成作业完成情况统计报告，快速分析学生的学习掌握情况及教师的教学情况。

（6）智控转换学分，自助财务缴费。

3．智慧实践教学系统

智慧实践教学系统是对学生的实践教学业务流程进行管理的平台，可以规范实践教学活动，促进提升实践教学效果。智慧实践教学系统包含毕业论文（毕业设计）模块、创新训练模块、实习模块、实验教学模块、知网检测模块等子系统。智慧实践教学系统的主要功能如下。

（1）毕业论文（毕业设计）模块能够管理选题申报、确认选题、下达任务书、下达翻译原文、审阅外出毕业设计申请、审阅开题报告、审核中期检查、审阅外文翻译、审核周进展、审阅论文（设计）初稿、审阅论文（设计）定稿、评阅教师成绩评定、查看答辩学生论文（设计）信息、优秀指导教师申请、优秀论文（设计）推荐、材料打印等业务流程。

（2）创新训练模块能够对学生可以参加的创客教育、影视作品、动画等各类创新实践活动进行管理。

（3）实习模块能够对学生参加的实习活动进行管理，为有效开展实习活动提供服务支持。

（4）实验教学模块能够对借用实验仪器、预约实验室等实验相关业务流程进行管理。

（5）知网检测模块能够对学生的毕业论文（设计）进行检测，并提供详细的检测报告。

4．智慧家校互动系统

智慧家校互动系统是实现教师、家长、学生三方互动交流的平台，以促进学校教育和家庭教育的有效融合。智慧家校互动系统的主要功能如下。

（1）教师、家长和学生之间能够实时交流，促进家庭和学校的协同教育。

（2）通过短信息互动，让家长了解学生在学校的学习和生活情况，以及学校相关的政策文件。

（3）通过教师和家长的协同教育，对存在学习障碍、心理疾病的学生进行疏导，帮助学生激发学习动力、树立人生梦想。

5. 智慧校园电视台系统

智慧校园电视台系统主要由演播室、摄录编系统、自动播放系统和网络发布系统构成。智慧校园电视台系统有利于让学生学习电视节目创作的知识和能力，学会利用摄录编设备创作电视节目，促进创新能力发展。智慧校园电视台系统的主要功能如下。

（1）演播室是利用光和声进行空间艺术创作的场所，是制作电视节目的空间。演播室可以分为控制室和演播厅。按面积分为大型（800～2 200m^2）、中型（400～600m^2）、小型（100～300m^2）演播室。按景区分为实景演播室和虚拟演播室。按视频分为高清演播室和标清演播室。虚拟演播室具有节省空间、建设成本较低的特点，往往受到学校的青睐。

演播室配置的设备主要有：摄像机、三脚架、特技切换台、无线手持话筒、无线领夹话筒、高清监视器、电视机、调音台、提词器、分配器、监听耳麦、功放、滑轨等。

（2）摄录编是指摄像、录像和编辑。摄录编系统是编辑处理电视节目的重要系统。通过摄录编系统，可以实现前期拍摄、后期编辑、后期合成和电视节目创作。摄录编系统通常配置字幕机、非线性视频编辑机、高性能计算机等设备。

（3）自动播放系统又称为硬盘自动播放系统，能够利用自动播出软件编排节目播出表。利用自动播放系统可以实现电视台的无人值守功能。

（4）网络发布系统能够管理创作好的电视节目，支持电视节目的直播、点播功能，支持电视节目的上传、下载、删除、点评等功能。

6. 智慧校园广播系统

智慧校园广播系统一般采用小功率 FM 广播方式，发射频率为 76～87MHz。智慧校园广播系统有利于培养学生的播音技巧和能力，促进学生创新能力的发展。

智慧校园广播系统的主要功能如下。

（1）能够录制、编辑、播放广播节目，可实现数字素材的剪辑、混音、淡入 / 淡出、噪声消除、变速不变调等功能。

智慧广播室配置的设备主要有：播放机、功放、音响、卡座、收音机、无线话筒、播出话筒、监听音箱、不间断电源、控制台、调音台、输出分配器等。

（2）能够自动定时播放音乐铃声、广播操等，以及插播临时通知、领导讲话等。

（3）能够支持广播寻呼、多音源同时传输、分区独立广播、电话广播、报警强插广播、双向对讲等功能。

7．智慧考勤管理系统

考勤机有 IC 卡考勤机、指纹识别考勤机、静脉识别考勤机、巩膜识别考勤机、人脸识别考勤机等。智慧考勤管理系统通常是智慧云考勤机，与微信等移动互联网应用无缝连接，通过智慧手机等移动终端进行考勤管理。智慧考勤管理系统的主要功能如下。

（1）进行考勤打卡、考勤记录查询、考勤统计报告、通过考勤机请假、加班等相关操作。

（2）利用智慧手机的定位机制、位置服务、云服务等可以构建基于手机的移动考勤系统。在智慧手机上安装考勤软件，即可实时将用户的位置传送到服务器，与预先设置的考勤地点和时间进行对比分析，实现智慧考勤。

（3）符合 PBOC 3.0 规范的由新一代金融芯片卡和有源 RFID 卡套两部分组成的"智慧校园卡"，具有远距离读取、身份感知、行为感知等多项功能，能够实现智慧考勤。

8．智慧离校系统

智慧离校系统是以网上跨部门协同工作的方式，为毕业生创造方便、快捷的离校服务环境。智慧离校系统的主要功能如下。

（1）以往毕业生离校需要在学校图书馆、后勤、教务处等业务部门签字盖章确认，手续烦琐、流程复杂，利用智慧离校系统可以方便、快捷地办理离校手续。

（2）毕业生自助办理还贷或延期还贷、组织关系转接、费用缴清确认、户口迁移、图书借阅清缴、退宿，领取报到证、毕业证书和学位证书等。

7.3 教师专业发展类智慧应用系统

1. 智慧研修系统

智慧研修系统是促进教师专业发展的重要平台，可以实现教师个人、学校、区域教学组织的知识管理，促进教师团队合作、共建资源、可持续发展，形成教师发展共同体。智慧研修系统的主要功能如下。

（1）分享教师专业发展的政策文件、教师培训通知、教师专业发展典型成功案例等。

（2）建立网络教师研修工作坊，能够进行专题研修，开展在线培训项目。

（3）汇聚教师研修资源，支持同课异构、观课、磨课等，促进教师自主研修。

（4）支持主题讨论、校本教研，创设自由交流研讨环境。

（5）展示教师风采，记录教师研修档案。

（6）提供高效、便捷的协作交流机制与知识管理机制。以教师专业发展为核心，实现多种渠道互通的发展模式。

2. 智慧协同备课系统

通过智慧协同备课系统，教师可以实现跨学校、跨区域、跨文化协同备课，充分发挥集体智慧，利用教师之间的差异性形成的资源优势，拓展教师的视野，提高教师的业务能力。智慧协同备课系统的主要功能如下。

（1）促进教师之间教学经验的沟通与交流，提高教师业务能力。

（2）教师深入研讨教学准备、教学实施、教学巩固、教学反馈、教学管理等各个教学环节，提高集体备课的实效性。

（3）教师深入挖掘教学隐性知识，彼此分享优质教学资源、优质教案等资源，共创教学智慧。

3. 智慧巡课系统

智慧巡课系统是教育管理部门对课堂教学质量进行有效监督和管理的平台。智慧巡课系统的主要功能如下。

（1）智能录入和管理课程安排、教师信息等数据。

（2）利用课堂观察记录工具，采用数字化手段记录教师和学生的课堂行为。记录、分析教师和学生在课堂上的行为，帮助学校管理者深入分析课堂教学行为，提升管理实效。帮助教师改进教学行为，帮助学生改进学习行为，提升教学效果。

（3）支持数据同步和异步传输，自适应校园无线网络环境。

4. 智慧考试系统

智慧考试系统能够帮助教师方便地完成命题、试卷分析、考试、试卷批阅、错题分析、成绩分析等业务流程，能够有效降低教师的工作量。智慧考试系统的主要功能如下。

（1）具有试题库、知识点和能力、试卷模板、组卷策略等动态管理功能。

（2）具有发布考试信息、协同自动组卷、试卷分析、在线考试管理、协同阅卷、错题分析、成绩分析等功能。

（3）能够生成学生对知识和能力掌握情况的可视化发展报告，动态呈现学生的学习效果，并将评测结果即时反馈给学生。

5. 智慧实时授课 / 答疑系统

智慧实时授课 / 答疑系统是智慧课程系统的辅助系统，有利于增强师生互动，有效解决在线学习中的师生情感缺失问题。智慧实时授课 / 答疑系统的主要功能如下。

（1）师生能够进行实时视频、音频双向交流，具有高质量的视 / 音频效果。

（2）具有文件共享功能，师生可以方便地分享 Word、PPT、PDF、Visio、AutoCAD、Pagemaker、Photoshop、Flash 等各种形式的文档材料，并能够进行文档同步讲解。

（3）具有电子白板功能，方便师生输入文字、标准图形，以及进行注解等。

具有即时文字交流功能，能够发送消息、设置消息。师生能够方便地录制屏幕内容，并进行录制视频的格式转换。师生能够协同浏览、共享屏幕内容。

（4）学生能够举手发言，能够自由组成协同学习小组，进行小组讨论交流。

（5）教师能够远程控制，对参与实时交互教学的学生进行管理，可以对学生文件共享、屏幕共享、投票权、文字聊天、协同浏览等权限进行控制，也可以将教师的部分权限分配给某个学生，可以将学生"踢出"实时交互课堂。

7.4　科学研究类智慧应用系统

1. 智慧科研系统

智慧科研系统是对科研项目、科研成果和科研绩效等全方位科研管理的智慧应用系统。智慧科研系统的主要功能如下。

（1）对科研人员、课题申报、审批、合同、课题过程等进行智慧化管理。

（2）统计课题、著作、论文、专利、获奖、软件著作权、标准等科研成果，并与期刊数据库、专利数据等关联，自动核实科研成果。

（3）自动甄别科研成果类别与层次，并依据科研成果对科研人员进行绩效考核，形成绩效考核报告。

2. 智慧图书馆管理系统

智慧图书馆管理系统将 RFID 自助借还书机、RFID 电子侦测通道门、RFID 自助还书箱、RFID 馆藏管理扫描盘点器、RFID 书籍 /DVD/VCD/CD 电子标签、馆员工作站、图书杀菌机等连为一体，通过对人员、资源、设备的智慧化管理为读者提供更人性化、个性化、智慧化的服务。智慧图书馆管理系统的主要功能如下。

（1）为读者提供自助式 24 小时图书、光盘等检索、借还服务。为读者提供座位预约管理服务，动态监控管理座位。为读者提供方便的期刊、报纸、电子书等数字化资源的浏览与下载服务。

（2）对读者进行大数据分析，依据读者的阅读习惯、借阅习惯等提供人性化、个性化、智慧化服务。

（3）实现图书智慧盘点，提高图书管理效率，减少管理人员投入。

（4）支持计算机、平板电脑、手机等多种终端设备。

3．智慧云盘系统

智慧云盘系统是互联网云技术支持的网络存储工具，为用户提供数据资料的上传、存储、读取、下载和分享等服务。目前，常见的云盘服务商有百度网盘、微云、360 云盘等。智慧云盘系统的主要功能如下。

（1）支持数据资料的上传、分类、存储、读取、下载和删除等操作。

（2）支持文档、图片、音频、视频等多种文件格式。

（3）支持资源搜索、资源推荐、资源评分、资源分享等。

（4）支持计算机、移动终端等多终端访问，支持 iOS、Android 等操作系统。

4．智慧研创系统

智慧研创系统为学生提供创新的空间，是提高学生创新意识、创新思维和创新能力的重要场所。智慧研创系统的主要功能如下。

（1）为学生提供研创的政策文件、典型案例、典型经验和研创培训。

（2）为学生提供研创需求、技术方案、项目合作等服务平台。

（3）帮助学生打造形成研创共同体、筑梦研创空间。

7.5　教育管理类智慧应用系统

1．智慧 OA 系统

智慧 OA 系统面向学校的日常运作和管理，实现智慧化、无纸化、移动化办公。智慧 OA 系统的主要功能如下。

（1）优化管理学校办公业务流程，支持移动办公、微信办公、漫游办公等多种办公方式。

（2）提供邮件通信、信息发布、文件流转、审阅文件、收发文件、文档管理、会议管理、车辆管理、印章管理等功能。

2．智慧财务系统

智慧财务系统为学校收缴学费、工资、日常报销、科研项目经费、校园卡等财务管理提供智慧服务。智慧财务系统的主要功能如下。

（1）为学生提供学费、住宿费、水电费等自助缴费服务，为学生提供奖学金、助学金、助研金查询和发放服务。

（2）为教师提供科研项目经费、工资等管理和查询服务。

（3）为师生提供物流化网上报账服务，简化日常报销的业务流程，缩短报销等待时间。

3．智慧学工系统

智慧学工系统为学生提供"入学—在校—毕业"整个大学生活的一体化智慧服务。智慧学工系统的主要功能如下。

（1）辅助学生入校管理、基本信息管理、奖学金管理、科技项目申报管理、党员管理、勤工助学岗位管理、困难生管理、学业预警管理、讲座选听管理等多项学生工作业务。

（2）促进学生工作的数字化、人性化、智慧化，促进学生工作在线协同办公，提高学生管理工作效率。

4．智慧人事系统

智慧人事系统一般分为在职、离职、退休、后备四个人员库。智慧人事系统以信息化手段实现先进的人力资源管理。智慧人事系统的主要功能如下。

（1）提供人事管理、调动管理、合同管理、工资管理、培训管理、绩效考核管理、奖惩管理、社保管理、招聘管理等管理功能。

（2）智慧采集教师的基础信息、在校信息、学历学位、岗位职务、政治面貌、能力专长、通信方式、配偶信息等基本信息，以及学习简历、工作简历、家庭成员、岗位聘任、专业技术职务、党政职务、工人技术等级、教师资格证、证书信息、技能、奖励信息、荣誉称号、惩处信息、考核信息、校内调动、教育教学、专家信息、学术团体兼职、国内进修学习、出国（境）学习工作、交流信息等详细信息。

（3）提供人事信息的查询统计、生产报表功能，劳动合同期满、合同续签、员工实习转正等预警提醒服务。

5．智慧校园一卡通系统

智慧校园一卡通系统是智慧校园的重要构成部分，集成整合了校园内外的各种信息资源，通过共同的身份认证机制，实现数据的集成与共享。智慧校园一卡通能够提供综合消费、身份识别、金融服务、公共信息服务等。智慧校园一卡通系统的主要功能如下。

（1）校园卡与银行系统相关联，在校园卡低于限定金额时能够自助智慧转账。通过圈存等方式实现银行卡与校园卡之间的转账功能，赋予校园卡系统金融功能。

（2）校园卡与市政公交相关联，持校园卡能够支付乘坐公交车、地铁、出租车消费，赋予校园卡系统市政公交功能。

（3）利用校园卡提升学校智慧管理水平。充分利用校园卡的消费结算和身份识别功能，集成餐饮卡、医疗卡、借书证、上机证、考试证等校内各种证件。充分利用校园卡的身份识别功能，对学生进入宿舍、教室、实验室、图书馆等场所进行门禁管理。

（4）记录与统计学生参观博物馆、科技馆、爱国主义教育基地等社会实践活动。

（5）利用校园卡实现考勤管理、网络计费管理、水电管理等。利用校园卡定位（GPS+ 基站）功能，时刻关注学生安全动向，提供学生安全预警服务。

6．智慧教务系统

智慧教务系统涵盖排课、选课、考试、成绩、评教、评学、教材征订、素质教育课程开设等教务业务流程，全面支持网络教务协同办公，减少教务管理的工作量，提升教务管理效能。智慧教务系统的主要功能如下。

（1）学生学籍信息、院系数据、教研室数据、专业设置等教务基本数据管理。

（2）课程管理、毕业条件设置、学期教学任务下达安排、教学任务书打印等教学计划管理。

（3）排课条件设置、自动排课、手动排课调整、冲突检测、课表打印等排课管理。

（4）成绩录入设置与审核、成绩录入修改、成绩导入、班级成绩输出、学分预警、学生学分统计、试卷分析等成绩管理功能。

（5）素质教育课程增加、教材征订、评教、评学等功能。

7. 智慧视频会议系统

智慧视频会议系统将虚拟现实技术、仿真技术、移动通信技术等与现实会场相结合，让身处异地的人们实现实时、可视、交互、智慧的身临其境的参会体验，节省大量出差经费。智慧视频会议系统的主要功能如下。

（1）能够将参会人的静态和动态图像、语音、文字、图片等多种信息推送到各个用户的智慧终端设备，使得地理位置分散的用户汇聚虚拟仿真场景，获得高效逼真的实时交流效果。

（2）具有清晰稳定的双向视/音频交互功能，支持视/音频与课程资源整合播放，教学直播与教学资源生成相结合。具有视频录制、点播功能。

8. 智慧教育质量监测评估系统

智慧教育质量监测评估系统利用信息化手段对智慧教育质量进行监测与评估，进而分析判断，采取有效的智慧教育质量干预措施，从而提升智慧教育质量。智慧教育质量监测评估系统的主要功能如下。

（1）借鉴国际数学与科学研究趋势（TIMSS）、国际阅读素养进展研究（PIRLS）、国际学生评价项目（PISA）、美国国家教育进展评估（NAEP）、英国国家课程评价（SATS）、澳大利亚教育进展评价（NAP）等教育质量监测成果，构建适合本校特色的智慧教育质量评价标准，实现智慧教育质量的智慧监测与评估。

（2）以学生、教师、学校的教育大数据为核心，对智慧教育质量数据挖掘分析，利用模型分析形成智慧教育质量监测评估报告，从而辅助教育决策和调整资源配置。

（3）建立健全的智慧教育质量监测评估机制，诊断智慧教育各个环节存在的问题，为教育决策和改进提供参考。以智慧教育监测评估为手段，引领智慧教育未来发展。

9. 智慧教育决策系统

近年来，教育决策逐渐从"拍脑袋决策"走向"科学决策"。智慧教育决策系统是依据大体量智慧教育数据信息的整合，对数据进行分析挖掘，科学有效地使用数据，为教育决策提供动态、准确和科学的数据支持。智慧教育决策系统的主要功能如下。

（1）实现对智慧教育数据的有效存储和管理，破解智慧教育管理系统信息孤岛，全面、准确、及时、深入地分析数据，建立多种决策分析模型，多层次和多维度地加工数据，从中发现和揭示教育发展规律性的有效信息，为各级教育行政领导决策提供支持。

（2）实现智慧教育决策系统与现实业务的无缝集成，大力提高教育行政部门的管理效率和服务水平，推动教育决策科学化、系统化、规范化和智慧化，为智慧教育发展提供动态客观的数据分析。

（3）智慧教育决策系统由智慧教育数据源、智慧教育数据中心、智慧教育决策分析系统等构成，对智慧教育数据进行提取、分类、汇总、分析。

（4）依据学校特色，建立教师分析模型、学生分析模型、学校分析模型、教学设备分析模型等分析决策模型。通过对教育大数据进行加工、分析，预测智慧教育未来发展趋势。

（5）提供教育决策数据查询、情况分析、趋势预测、决策会议支持、决策方案辅助生成、决策方案模拟论证、决策方案比较分析、决策方案优化、决策方案执行监控等决策支持服务。

10. 智慧教育现代化评估系统

智慧教育现代化评估系统为评估学校教育现代化水平提供智慧服务，形成教育现代化评估报告，为教育现代化未来提供参考建议。智慧教育现代化评估系统的主要功能如下。

（1）依据学校特色构建教育现代化评价指标体系，具体涉及教育普及、教育公平、教育质量、教育开放、教育保障、教育统筹、教育贡献、教育满意等。

（2）采集教育现代化评价数据，构建教育现代化动态数据库，处理分析教育现代化动态数据，形成教育现代化评估报告，可视化呈现教育现代化发展动态。

（3）智慧分析教育现代化评估报告，全面、深入地了解教育现代化发展水平，及时发展和解决教育现代化进程中出现的问题。

11．智慧教育信息化评估系统

智慧教育信息化评估系统为评估学校教育信息化发展水平提供智慧服务，形成教育信息化评估报告，为教育信息化未来发展提供参考建议。智慧教育信息化评估系统的主要功能如下。

（1）依据学校特色构建教育信息化评价指标体系，具体涉及教育信息化基础设施、教育信息化应用系统、教育信息化资源、教育信息化人才、教育信息化管理、教育信息化应用效果等。

（2）采集教育信息化评价数据，构建教育信息化动态数据库，处理分析教育信息化动态数据，形成教育信息化评估报告，可视化呈现教育信息化发展动态。

（3）智慧分析教育信息化评估报告，全面深入了解教育信息化发展水平，及时发展和解决教育信息化进程中出现的问题。

12．智慧实验室管理系统

智慧实验室管理系统集实验室数据查询、统计为一体，为实验室管理提供便捷的服务。智慧实验室管理系统的主要功能如下。

（1）建设实验室预约模块、仪器设备管理模块、耗材管理模块、教学管理模块，对实验课程、实验项目、仪器设备、易耗品、仪器借用、人员情况等进行智慧管理。

（2）支持实验室耗材智慧采购，支持实验室危险化学药品、电离辐射等安全管理。

13．智慧教室管理系统

智慧教室管理系统对教室借用、教室设备、教室门禁进行智慧管理。智慧教室管理系统的主要功能如下。

（1）教室排课、教室预约、教室借用、教室门禁的智慧管理。

（2）教室设备设施、教室用电的智慧管理。

14．智慧招生系统

智慧招生系统涵盖招生管理的各个环节，并与国家招生系统实现无缝衔接，为招生工作提供智慧、高效的招生管理服务。智慧招生系统的主要功能如下。

（1）展示学校、专业、招生政策、招生计划、招生简章、教学名师的推介宣传信息。

（2）院系信息、专业信息、新生信息等基础信息管理功能。

（3）信息导入管理、录取信息管理、通知书管理等功能。

15．智慧就业服务系统

智慧就业服务系统涵盖就业管理的各个环节，并与国家就业系统实现无缝衔接，为就业工作提供智慧、高效的就业管理服务。智慧就业服务系统的主要功能如下。

（1）为学生提供就业指导、创业典型案例、招聘信息查询、求职信息发布、报到证查询、档案查询等服务。

（2）为用人单位提供招聘信息发布、宣讲会申请、招聘单位预定、生源速览、人才搜索等服务。

（3）对学生的求职意向和用人单位的人才需求进行智慧匹配，为学生推荐招聘信息，为用人单位推荐合适的人才。

7.6　安全监控类智慧应用系统

1．智慧监控安防系统

智慧监控安防系统采用光纤、微波、无线网等传输视/音频信号，运用视频监控、电子巡查、报警等技术手段，实时、形象、真实地反映监控对象，提供全方位的安防监控和预警解决方案。智慧监控安防系统一般由前端、传输、控制、监控显示、防盗报警、系统供电等组成。前端设备主要有摄像头、云台、红外探测器、温度传感器、湿度传感器、警灯、警笛等。智慧监控安防系统的主要功能如下。

（1）能够对学校办公室、教学楼、实验室、图书馆、宿舍、校门等重点区域进行视频监控。

（2）实现报警联动监控，报警系统 24 小时布防，报警事件发生时，报警主机给信号到联动模块，自动开启监控设备和探照灯，智控报警现场的视频录像。

（3）智慧门禁，人员身份智慧识别，智控统计分析人员出入校门、实验室、教室、宿舍等场所。

（4）智控修改巡更线路和时间，智慧管理巡更人员。

（5）部署 UPS 电源，支持硬盘录像，具有足够的视频存储空间。监控中心的电视墙能够清晰呈现监控视频。

（6）采用视频内容分析（VCA）技术，能够智慧分析监控视频，实时给予安全预警。

（7）实时采集与监控学校校舍数据，消除学校校舍安全危险。

（8）实时采集与监控学校用电数据，确保师生用电安全。

（9）实时预警监测学校火情，强化火情处置。

2. 智慧心理健康评测系统

智慧心理健康评测系统是保护学生心理健康的重要防线。智慧心理健康评测系统的主要功能如下。

（1）构建适合学生年龄和心理健康特征的心理健康评测标准。学生能够自助评测心理健康，形成心理健康发展报告，给出心理健康建议。

（2）普及心理健康知识，开展在线心理健康教育。提供心理咨询预约、在线心理咨询、在线情绪宣泄、音乐治疗等服务。

（3）保护学生隐私，建立学生心理评测档案，能够有针对性地进行心理问题预警，预防和干预严重心理问题。

7.7　后勤服务类智慧应用系统

1．智慧失物招领系统

智慧失物招领系统为学生提供发布失物、查询失物、发布拾物、查询拾物、认领拾物、点赞表扬等服务。智慧失物招领系统的主要功能如下。

（1）为学生提供发布失物功能，描述失物的时间、地点、特点等基本信息，能够预认领失物。

（2）为学生提供发布拾物功能，描述拾物的时间、地点、特点等基本信息。失物与拾物的基本信息进行自动匹配对比，如果相似度高，则自动推动预认领信息。

（3）为学生提供点赞表扬功能。

2．智慧资产管理系统

智慧资产管理系统运用信息化手段对资产进行智慧管理。智慧资产管理系统的主要功能如下。

（1）新购入资产的资产编号、资产名称、使用部门、存放地、价值、购置日期、资产归口等信息管理。

（2）根据选定的资产自动生成条形码。通过手机、条形码识别器等对设备智慧盘点。

（3）实现资产采购入库、资产新增、资产转移、资产借用、资产归还、资产维修、资产报废、资产查询等业务流程的信息化处理。

3．智慧档案管理系统

智慧档案管理系统运用信息化手段对学校工作和教育教学活动的档案统一管理。学校档案主要分为党群类、行政类、教育教学类、基建类、声像类、设备类、荣誉实物类、科研类、教育信息化类、财务类、人事类等。智慧档案管理系统的主要功能如下。

（1）结合学校的实际情况，搜集、整理、保管、统计学校的全部档案，录入档案的数字化信息，提供档案网络查询检索服务。

（2）利用智慧档案柜，实现 RFID 实时盘库。实现档案的生产、入盒、上架、下架、借阅、归还、销毁等全生命周期的方便、快捷管理。

（3）采用红外感应方式对仓位的状态进行检测。采用高精度温 / 湿度传感器，实时采集温 / 湿度数值，为档案保管提供合适的环境。采用自动照明系统，方便存取档案资料。

4．智慧停车场系统

随着车辆的日益增多，校园停车困难的现象日益凸显，如何合理利用校园空间，实现校园智慧停车显得尤为重要。智慧停车场系统的主要功能如下。

（1）科学规划学校停车场，建设立体化停车楼。智慧管理停车位，以液晶显示牌、语音提醒等多种方式引导停车。

（2）出入口车牌自动识别，实现不停车通行，支持城市一卡通、微信、支付宝、银行卡等多渠道缴费，自助打印停车发票，从而实现停车场的无人值守管理。

7.8　社会服务类智慧应用系统

1．智慧校友系统

智慧校友系统是校友管理的重要工具，是校友的精神家园，同时又为在校生分享了成功的经验，树立了学习的楷模。智慧校友系统的主要功能如下。

（1）校友会和校友信息的智慧化采集、处理、传播和检索，实现信息共享、资源互用。定时群发短信、电子邮件、站内消息等功能。

（2）动态智慧更新校友会数据库和校友数据库。校友数据分为在校生数据管理、校友数据管理、教职工数据管理、校外导师数据管理、重要校友数据管理 5个分类管理。

（3）促进校友网络互动，增进校友感情、培养和管理各地分会，凝聚校友资源。

（4）在线调查功能，搜集校友反馈信息，以提高在校生的人才培养质量，为校友提供校友捐赠、校友刊物、招聘求职、供应需求等服务。

（5）展示校友人生发展的典型案例，为在校生分享人生成功经验，促进在校生树立人生梦想。

2. 智慧产学研服务系统

智慧产学研服务系统是政府、产业、学校、科研机构相互合作，发挥各自优势，促进科研成果产业化，推动协同创新，实现科研价值的平台。智慧产学研服务系统的主要功能如下。

（1）汇聚科研成果、专利、专家、投融资等资源，为科技成果转化提供资源服务。

（2）促进科研成果与市场需求相对接，为市场需求和科研机构牵线搭桥，推动协同创新，促进经济发展。

（3）展示学校的科研服务项目，为社会发展提供科技服务。

3. 智慧虚拟校园漫游系统

智慧虚拟校园漫游系统是利用虚拟现实技术、仿真技术、地理信息系统技术等构建的具有自由漫游、地图导航、信息系统管理等功能的三维智慧校园。例如，中国矿业大学建设的三维虚拟校园可以实现三维校车站台查询、校园停车导航、设备信息查询和预约等功能，如图 7.6 所示。

图 7.6 中国矿业大学建设的三维虚拟校园

智慧虚拟校园漫游系统的主要功能如下。

（1）全面展示三维校园虚拟场景，能够自由漫游、按路径漫游、改变视点进行环视，让浏览者获得身临其境的体验。对现实校园建筑形状、地理形态进行仿真，虚拟现实校园的全部场景，再现学校的学习、生活的娱乐场景，提升学校形象，宣传校园文化。

（2）集成丰富的校园生活信息平台，以交互方式查询和漫游教学楼、宿舍楼、图书馆、餐厅、实验楼等学校设施。

（3）在虚拟三维环境中以动态交互的方式辅助校园规划，为校园规划和设计提供可视化效果，提高校园管理的效率和科学化水平。

7.9　综合评价类智慧应用系统

1. 智慧学生综合素质评价系统

自从 20 世纪 80 年代中期，素质教育一直是中国教育改革和发展的热点研究问题。2014 年 12 月，教育部发布《教育部关于普通高中学业水平考试的实施意见》和《教育部关于加强和改进普通高中学生综合素质评价的意见》。近年来，上海、浙江启动了高考综合改革试点工作。随着招生考试的多元化改革，综合素质评价已经成为可能替代高考、中考的重要手段。当前，教育信息化迅速发展，教育教学过程中积累了相当多的教育数据，为实现科学化、智慧化的学生综合素质评价奠定了基础。在此背景下，智慧学生综合素质评价系统的价值尤为显著，将会为中国的教育教学改革，以及人才的评价和选拔提供支持。智慧学生综合素质评价系统的主要功能如下。

（1）为学生道德品质、公民素养、学习能力、交流与合作、运动与健康、审美与表现等方面的成长提供全面、真实的记录，为学生获得的奖励和荣誉提供展示空间。

（2）为教师评价学生、家长评价学生、学生自评和互评提供便利平台。让教师更好地了解学生，家长更好地了解自己的孩子，学生更好地认识自己。

（3）每学期、学年为学生提供综合素质评价可视化报告。帮助学生开拓视野，提高学生的创新意识、创新思维和创新能力，培育学生的中华传统美德，培养学生的正确世界观和人生观。

2．智慧教师综合评价系统

随着学校改革的深入，越来越多的学校实行绩效考核，但是教师工作具有复杂性，如何对教师进行绩效考核成为一个非常繁重的工作任务。利用智慧教师综合评价系统可以方便、快捷地实现教师绩效考核，最大限度地降低绩效考核工作量。智慧教师综合评价系统的主要功能如下。

（1）对教师的科研项目、著作、论文、专利、软件著作权、标准、获奖等科研成果进行评价。

（2）对教师的课时、教研项目、教研论文、教材、精品课程、教学获奖等教学成果进行评价。

（3）对教师出勤、师德、民主测评，以及班主任日常工作、指导学生参加竞赛、举办活动等工作进行绩效考核。

（4）每年形成教师综合评价可视化报告。

第 8 章

智慧校园管理与评价

8.1 智慧校园的利益相关者分析

1963 年，美国斯坦福研究所首次提出了利益相关者概念，来表示与企业有密切联系的所有人。1984 年，弗里曼出版了著作《战略管理——利益相关者方法》，被认为是利益相关者理论发展的里程碑。按照他的定义，利益相关者是指"任何一个能够影响组织目标的实现或者能够被这种实现过程影响的团体或个人"。利益相关者理论的核心思想是：任何一个组织都有许多利益相关者，例如股东、雇员、供应商、顾客、政府部门等，他们都对组织的生存和发展注入了一定的资源，并承担由此带来的风险。因此，存在着对组织利益诉求的内在要求。为了保证组织的持续发展，组织必须要考虑各类利益相关者的利益诉求，并给予相应的报酬和补偿。组织的生存和发展取决于能否有效地处理与各种利益相关者的关系，取决于能否有效地满足各种利益相关者的需求。[①]

智慧校园也是如此。智慧校园的规划、建设、维护使用由多个主体参与并付出巨大精力，智慧校园的使用者反馈在智慧性设计和智慧功能发挥中意义重大，在此过程中，要充分考虑这些主体的特点和需求，只有这样，才能发挥出智慧校

---

① （美）爱德华·弗里曼. 战略管理——利益相关者方法 [M]. 王彦华，梁豪译. 上海：上海译文出版社，2006：32.

园的优势和价值，因此需要进行利益相关者分析。辛蔚峰、刘强在确定学校信息化主要利益相关者的基础上，总结了利益相关者的需求和贡献，如表 8.1 所示。[①]

表 8.1 利益相关者的需求和贡献

利益相关者	利益相关者需求	利益相关者贡献
主管部门	发挥资金最大效益，实现信息技术应用的价值最大化，培养满足信息时代需求的人才	发展规划、资金支持、政策支持
学校管理者	提高学校办学水平，促进师生全面发展	组织制度、管理制度、保障措施
教师	提高教学水平，提升科研能力	信息化教学实践，信息化教学资源建设，教育信息化研究
学生	先进的信息化环境与服务，良好的学习效果	信息化学习实践、应用反馈信息
技术支持人员	信息化设备的标准化，易于维护	信息技术设备和服务的正常运行，信息安全

在此基础上，根据绩效三棱镜方法，从五个方面对利益相关者进行分析评估，即利益相关者需求、战略、流程、能力、利益相关者贡献。该分析评估方案的不足是利益相关者缺少企业和专家（咨询委员会专家和评估评标专家），对五个方面的分析评估不充分。智慧校园利益相关者分析如表 8.2 所示。

表 8.2 智慧校园利益相关者分析

	利益相关者需求	利益相关者贡献	对利益相关者的要求
学校管理者	实现智慧管理，满足长远需求，师生满意，效益明显	顶层设计，提供总体需求，协调后期建设各单位	具有信息化领导力和亲和力，明白信息化的重要性
院系及职能部门	易用，能提高效率，应用系统安全稳定、功能齐全	提供相关数据，帮助需求分析调查，反馈使用效果，辅助改进优化	积极参与信息化技术相关培训，对信息化充满热情，相信信息化的优势
学生	便捷的生活环境，个性化学习，提高信息素养，智慧学习	帮助需求分析调查，反馈使用效果，辅助改进优化	积极参与信息化技术相关培训，提高信息化素养，积极进行移动和泛在学习，个性化学习
教师	便捷的生活环境，智慧教学，便于科研	帮助需求分析调查，反馈使用效果，辅助改进优化	积极参与信息化技术相关培训，提高信息化素养，积极进行智慧教学、个性化教学

① 辛蔚峰,刘强.利益相关者导向的学校教育信息化绩效评估——基于绩效三棱镜方法[J].现代教育技术,2014（6）：12-18.

续表

	利益相关者需求	利益相关者贡献	对利益相关者的要求
智慧校园建设管理人员	实现智慧校园的智慧管理，安全稳定，便于扩容，易于维护	全程参与信息化建设及后期维护、对使用者的培训，分析用户需求，优化智慧校园运行效果	明白需求，技术熟练，关心用户体验，对项目施工有所了解
政府主管部门	实现教育信息化发展规划，信息化效益最大化，安全稳定	资金支持和政策扶植	明白信息化的必然性和战略性，提供资金支持和政策扶植
专家	个人声誉提高，为信息化建言献策	对信息化建设全程提供咨询和意见	熟悉行业情况，熟悉发展趋势
企业	实现利润利益最大化，行业竞争胜出，知名度，信誉	询价并参与项目建设，提供优质应用，对信息化专职人员的专门培训	熟悉技术市场趋势，提供最好的产品，做好售后服务

利益相关者分析的目的是获取用户的相关信息，如对信息化和智慧校园的了解、相关需求、态度等。

对于信息化建设专职人员，除了要对技术熟悉、了解，还要对工程建设有所了解。如需求分析、可行性计划报告的撰写、概算／预算的编制、工程询价、招投标、工程设计、工程验收、文档管理和移交、工程监督、工程建设标准和法律法规等。信息化专职管理人员还要对管理对象在整个技术架构中所处的位置和在管理架构中所归口的机构和制度了然于胸，熟练掌握对所负责配置、维护的设备、系统所需的技术，要对能主动获取使用效果反馈并通过技术手段对不完善、不智慧之处进行完善，要对项目施工管理有所了解，同时还要协调或主持对职能部门兼职信息化工作人员或全体教职工、学生的培训。职能部门智慧校园各应用和服务系统负责人属于兼职性质，但也要能熟练掌握本人负责的部分，同时负责对本部门教职工和学生的初始培训，协调本部门与信息化管理部门，对于发现的不利于提升智慧效果的使用问题，及时报告。

通过构建保障智慧校园智慧运行的智慧管理平台，确保智慧校园专职管理人员能较为简易地完成管理任务。智慧校园建设是一项复杂的系统工程，利用利益相关者理论进行智慧校园建设的利益相关者分析，并进行建设规划和实施研究。对智慧校园的智慧管理，则通过建立数据质量管理体系、构建智慧校园智慧服务与管理平台、确立智慧校园运维管理规范化流程实现。

8.2 智慧校园组织机构和制度建设

8.2.1 智慧校园组织机构

信息技术的快速发展和信息化优势的迅速确立，给各个国家带来了巨大的冲击和机遇。自 20 世纪 80 年代初开始，我国信息技术的发展开始纳入国家层面的信息化管理体制机制。在不同时期分别成立了计算机与大规模集成电路领导小组、国务院信息化工作领导小组、国家信息化工作领导小组、国家信息化专家咨询委员会等，[①] 国家层面的信息化推进工作由信息化领导小组领导，具体工作由信息化工作办公室和国家信息化专家咨询委员会推进、执行，地方政府在此基础上成立了相应的领导和执行机构（见图 8.1）。

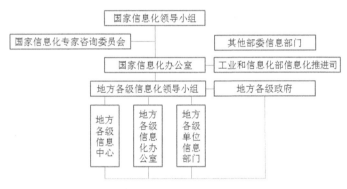

图 8.1 国家信息化组织机构

在学校层面，确立信息化发展的战略，建立适应发展又相对稳定的信息化管理体制，强化信息化的领导力，是信息化优化发展的重要前提，是智慧校园的建设优质推进、优化管理的前提。教育信息化发展到今天，各学校尤其是高校基本成立了学校信息化工作领导小组，并设办公室，组长一般是校长或主管信息化工作的副校长，办公室主任一般由信息中心（或教育技术中心或网络中心，各校实际情况不完全相同）正职领导担任，组员则根据实际情况由信息中心、人事、教务、科处、财处等相关部门兼职工作人员组成，具体工作的协调、执行则由信息中心完成。

---

① 汪玉凯. 中央网络安全与信息化领导小组的由来及其影响 [EB/OL].http：//www.gmw.cn/xueshu/2014-03/04/content_10565701_2.htm.2014-09-06.

智慧校园组织机构分为决策、管理，以及建设、应用与运维三层机构（见图8.2）。智慧校园决策机构负责学校智慧校园的规划与设计，对智慧校园基础设施、智慧应用系统、智慧数字化资源、智慧校园应用、智慧校园管理、智慧校园运维及安全保障等重大事项进行决策；智慧校园管理机构具体承担学校智慧校园建设标准、规范、管理制度等的制定及安全保障工作，并为建设、应用和维护机构开展日常工作提供指导、培训与咨询；智慧校园建设、应用与运维机构直接面向最终用户，负责智慧校园建设，推进智慧校园应用，以及智慧校园基础设施和应用系统的日常维护与咨询服务工作。

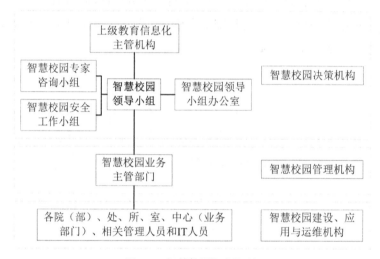

图 8.2　智慧校园组织机构

8.2.2　智慧校园管理制度

制度建设是管理体制得以落实的重要保障，智慧校园管理制度的设计不但要考虑全面，还要考虑可行性，并且要适应不断变化的信息技术的更新。其原则首先是从观念上重视智慧校园建设及其应用和管理；保证全员参与机制的形成以让每个利益相关者都能贡献力量；注重智慧校园的应用实效，抓住重点，把握关键，符合现实需要，解决实际问题。简单地说就是要同智慧校园的智慧性设计相结合，具有合理性、科学性、平等性和严肃性。智慧校园相关管理制度如表8.3所示。

表 8.3　智慧校园相关管理制度

类　别	名　称
国家和地方有关法律法规、标准	中华人民共和国计算机信息系统安全保护条例、国际互联网安全保护管理办法、国际互联网安全保护管理办法、互联网信息服务管理办法、非经营性互联网信息服务备案管理办法；地方法律法规
建设与管理总则	建设规划、管理总则，应用系统建设管理制度，信息化绩效评估办法、使用者调查制度
操作规范	设备调试、操作规范，信息发布规范
数据管理	数据采集制度、数据存储备份制度、数据分析使用制度、数据标准、建设与运行文档管理制度
号码资源	认证邮件 VPN 账户、域名管理、电话
接入管理	无线接入管理、办公教学实验室宿舍接入管理、智慧校园用户守则、用户安全教育和培训制度
信息管理	信息发布制度、二级网站管理制度
设备管理	设备管理制度、路由交换设备管理制度、服务器管理制度、线路管理维护制度
教学资源	教学资源建设规定、教学资源使用规定、教学资源奖励与评价制度
安全管理	基础网络安全、数据安全、服务器安全、数据中心安全管理制度、信息安全、违法案件报告与协查制度、安全事件等级响应制度
工作职责	建设与管理领导小组工作职责、办公室工作职责、专家咨询委员会工作职责、信息化工作各岗位职责、各部门信息化工作要求
运行管理	运行管理制度、故障处理流程、设备与线路检修巡检制度、流量统计分析月报、年报，设备、线路故障应急预案、用户故障报修管理制度、运行评估制度
公共服务，应用系统管理	公共服务管理制度，智慧教学平台、车辆出入管理、能源监管、监控系统、智慧校园智慧管理平台、OA

8.3　智慧校园建设管理

8.3.1　智慧校园建设流程

通信工程建设的完整程序如图 8.3 所示。[①]在智慧校园建设标准和建设流程等还不完善的时候，可以参考作为智慧校园建设的指导，用以对施工方的监督检查。

① 全国一级建造师执业职格考试用书编写委员会 . 通信与广电工程管理与实务 [M]. 北京：中国建筑工业出版社 .2011.190.

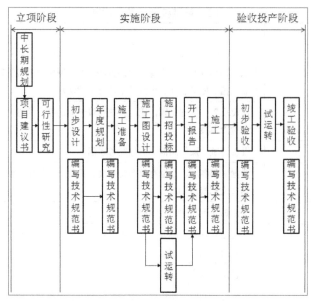

图 8.3　通信工程建设的完整程序

　　智慧校园相关施工单位在进行施工项目管理的过程中主要完成的任务有施工进度管理、施工质量管理、施工安全管理、施工成本管理、施工合同管理、施工信息管理，以及与施工相关的组织与协调等，建设施工具体程序包括施工准备、施工图、招投标、年度计划安排、施工、试运行、验收等几个阶段。

　　智慧校园建设学校的职责是协同监理单位，对建设施工方进度、质量和投资进行监督，保证工序质量、促进工程质量，要充分调动施工人员和管理人员的积极性，对问题要防患于未然，对棘手的技术或管理难题要多沟通、多协调，充分考虑施工准备如技术准备、物质准备、组织准备、施工现场准备是否充足以保证正常施工进度；要严格执行投标方案及投标设备，加强设备、线缆等材料的进场验收和把关，做好标记和记录，以严格的产品质量要求确保施工和工程质量；对施工方提出的施工方案、施工组织、技术措施、软硬件系统配置等，制定质量目标或设备运行效果明细，以此促进监督的标准化、流程化、精细化。

　　目前多数高校的信息化建设施工到交工验收过程存在某种程度上的不规范，没有固定流程和施工过程精细化管理，工程设计、施工、监督、验收缺少标准、流程、质量控制的指导。无论采用哪种模式建设智慧校园，最终用户是学校，智慧校园是面向学校学生和教职工的，因此一定要强化施工过程中信息化专职人员的监督、指导、协调作用。一方面要加强对施工项目的过程管理，一方面要大力培养信息化专职人员项目管理能力的培训。

8.3.2　智慧校园建设工作框架

智慧校园作为一个新生事物、一个系统工程，其建设是在数字校园的基础上、在信息化的范围之内，因此需要对建设框架进行概括。

智慧校园建设要做的工作涵盖组织机构与专职队伍建设，制度与标准建设，建设原则、目标，建设内容与范围，技术方案设计（系统逻辑结构、物理结构），实施方案（项目论证、项目组织、过程管理、质量控制、费用概算、运行效果分析）等。智慧校园建设工作框架如表 8.4 所示。

表 8.4　智慧校园建设工作框架

工作框架	子框架	任　　务
组织机构与专职队伍建设	组织机构建设	加强组织领导，完善组织机构，明确职责，顶层设计
	队伍建设	专职队伍，全程参与，前期建设、后期管理维护和协调
制度与标准建设	制度建设	制度保障，全过程有章可依，利于过程管理、质量控制
	标准建设	提高建设标准，利于质量监督，便于后期推广
建设原则、目标		确定建设要遵循的原则，明确最终要达到的效果
建设内容与范围	建设内容	明确要建设的软硬件系统
	建设范围	明确要建设的地理范围
技术方案设计	总体方案	各建设内容的系统性方案、各分系统之间的互联互通、接口对接
	基础网络	构建有线无线相结合、高效稳定的智慧校园无缝网络
	智慧数据中心	对照明、温/湿度、防雷、防噪声、安保、防尘进行设计，并到达无人值守的智慧监控程度
	应用支撑平台	统一身份认证、统一信息门户、统一数据库系统、统一存储系统
	应用系统建设	智慧教学与资源平台、协同办公平台、云服务平台、一卡通、掌上校园、校内导航、节能平台、门禁系统、智慧管理平台
实施方案	项目论证	邀请专家对设计、实施方案进行多轮次论证优化，确保项目获得领导、管理层、教职员、学生的认同

续表

工作框架	子框架	任　　务
实施方案	项目概算	询价并对整个项目及各应用系统等概算，进行前期成本分析、论证
	施工组织	领导机构及专职人员对项目进行招投标、施工过程、施工完工验收进行组织和实施
	质量控制	确保质量优化，符合各项招标要求，满足相关标准
	运行效果分析	整体或部分完工后试运行及压力测试

8.4　智慧校园智慧管理

　　智慧校园的数据来源于校内所有部门，智慧校园的建设涉及全校所有部门，是一项复杂的系统工程，建设性能优良、使用便捷、效果突出、开放兼容的智慧校园的后期管理也是一项系统性工作，"三分靠技术，七分靠管理"，智慧校园的管理显得非常重要。因此，有必要对建成以后的管理进行研究。而其管理研究，包括相关利益群体即相应应用系统的使用部门和人员的分析、应用培训；智慧校园的管理制度建设；管理主体的组织机构建设；最终要实现的对智慧校园的智慧管理。

　　智慧校园的智慧稳定运行的前提是对它的智慧管理。所谓智慧管理，就是信息化专职人员采用智慧型管理和技术手段，对智慧校园进行管理维护，主要通过构建智慧校园的智慧服务与管理平台、确立规范化运维流程实现。智慧校园管理具体包括智慧校园项目管理、智慧校园建设过程管理、智慧校园建设团队管理、智慧校园建设经费管理、智慧校园设备设施管理、智慧校园应用系统管理、智慧校园资源管理、智慧校园评价管理、智慧校园应用管理、智慧校园运维管理等。

8.4.1　建立数据规范或标准

　　教育信息化建设取得了长足进步，但对信息化系统硬件、软件、流程等核心要素数据的管理不够重视，各部门应用系统自己定义数据，存在随意性强、无统一规划、无标准可循的特点，信息系统中数据质量的问题很多。

　　智慧校园数据的特点是数据量大，结构化、非结构化数据并存。数据是智慧校园能够发挥智慧特性的基础，同基础网络一样，是智慧校园基础性资源。技术上实行统一数据交换平台负责所有数据的采集存储、调用；通过大数据分析平台对数据进行分析及可视化，统一数据交换平台和大数据分析平台需要一致、描述精确、有标准可循的数据。教育部发布的与教育管理信息有关的 7 个教育信息化行业标准为智慧校园建设的数据标准的建立提供了依据。以《教育管理基础代码》为例，标准规定了全国教育管理基础代码集，适用于各级各类教育机构如高等学校的内部管理及各级教育行政部门对学校（教育机构）的管理需要，适用于相关信息处理系统之间的信息交换。该标准固定资产分类及编码规定了高等学校固定资产的分类，在智慧校园中，固定资产相关的管理与服务系统的元数据编码应遵从该标准。这样，在校内资产的信息录入、使用、管理维护、国家教育统计和校际大型仪器共享的时候，可以充分兼容共享而不存在相互不一致的情形。

然而，能反映信息化建设水平和建设效果的指标有很多，而该标准存在指标即有关数据项的缺失，如智慧校园应用服务系统的分类、智慧图书馆拥有的论文库及各库资源数量、光纤里程、一卡通用卡数量及相关设备数量、节能平台智能计量管控设备（水电暖气智能计量与控制）、射频信息设备数量、二维码使用情况、视频监控设备类型及数量、信息化安全设备数量及投资、视频资源时长、智能手机支持使用情况等。

造成这种情况的原因一方面是标准制定未充分征求信息化专职人员的意见，不够完善；另一方面是信息化发展速度较快，标准更新不及时。这就需要在智慧校园建设过程中，根据学校实际情况，在采用这些国家标准的同时，以此标准为基础归类或新增指标数据子类，制定本校的数据标准和规范，建立数据质量管理体系，对元数据和扩充数据严格定义，保证不同机构对数据质量有统一的理解。

教育信息化标准有 5 类：国家教育信息化标准、教育信息化行业标准、地方教育信息化标准、企业教育信息化标准和团体教育信息化标准。2015 年 3 月 11 日，国务院印发的《深化标准化工作改革方案》，明确将培育和发展"团体标准"作为一项重要的标准化工作改革措施。2015 年 4 月，中国认证认可协会发布《中国认证认可协会团体标准管理办法（试行）》。2016 年 2 月，国家质检总局、国家标准委发布《关于培育和发展团体标准的指导意见》（国质检标联（2016）第 109 号）。随着教育信息化产业的深入发展，以及国家推进实施团体标准战略，教育信息化产业将会迎来越来越多的团体标准，这将会有力推进教育信息化标准化发展。

2016 年 1 月，北京教育信息化产业联盟成立，该联盟将承担教育信息化团体标准的"重任"，致力于凝聚国内教育信息化产业的产学研资源，担负起产业的协调者和跨届服务者的重任，推动教育信息化产业的应用标准化进程，促进国内教育信息化产业的创新发展。①2016 年 6 月 27 日，北京教育信息化产业联盟召开"国内教育信息化产业应用团体标准项目研讨会暨标委会成立大会"。"国家教育标准体系研究课题组"方勇研究员作了《国家教育标准体系的发展与完善》的报告。王运武博士作了《关于加快制定＜中国教育信息化促进法＞的战略思考》的专题报告，深入交流了国内教育信息化的发展、教育信息化产业的标准化和法制化。

目前，智慧校园建设标准化已经引起研究者和行业的广泛关注。2014 年 9 月 5 日，陕西省教育厅、陕西省工业和信息化厅印发《陕西省智慧教育建设技术标准和数据规范》，②包含教育综合管理平台建设指导意见、教育基础数据标准、教育基础代码标准、教育基础数据交换规范、数字教育资源标准、教育教学服务平台建设规范、安全管理规范和运行维护管理规范。

全国信息技术标准化技术委员会教育技术分技术委员会暨教育部教育信息化技术标准委员会发布了指导类、学习资源类、学习者类、学习环境类、教育管理信息类、多媒体教学环境类、虚拟实验与学习工具类、电子课本与电子书包类 8 类标准文库，有力推进教育信息化标准化事业发展。

2012 年 3 月 15 日，为建立教育信息化标准体系，以保障教育信息化健康有序发展，实现数据互通、资源共享，教育部研究制定了《教育管理信息 教育管理基础代码》、《教育管理信息 教育管理基础信息》、《教育管理信息 教育行政管理信息》、《教育管理信息 普通中小学校管理信息》、《教育管理信息 中职学校管理信息》、《教育管理信息 高等学校管理信息》、《教育管理信息 教育统计信息》7 个教育信息化相关标准。

---

① 北京教育信息化产业联盟揭牌成立 [EB/OL]. http://www.edu.cn/info/focus/xs_hui_yi/201601/t20160126_1360714.shtml. 2016-01-26.

② 陕西省教育厅 陕西省工业和信息化厅关于印发《陕西省智慧教育建设技术标准和数据规范》的通知 [EB/OL]. http://www.snedu.gov.cn/news/jiaoyutingwenjian/201409/26/8395.html .2014-09-26.

2016 年，全国信息技术标准化技术委员会教育技术分技术委员会暨教育部
教育信息化技术标准委员会已经立项了 7 项教育行业标准项目，如表 8.5 所示。[①]

表 8.5　2016 年 CELTSC 教育行标立项项目

行标编号	提案名称	第一起草单位
CELTS-201601	《交互式电子白板教学资源通用文件格式》	中央电化教育馆
CELTS-201602	《交互式电子白板教学功能》	中央电化教育馆
CELTS-201603	《教育信息化指标》	华中师范大学
CELTS-201604	《高等学校智慧校园技术参考模型》	清华大学
CELTS-201605	《智慧教室》	华中师范大学
CELTS-201606	《教育信息化 对象标识符分配规范》	中央电教馆
CELTS-201607	《教育信息化支持服务》	华中师范大学

8.4.2　构建智慧校园智慧服务与管理平台

1. 智慧服务与管理平台的目标

智慧服务与管理平台的目标是：所有智慧校园资产的信息采集，建立设备
档案袋，并与国资管理系统共享设备维修、折旧率等信息，便于查阅；基础网络
可视化呈现，即实现对管线的智能维护（窨井、管道、线路编号，距离，位置）、
线上设备的拓扑结构生成和发现；路由交换设备的自动配置及应用管理和健康状
况展示（带宽、速率、流量、吞吐量）；智慧校园运行设备全方位监控；用户权
限便捷管理。云服务资源管理和服务提供(号码资源管理、统一认证计算资源提供、
服务器及存储系统监控管理)；应用系统使用状况监控（在线人数、时长、操作）；
数据中心环境监控；服务台服务流程及业务处理（统一认证接入服务、特殊需求、
报修）；问题处理（故障处理）。

2. 智慧服务与管理平台的设计原则

1）集成服务运维管理工具

集成服务管理工具包括服务台（呼叫应答、业务自助服务平台、交互语音应
答系统、电子邮件等）、系统管理工具与诊断工具（基础网络智慧管理系统、远

[①] 关于 2016 年 CELTSC 第一批教育行业标准立项的通知 [EB/OL]. http：//www.celtsc.edu.cn/content/ywjb
/26ef87d94e9981cf015355a5822a4447.html. 2016-03-08.

程桌面、支持 SNMP 的安全连接、路由测试工具等）、知识搜索（故障处理记录库）等。

自助服务平台可以让用户使用掌上校园等平台进行接入或 IP 等校内号码等资源的自助申请和使用后的账号信息查看、流量报警等。

而自动系统管理则可以对所管理设备进行自动化配置更新如带宽模板或者拓扑图自动更新，可以针对流量或带宽利用率等自动生成月报或年报表。

2）可视化管理

智慧校园管理中，可视化是对智慧校园的智慧管理对象和管理内容相关数据呈现的必然要求。可视化可以让运维管理人员清楚地了解数量众多的信息化资产如交换机、路由器、服务器、管道、综合布线、UPS、安全设备、安防设备、监控设备、环境调节设备、智能水表/电表等的配置、位置、资源利用率、运行状况、历史记录、档案等，在管理过程中，可以随时投射到大屏幕，或者通过短信预警功能对设备健康状况进行监控。

对地下管网的基于数据库和 GIS 的管理，可以依托物联网，可视化呈现校园地下管网布局、数量等，对线路维护和后期扩容非常有用；还可以通过可视化技术，呈现管线和设备运转状态监控如 CPU、内存、端口带宽利用率和流量状况、协议比例、用户类型流量排名等；可以通过 SNMP 等协议，自动绘制联网设备的物理或者拓扑结构，可视化呈现并判断线路状态。

3）基于物联网、大数据的智慧分析预测

管理的高境界是事前预防而不是事后的处理能力，新技术为智慧管理提供了手段。如基础网络智慧管理系统平台可以实时监测线路稳定性、衰减、带宽、丢包率等，利用大数据分析技术对线路进行流量和压力分析，智能调整线路带宽；通过协议利用情况数据，预测未来网络的热门应用；通过报修累计数据分析，对楼宇水电管道、线路健康状况进行预测以进行针对性例行检查等。

3. 智慧服务与管理平台的管理与服务内容

智慧服务与管理平台的管理与服务内容包括：智慧校园相关资产（设备、环境）档案袋（建立设备档案袋，进行其生命周期管理即设备履历表：询价、购买、使用、维护、报废，如编码、购买日期、厂家品牌规格、主件附件可选件等详细配置、价格、集成商、保修信息、采购合同、位置变更、配置变动、运维记录、故障记录、责任人等）、运行设备自动配置、其他服务与应用健康监控、数据中心环境监控、基础网络可视化管理、业务（故障、事件、问题）处理、用户信息与权限管理、知识中心（业务处理流程与规范、故障处理经验）、问题与故障预测（如流量高峰预警、故障高发预警、病毒预警等）、计算资源和容量规划与预测。

4．智慧服务与管理平台模型设计

基于上述分析，设计智慧服务与管理平台模型，如图 8.4 所示。

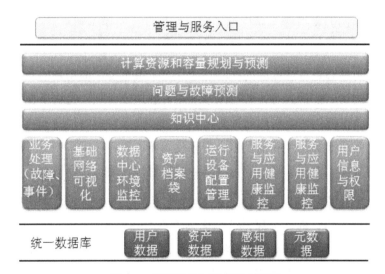

图 8.4　智慧服务与管理平台模型

8.4.3　确立智慧校园运维管理规范化流程

传统意义上的 IT 运维管理是指 IT 运维部门综合利用各种 IT 运维支撑工具，确保 IT 基础设施和应用系统稳定、安全、高效、经济运行的过程。主要包括 IT 基础设施运维管理、IT 应用系统运维管理、系统安全管理、接入服务、内容信息服务管理及综合管理等。

早期的校园信息化系统借用同行的概念，也称为运维，即运行维护。校园信息化系统运维管理即通过管理主体在管理制度要求下，形成管理方案，明确管理

内容，并采用相应的管理技术或管理手段，对管理对象实施系统建成交工后的维护和管理，保证系统稳定运行以服务于教学、科研、服务提供。在此过程中，强调技术支撑，如人员的技术水平、工具的技术成熟度、完善程度等，因此用到基于 SNMP（简单网络管理协议）的管理软件监控网络中设备的运行情况或查看带宽等资源利用率。相对规范的运维制度多借鉴电信运营商或服务提供商，基于流程或基于对象、内容对机构或运维人员分工，各学校之间从机构、人员到流程差别较大，各校在实践中根据实际情况进行探索，不存在专门针对学校或教育行业的国家标准对校园信息化系统运维进行规范或指导。教育信息化发展到智慧校园阶段，这种不规范的运维很难适应对智慧校园智慧管理的要求。

对智慧校园的管理要通过规范化的流程进行，即通过确定管理对象和内容、制定服务时限、划分故障级别及相应时间，确立规范化流程。

以服务为中心是智慧校园的核心理念，技术很重要，但用户需求最终成为采用何种技术的第一依据。对智慧校园系统的智慧运维管理，是为了让智慧校园发挥其网络化、智能化、数据化的优势，更好地体现大数据时代信息技术的深层次应用效果，保证智慧校园基础设施、智慧校园环境和各应用系统更好地运行，保证校园中的数据、教学、管理等各项事务取得最好效果。而要使得对智慧校园的管理达到智慧的效果，就要确立管理规范化流程。

对智慧校园的管理，主体是信息化领导小组领导下的信息化专职管理人员、职能部门智慧校园各应用和服务系统的负责人；管理对象可以细化为：基础网络、数据中心（进一步细化为服务器硬件、网络、安全、存储、环境、接入、认证和审计）、一卡通系统、能源监管系统、视频监控系统、统一门户与子网站开发、应用与服务子系统、数据；管理内容是细化的管理对象稳定智慧运行所必需的管理与技术手段的现实化，也是管理人员工作分工的基础。基础网络需要绘制拓扑结构图、管线图，例行检查、月报、年报，检测综合布线的连通情况如衰减、丢包率，带宽的用户模板，有线、无线接入点配置、IP 地址分配管理，路由交换设备、GPON 接入设备的日常维护及其配置管理，管理智慧体现在配置、报表的自动完成上，线路及设备健康状况的自动监测，网络拓扑的自动生成，管理内容的可视化，用户接入自助服务等。

智慧校园的功能简单来说只有一个，即服务，而且是对全校师生及职工无差别的服务。根据 2005 年 3 月信息产业部发布的《电信服务规范》，根据该规范及实际情况，制定智慧校园服务时限，如表 8.6 所示。

表 8.6　智慧校园服务时限

服务类别、名称	申请通过时间	服务方式	举例
接入服务	即时开通	自助、人工	无线接入
E-mail 等全局号码申请	即时开通	自助、人工	
应用系统培训			
故障报修	个别 2 个工作日，局部或全局 2 小时	平台处理、人工	
业务变更	即时	自助、人工	部门调转
应用系统账号申请	自助即时开通，人工 1 个工作日	默认分配、自助	一卡通

故障内容、级别划分。智慧管理智慧校园的一个重要方面是智慧故障处理，一方面可以通过智慧管理平台发现和预警故障——如带宽占用率高导致网速变慢，线路某处出现物理中断或衰减变大——并处理故障如带宽智能调配即线路负载均衡和详细定位难以通过平台处理的故障的位置、故障类型等；另一方面要保证线路或系统的通信质量指标（反映通信准确性、有效性和安全性的，主要反映技术因素的一组参数），对于平台无法智能处理的故障或人为安全事故，要确定处理流程和处理办法。这就要求对智慧校园故障内容进行技术确认。同时，根据管理制度和故障影响范围或严重程度，进行故障级别划分，针对不同内容、不同级别的故障，给出不同的处理方式或处理模式。参考《中华人民共和国计算机信息系统安全保护条例（国务院令第 147 号）》[1]、《信息安全等级保护管理办法》、[2]《计算机信息系统安全保护等级划分准则》《电信服务规范》[3]，考虑智慧校园的特殊性，就故障影响范围及恢复技术复杂度、时长，制定智慧校园的故障级别及相应故障内容，将智慧校园的故障级别分为三级，如表 8.7 所示。

---

[1] 中华人民共和国公安部. 中华人民共和国计算机信息系统安全保护条例（国务院令第 147 号）[EB/OL].http://www.mps.gov.cn/n16/n1282/n3493/n3778/n492863/493042.html.2014-09-16.

[2] 中华人民共和国中央人民政府. 公安部等通知印发《信息安全等级保护管理办法》[EB/OL].http://www.gov.cn/gzdt/2007-07/24/content_694380.htm. 2014-09-16.

[3] 中华人民共和国信息产业部. 电信服务规范（中华人民共和国信息产业部令第 36 号）[EB/OL]. http://www.miit.gov.cn/n11293472/n11294912/n11296542/12154546.html.2014-09-17.

表 8.7　智慧校园的故障级别

故障级别	故障内容	影响范围	处理流程	恢复技术复杂度	恢复所需时长
一级（重大故障）	出口线路或设备，全局或核心设备，数据中心断电，DNS 故障，统一门户服务故障，掌上校园故障，统一认证故障，统一数据存储故障，E-mail 故障，关键应用故障	全局	得到预警或发现故障后上报，然后按流程处理	故障判断有时需要人工，有时需要联系运营商或集成商或生产商，故障处理较为复杂	2 小时以内或根据运营商、集成商、生产商的合同相关条款确定
二级（中度或局部故障）	应用系统故障，楼宇断电或楼宇汇聚或接入设备或线路故障	局部	信息化专职人员、智慧校园管理人员按流程处理	故障判断一般不需要人工，故障处理较为简单，个别时候需要联系集成商或生产商	4 小时以内或根据集成商、生产商的合同相关条款确定
三级（微小或个别故障）	用户终端故障，个别接入故障，信息模块	个别	管理维护人员按流程处理	故障判断容易，技术复杂度低	8 小时
其他					

　　管理规范化流程是以确定的方式执行或发生的一系列有规律的行动或活动，主要通过技术手段进行规范化管理。持续改进的智慧服务与管理如图 8.5 所示。

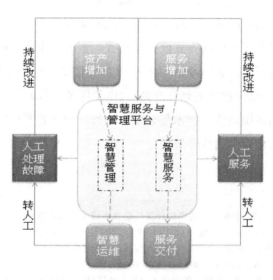

图 8.5　持续改进的智慧服务与管理

8.5 智慧校园协同效应

8.5.1 智慧校园协同发展与协同效应

在智慧校园推进过程中，包含智慧校园规划与设计、实施建设方案、管理与维护、应用推广、评估与反馈五个关键环节。这五个关键环节各自的构成要素及彼此之间相互协调与合作，共同构成智慧校园推进的整个过程，在智慧校园协同机制的作用下，产生智慧校园协同效应，促进智慧校园协同进化，最终促使智慧校园协同发展。

智慧校园推进的过程是数字校园协同发展的过程。智慧校园协同发展模型如图 8.6 所示。智慧校园协同机制、协同效应、协同进化之间相互发生作用，共同促进智慧校园协同规划、建设、管理、应用和评估，最终实现智慧校园协同发展。

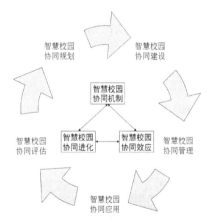

图 8.6 智慧校园协同发展模型

智慧校园在协同管理的作用下产生协同效应，是智慧校园建设与发展的理想效果，是智慧校园建设者追求的永恒目标。智慧校园协同效应的产生依赖于协同机制发挥协同作用，促使智慧校园系统及构成要素的有效整合。

智慧校园协同效应是智慧校园系统及构成要素之间相互协调、相互作用所表现出来的整体效应。这里的整体效应是指智慧校园系统及构成要素之间协调一致，形成协同行为所表现出的效应，而非智慧校园各个子系统所表现出的效应之和。

按照智慧校园系统及构成要素协同范围的不同，智慧校园协同效应可分为校内协同效应和校际协同效应。智慧校园校内协同效应是指智慧校园系统内部诸要素，以及与学校教育系统、校园文化系统、现实校园系统等构成要素之间协调一致产生的效应。智慧校园校际协同效应是指不同智慧校园系统之间，或与社会教育系统、家庭教育系统等相互作用产生的效应。也就是说校内协同效应主要发生在某所学校智慧校园内部，而校际协同效应主要发生在不同学校的智慧校园之间或整个社会背景下。智慧校园校际协同效应表现出来的主要是智慧校园发展的群体效应或区域效应。

8.5.2 智慧校园协同效应实现的作用机制

智慧校园协同效应的实现依赖于协同机制充分发挥协同作用，但是协同机制不是孤立存在的，它与智慧校园建设中的其他机制互相依存、互相依赖，并促进其他机制之间的相互联系。智慧校园协同机制的运行主要依靠智慧校园领导机制、保障机制、管理机制、安全机制、激励机制、评估机制、资源共享机制、服务机制 8 种机制的相互作用、相互联系，共同发挥各自的功能和作用，最终产生智慧校园的协同效应。

智慧校园协同效应实现的作用机制如图 8.7 所示。在协同机制的作用下，智慧校园的这 8 种机制紧密联系在一起，促使智慧校园系统及构成要素之间的相互沟通与交流，实现各类资源的优化配置与共享。

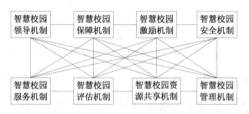

图 8.7　智慧校园协同效应实现的作用机制

1. 智慧校园领导机制

智慧校园领导机制是指以什么样的领导方式组织团队进行智慧校园建设。智慧校园领导机制协调领导者、被领导者和领导环境之间的关系，使它们相互协调而发挥作用。形成良好的智慧校园领导机制有利于凝聚智慧校园建设团队，充分发挥每个成因的潜力，提高成员个体与整个团队的绩效，从而高效、高质量地完成智慧校园建设任务。

从智慧校园建设的领导主体来看，主要有三种类型的智慧校园建设，即"技术人员主导的智慧校园建设、管理人员主导的智慧校园建设、教研人员主导的智慧校园建设"。目前，技术人员主导的智慧校园建设最多，也就是说智慧校园建设主要由技术部门牵头；管理人员主导的智慧校园建设较少，也就是说业务部门牵头的智慧校园建设较少。这三种类型的智慧校园建设的优缺点如表 8.8 所示。

表 8.8　三种类型的智慧校园建设的优缺点比较

	优　点	缺　点
技术人员主导的智慧校园建设	有利于新媒体与新技术的应用推广，便于智慧校园的运行维护与升级改造，充分体现智慧校园的技术特性	容易过多追求媒体与技术的先进性，对智慧校园的管理，以及学与教的支持服务关注不够
管理人员主导的智慧校园建设	有利于智慧校园实现精细化管理，充分体现智慧校园的管理服务功能	容易过多追求智慧校园的管理服务功能，对新媒体与新技术，以及对教学、教研的服务支持关注不够
教研人员主导的智慧校园建设	有利于充分体现智慧校园对学与教、教学研究的服务支持，彰显为学生和教师服务的核心价值	容易过多追求智慧校园对教学、教研的服务支持，对新媒体与新技术、管理服务功能关注不够

目前，高校多是技术人员或管理人员主导智慧校园建设，几乎没有教研人员主导的智慧校园建设；中小学技术人员或管理人员主导的智慧校园建设也占较大比例，同时也有一些教研人员主导的智慧校园建设。这种现象的出现，与有些中小学的信息化队伍比较薄弱具有一定的关系，教务处或教研室的人员承担了更多的信息化应用推进任务。事实上，这种业务部门牵头的智慧校园建设，更有利于满足学校的教育、教学需求，从根本上体现学生和教师的现实需求。

从智慧校园建设的成功经验来看，智慧校园建设的领导工作必须由校长或副校长主管，唯有校长或副校长才可以协调、组织学校各部门的资源，排除智慧校园建设中遇到的各种障碍，举全校之力推进智慧校园建设。除了由校长或副校长协调推进智慧校园建设之外，学校还可以尝试设置 CIO（Chief Information Officer）职位的方式，由 CIO 负责推进学校的智慧校园建设工作。无论是校长或副校长，还是 CIO 都应该具有很强的组织协调能力，具有很强的教育信息化领导力，能够准确地把握智慧校园的建设内容与未来发展趋势。

　　智慧校园建设的主管领导对待智慧校园的价值期望，以及对待智慧校园建设团队成员的行为模式，都会影响智慧校园建设工作的推进。领导者期望通过建设智慧校园创新与变革学与教的方式、提高教育管理水平、提升学校的整体水平的愿望越强烈，越有利于高效推动智慧校园建设工作。领导者对智慧校园的价值期望，可以转换为组织、协调智慧校园建设的推动力，以信念和行为的形式表现于领导智慧校园建设的过程。智慧校园建设团队的整体绩效在很大程度上取决于领导者的领导方式是否得当。在智慧校园建设中，领导者与被领导者之间发生影响和作用的方式不容忽视。

　　智慧校园建设是一种集体行为，是一种很复杂的活动，需要"集权型领导"与"分权型领导"方式相结合。有些智慧校园的工作任务需要由领导者决定，然后布置给下属完成；也有些工作任务领导者只需决定目标和任务的方向，激励下属在充分的自由空间内创造性地完成任务。从协同学的理论看，领导者过度干涉下属的工作任务会造成工作任务协同困难，因而延缓任务完成的时间，不利于充分挖掘下属的潜力。在智慧校园建设过程中，领导者宜采取民主型的领导方式，领导者通过交谈、会议等方式与下属交流思想，全面听取智慧校园建设专家的各种建议和智慧校园用户的各种需求，以提高智慧校园建设决策的准确性和科学性，培养智慧校园建设参与者的主人翁精神。

2. 智慧校园保障机制

　　智慧校园保障机制可以为智慧校园建设顺利开展提供必要的支撑和支持。在智慧校园建设中，主要保障措施有经费保障、人员队伍保障、政策法规与规章制度保障等。不同学校的智慧校园在保障机制方面存在较大的差异，这也是智慧校园建设与发展水平存在较大差距的主要原因之一。

　　智慧校园建设中是否有持续性的经费投入，关系到智慧校园能否实现可持续发展。目前，只有少部分学校在智慧校园建设经费方面比较充裕，每年有持续性的经费投入，大部分学校以项目的形式建设智慧校园，项目的结束则意味着建设经费用完。这种以项目的形式进行智慧校园建设，经费投入多是短期行为，而且软硬件基础设施经费预算较多，资源建设、管理与维护、人才队伍培训等方面的经费投入明显不足，不利于智慧校园的长期可持续发展。

智慧校园建设需要有专项经费支持，经费的投入需要列入常规，改变单靠项目的经费投入方式。智慧校园建设专项经费的设立和使用问题是一个亟需解决的问题。在实地调研中发现，有的学校反映购买硬件用信息化经费比较容易申请，而购买软件、建设资源等方面的经费比较难申请。这反映出经费使用的结构性问题，随着信息化基础设施的逐渐完善，资源建设和师资培训等方面的费用要加强。

在智慧校园建设人员队伍保障方面，各学校存在较大差距，有的学校信息化队伍比较薄弱，专业化程度不高。相对于高校而言，中小学的信息化队伍更为薄弱，在岗位设置、职称评定、工资福利、队伍年轻化等方面存在较多需要解决的问题。在实地调研的区县中，发现中小学信息化队伍建设是一个共性问题。网络管理员的问题主要表现在：网络管理员的岗位不明确，出现身兼数职的现象，如司机、信息技术教师等；网络管理员待遇低，队伍流动性大，难以留住优秀人才；网络管理员整体业务素质不高，难以适应学校信息化发展的需求等。除网络管理员外，学校领导的信息化素养也需亟待提高。从国外教育信息化发展的经验来看，一个学校的信息化领导力的高低直接影响着信息化建设的水平。而学校领导的信息化水平直接影响着学校的信息化领导力。培养一批信息化水平较高的学校领导势在必行，也是切实可行的，这必将会有力推动学校的信息化发展。

在政策法规与规章制度保障方面，除国家、省、市、区/县的智慧校园相关政策与规章制度之外，很多学校自己制定了一些极具个性化特色的规章制度。从国家、省、市，到学校的智慧校园相关政策法规与规章制度，从宏观到微观，越来越具体，越来越具有针对性和可操作性。随着智慧校园的逐步发展，会面临新的问题，相关的政策法规与规章制度也需与时俱进。

目前有关智慧校园建设的规章制度很多，但是缺乏上升到法规的高度对其进行约束。政策法规比规章制度具有更强的约束力，更利于规范和支持智慧校园建设。最典型的例子就是智慧校园专项建设经费没有相关的法规依据，没有明确专项经费应该在教育经费中所占的比例。《国家中长期教育改革和发展规划纲要（2010—2020 年）》明确提出："要逐步提高国家财政性教育经费支出占国内生产总值（GDP）的比例，到 2012 年达到 4%。"智慧校园建设专项经费的持续性投入，也需要政策法规的保障。

3. 智慧校园激励机制

建立智慧校园激励机制可以充分调动智慧校园建设参与者的积极性，促进智慧校园建设工作的顺利开展，提高智慧校园的应用水平。然而，智慧校园激励机制尚未引起智慧校园建设实践者的广泛关注。

智慧校园激励政策主要有两种，即针对组织机构的激励政策和针对个体的激励政策；与此对应主要有两类激励措施，即针对组织机构的激励措施和针对个体的激励措施。在智慧校园建设中，常见的激励措施主要有：①对智慧校园建设先进学校和个人进行表彰，如给予"智慧校园建设示范校"、"智慧校园建设先进个人"等荣誉称号或薪酬奖励；②将参与智慧校园建设与运用智慧校园展开各项工作的情况纳入教职员工的绩效考核；③设立智慧校园研究课题，以"科研立项"的方式鼓励对智慧校园的建设和应用进行研究；④举办智慧校园建设学术研讨会，对有关智慧校园的研究成果进行奖励，促进智慧校园建设研究者与实践者之间的沟通与交流；⑤为智慧校园建设的参与者提供各种培训，提高他们的业务能力和业务水平。这些激励措施，有些措施需要上级主管部门制定政策组织实施，有些需要学校自己制定政策组织实施。

4. 智慧校园安全机制

随着信息化社会的快速发展，网络生活已经成为人们必不可缺的生活部分，网络信息安全也成为信息社会中备受人们关注的问题。如今，计算机病毒已经形成了从制造、传播到收益的一个新兴灰色产业链，病毒产业规模多达百亿元。近年来，病毒传播越来越隐性化，病毒攻击也从以往的网页式攻击，逐渐转向了窃取个人信息和获取金钱利益，网购人群成了病毒集团的重点攻击对象。网络信息安全不仅给人们带来经济损失，而且给青少年的身心健康带来伤害。

智慧校园高度集成了学生、教师和教育管理者等用户的个人信息，包括个人资料、考试成绩信息、综合评价信息等，尤其是一卡通将银行、公交集团、图书馆、后勤集团、超市、校医院等机构联系在一起，具有消费结算、身份识别、注册报道、图书借阅等很多功能，虽然极大程度地方便了用户，无形之中也带来安全隐患。智慧校园的安全问题面临严峻的挑战，需要建立安全机制、营造绿色的网络空间，确保学生、教师等个人信息安全，为教育资源的共享和教学活动的顺利开展提供支持。

无线网络具有安装、使用便捷的特点，实现了通信的移动化和个性化，成为很多学校网络部署的首选方式，但是由于其自身的特点而具有了不可避免的安全问题，例如，传输层容易受到安全攻击；相同频率的干扰信号会干扰网络的正常运行，造成通信信息的中断；未授权用户盗取密钥非法登录网络等。为了保证无线网络的通信安全，通常采用网络信息加密、用户身份认证、网络信息的多级访问控制等策略。

智慧校园中的网络信息安全不容忽视，建立安全机制是智慧校园安全运行的重要保障。一般情况下，高校拥有强大的信息化队伍，在网络信息安全方面投入的经费较多，具有较好的网络信息安全保障；而中小学信息化队伍比较薄弱，在网络信息安全方面投入的经费较少，存在较多的信息安全隐患，更需加强信息安全保障。目前，从很多中小学的智慧校园建设方案及实地调研情况来看，很多学校对智慧校园的信息安全问题重视程度明显不够。

智慧校园中的安全问题主要有：网络通信安全，如防控计算机病毒、校园网络带宽的非法占用、未授权用户的非法登录、用户信息的泄漏，以及试卷库、科研资料的被盗等；网络空间安全，如为用户提供绿色上网空间，阻止垃圾邮件、不良信息的传播等；信息网络中心、计算机机房、数字实验室等基础设施的防火、防盗等。为了保障智慧校园的安全，需要有完备的智慧校园安全管理制度和措施，建立安全管理小组或安全管理委员会，同时充分利用智慧校园的安全管理和监控功能，如信息数据的自动备灾、网络安全监控与流量自动分配等。

5. 智慧校园管理机制

智慧校园管理机制是智慧校园管理系统的组成结构及运行方式。一般情况下，智慧校园的管理组织机构应该成立智慧校园建设领导小组和专家委员会，专家委员会对智慧校园建设的整个过程进行指导，提供参考性建议；并设置智慧校园建设办公室作为智慧校园领导小组的工作机构，负责全面协调智慧校园建设参与人员，促进学校内部各科室、智慧校园建设承担单位和监理单位之间的沟通与联系，共同推进智慧校园建设的各项工作；为了更好地推进智慧校园建设，可以建立智慧校园战略规划小组、建设实施小组、安全管理小组、应用推广小组、评估反馈小组等若干个工作小组。通过这些工作小组的协同工作和共同努力，为学校内外的智慧校园用户提供优质服务。

由于智慧校园建设涉及的组织机构和人员较多，具有协调困难的潜在诱因，而且目前无论是在高校还是中小学很多工作的开展还是主要依靠行政力量的推动，因而智慧校园建设办公室需要具有较高的行政地位，同时，智慧校园建设的主管领导需要具有很强的组织协调能力。智慧校园管理机构的组建是否合理，及其领导小组和工作小组职责的准确定位，以及上下级领导和各部门之间的良性互动，都影响到智慧校园管理机制的形成。

智慧校园管理包括对智慧校园建设团队（或信息化队伍）的管理，也包括对智慧校园自身的管理，如对智慧校园规划与设计、建设实施、信息安全、应用推广、评估等内容的管理，同时还包括利用智慧校园作为工具对数据、信息、知识与智慧的管理，以及对学生、教师、教学的管理。智慧校园建设团队管理是整个智慧校园管理的基础，拥有了优秀的建设团队、团队成员之间高效协作，才有利于智慧校园各项管理活动的有序开展，充分发挥智慧校园的管理功能。

智慧校园管理制度的完善程度及其执行情况，以及智慧校园主管领导在实施领导行为时所采用的具体形式和手段，也会对智慧校园管理机制的形成产生影响。智慧校园管理制度是在智慧校园建设实践中逐步完善和形成的，纵览很多高校和中小学的智慧校园建设方案，高校智慧校园管理制度普遍较为完善，很多中小学智慧校园建设方案中仅是提及建立完善的智慧校园建设、运行、信息安全等管理制度，还并未制定出切合本校实际情况的各种管理制度。智慧校园管理制度的建设和完善不能一蹴而成，需要在研制智慧校园建设方案时就预先考虑设计所需的各种管理制度，并随着智慧校园各项建设活动的开展，逐步修改和完善管理制度。

不同学校的智慧校园主管领导有不同的领导风格，例如，有的领导者偏向于将管理权力集中于自身，对待下属非常严厉，凭个人主观判断，强力推行各项政策和工作任务，遇到贯彻执行困难，多归罪于下属，不善于寻找原因；有的领导偏向于将管理权力分给下属领导，只追求效果，很少关注过程和细节，对待下属比较随和，善于听取大家的建议，主要行动和决策依靠集体协商，鼓励下属积极参与。不同的领导风格会形成不同的管理风格，如指令式、教练式、团对式、授权式等管理风格。这些管理风格映射到智慧校园管理实践中，则会形成不同的智慧校园管理方式。每个学校的学校传统、领导氛围、学生和教职员工特点等均不同，因而不存在适合任何一所学校最佳的领导方式和管理方式，智慧校园的领导方式和管理方式也需因校而宜。

6. 智慧校园资源共享机制

教育资源共享，尤其是优质教育资源共享是教育领域中的热点词汇，然而真正实现优质教育资源共享并非易事。尽管我国启动了很多资源共享工程，建设了大量的优质资源共享平台，如国家精品课程共享服务信息平台、CALIS 重点学科网络资源导航门户、中国知识基础设施工程（CNKI）等，很多省、市建立了教育信息资源网站，很多学校建设了大量的网络课程，教育资源共享的程度已经明显提高，但是还远不能满足人们对优质教育资源共享的需求，现有各级各类共享资源的利用率还有待进一步提高。为了促进优质教育资源的共享和应用，《国家中长期教育改革和发展规划纲要（2010—2020 年）》明确提出了"建立开放灵活的教育资源公共服务平台，促进优质教育资源普及共享"。优质教育资源共享是当前教育领域最迫切的需求，也是推动教育公平发展的重要手段。实现优质教育资源共享，需要建立良好的资源共享机制，而且需要资源共享机制能够很好地发挥作用。

伴随着教育信息化的快速发展，校园的数字化程度越来越高，智慧校园的理念应运而生，同时被赋予了整合与共享优质教育资源的重任。智慧校园的快速建设与发展，为优质教育资源共享提供了更多的机会和可能性。智慧校园以其很强的集成性和交互性将学校内分布在各科室和优秀教师的资源，以及家庭和社会中的各种资源整合在一起，为学生和教师提供丰富的教育资源。

从优质教育资源的类型看，可共享的优质教育资源有：人力资源，如优秀教师、教育信息化人才等；管理资源，如管理人才、管理技术、管理信息、管理知识等；教育、教学资源，如各种素材库、案例库、试题库、网络课程、视频讲座资源、科普资源等；科研资源，如各种研究用资料数据、期刊和会议数据库、学科资源网站等；数字化设施设备，如网络打印机、仿真实验室、多台计算机联网共享以实现云计算或 GPU（Graphic Processing Unit）高性能计算机集群等。不同类型的优秀教育资源的共享方式也不同，以人力资源的共享为例，优秀教师可以利用视频会议系统实现远程实时授课，让其他学校的学生实时聆听优质课程；网管员、智慧校园专家等教育信息化人才可以利用协同办公平台对其他学校的智慧校园建设中遇到的各种问题进行远程指导或协同完成某项工作任务。

从课程共享成功案例的经验来看，实现优质教育资源的共享，需要建立完善的资源共享机制。教育资源共享机制的建立涉及资源共享的政策与制度、资源共享技术、各相关方的利益基础、共享资源的版权保护四个关键要素。资源共享的政策与制度是实现资源共享的重要保障，也是开展资源共享各项工作的依据。目前，随着网络通信技术、物联网技术、多媒体技术、Web 技术等相关技术的快速发展，技术支持已经基本上能满足资源共享的需要。以 Web 技术发展为例，Web 1.0 实现了信息共享；Web 2.0 实现了信息共建；Web 3.0 汇集了人类智慧，促进了隐性知识的显性化，实现了知识传承；Web 4.0 将会实现知识的自动推送与分配，便于人们在海量的信息中获取所需的信息；Web 5.0、Web 6.0 的出现，将仿真人类社会，在数字空间里建立"虚拟社会"，使物联网和互联网紧密融合在一起，促进所有物品与网络的连接，便于人们的管理与控制。

资源共享的重要前提是协调各相关方的利益关系，使各相关方的利益不受损，或可以共同获取利益。在资源共享中，通常存在有偿共享和无偿共享两种方式。此外，共享资源的版权保护也非常重要，很多教师不愿意共享自己的优秀资源，其中很重要的一个原因就是担心资源共享后的版权保护问题。

7. 智慧校园评估机制

对智慧校园进行评估，可以发现智慧校园建设与发展中存在的问题，共享成功的经验，确定智慧校园的发展水平，为研制智慧校园未来发展战略提供参考依据。

然而尽管研究者对教育信息化评价或智慧校园评价进行了很多研究，研制了很多评价指标体系，很多学校并未重视评估对智慧校园发展的重要性。绝大部分学校还未将智慧校园评估列入常规工作。智慧校园评估不只是上级教育主管部门的工作，更需要学校自己进行独立评估，以更好地促进智慧校园建设与发展。智慧校园的服务对象主要为学生、教师和教育管理者等用户，更需要从用户的角度，以用户的切身体验评价智慧校园的服务能力与服务水平。

智慧校园评估涉及组建评估小组，确定评估定位、评估原则与评估维度，研制评价指标体系，选择评估方法，实施评估，撰写评估报告等众多内容。建立良好的智慧校园评估机制，可以将这些评估活动有机组合在一起，高效完成智慧校园评估任务。以北京市中小学智慧校园评价指标体系的研制为例，其形成了较好的"教育主管部门－智慧校园建设学校－评价指标研究项目组－专家组"多方互动机制，以保障所构建的智慧校园评价指标体系的科学性和可操作性。专家组由教育学、教育技术学、教育管理等不同专业背景和教师、校长、网络中心、教务处、教研室等不同工作背景的专家组成，从而有利于多角度的汇集各位专家对智慧校园评估的建议。

8. 智慧校园服务机制

智慧校园建设与发展的根本目的是为学生、教师和教育管理者等用户提供优质的服务，用数字化手段最大限度地满足用户的需求。建立智慧校园服务机制，为用户提供优质服务，可以赢得用户对智慧校园的青睐，使智慧校园充分发挥功能与效益。

智慧校园服务机制涉及智慧校园的服务形式、服务内容、服务能力、服务水平、服务费用等内容。从智慧校园服务形式的自动化程度上看，智慧校园所能提供的服务形式主要有人工服务、半自动化服务、自动化服务三种服务形式。例如，用户遇到的各种应用系统或设备使用问题，需要信息化服务人员给予人工解答；学生成绩的统计分析，需要在人工输入的情况下实现自动化分析处理；信息网络安全的监控与管理可以完全实现自动化。智慧校园所能提供的服务内容主要有：E-mail 和 FTP 空间服务，信息查询与检索，教育、教学资源共建共享，设备设施共享，学生学籍、学习成绩、综合评价等信息数据统计与管理，跨部门的协同办公，实验数据的统计分析与处理，信息网络安全、校园安全、水、电等智能化自动监控与报警，图书借阅、场地借用管理，校园一卡通的银行转账、注册报到、身份识别、考勤、交费、购物、娱乐等。

智慧校园的服务能力与服务水平密切相关，服务能力越强则意味着服务水平越高。智慧校园服务能力的强弱与服务水平的高低，最终反映在用户的使用体验上。智慧校园用户满意度是衡量智慧校园服务能力与服务水平的重要标准。智慧校园服务费用是用户比较关注的内容，一般情况下，智慧校园服务是有偿服务与无偿服务相结合的方式，根据服务内容的不同或涉及利益相关方的不同，确定其服务费用。

智慧校园服务包含学校信息化队伍提供的服务和智慧校园提供的服务两部分内容。信息化队伍负责智慧校园的规划与设计、建设实施、管理与维护、应用推广、评估等工作内容。通过信息化队伍的协调合作、齐心协力，明确信息化队伍成员的服务职责，强化他们的服务意识，激发他们的服务动力，同时引入服务监督机制，才有利于智慧校园各项工作的开展，建成符合学校实际情况与发展需求的智慧校园，从而使智慧校园为各类用户提供最优质的服务。

8.6 智慧校园评价

8.6.1 智慧校园评价的业务流程

智慧校园评价是智慧校园建设过程中的一个重要环节，智慧校园评价业务流程如图 8.8 所示。一般情况下，首先需要组建智慧校园评价小组，由评价小组明确评价定位、确定评价的基本原则、确定评价内容，进而构建智慧校园评价指标体系，选择评价方法，实施智慧校园评价，如果评价指标体系存在问题则需要修改评价指标体系重新进行评价，如果评价指标体系良好则分析汇总评价数据，撰写智慧校园评价报告。

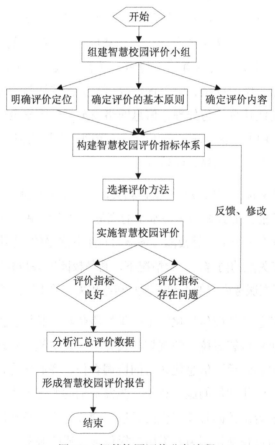

图 8.8 智慧校园评价业务流程

8.6.2　智慧校园评价定位

智慧校园评价定位为水平评价和诊断性评价，即判定智慧校园的建设水平，发现智慧校园建设和发展中存在的问题，并给出改进方案。在评价中，不建议给智慧校园划分优秀、良好、合格、不合格四个等级，取而代之采用"星级"标识法区分不同智慧校园的建设水平。根据智慧校园的建设情况和应用，可以把智慧校园建设分为一星级智慧校园、二星级智慧校园、三星级智慧校园、四星级智慧校园和五星级智慧校园。

8.6.3　智慧校园评价目的

智慧校园评价对于促进智慧校园的发展具有重要的作用。通过评价可以及时发现智慧校园建设中的问题，从而能够及时给予建设性的指导性意见，以促进智慧校园更好地发展，更好地有效支持学校各项业务的开展。

对智慧校园评价主要有如下目的。

（1）从国家、省市和区县层面来看，通过智慧校园评价，国家、省市和区县可以全面了解智慧校园的整体推进情况，以及在具体建设中存在的共性问题等，以便在政策上给予引导和支持。

（2）从学校层面来看，通过智慧校园评价，学校可以发现智慧校园建设中存在的问题或不完善的地方，以便更好地提出改进措施，保证智慧校园建设沿着正确的轨道运行。

（3）从经验共享的角度看，智慧校园评价是发现各个区县、各个学校智慧校园建设经验的重要手段。通过评价发现的智慧校园建设的经验，可以在其他学校推广应用。

8.6.4　智慧校园评价原则

智慧校园评价应遵循如下原则。

（1）独立性原则。智慧校园评价应排除各方面和各种形式的干预独立地进行。

227

参与评价的人员应该恪守评价的纪律和职业道德,不与被评价学校发生利害关系,依据智慧校园评价标准体系和可靠的数字资料,作出完全独立的评定。

(2)客观性原则。参与智慧校园评价的人员应该具有公正、客观的态度,严格按照智慧校园评价指标体系进行评价,评价结果有充分的事实依据。智慧校园评价后给出的指导性改进意见,切实可行,能反映智慧校园建设和发展中存在的问题。

(3)科学性原则。智慧校园评价过程中,必须依据智慧校园水平评价和诊断性评价定位,采用科学的评价方法,制定科学的评价方案。

(4)可操作性原则。可操作性是智慧校园的评价的一项重要原则。没有可操作性的评价是没有任何意义的评价。

8.6.5 智慧校园评价方法

智慧校园评价可以采用如下方法。

1. 自评与他评相结合的方法

自评是指学校依据市级发布的智慧校园评价指标体系进行自我评价。

他评包括智慧校园专家的评价和智慧校园用户的评价。智慧校园专家由市级教育部门指定,并委托其完成智慧校园评价任务;智慧校园用户主要有学生、教职工、家长、管理者(智慧校园管理者、学校中层领导及校长等)。

2. 网络评价与现场评价相结合的方法

网络评价,即智慧校园的评价人员在线查询智慧校园的建设情况和运行情况。

现场评价,即智慧校园的评价人员可以根据实际需要,到学校现场了解智慧校园的建设情况,听取智慧校园用户在智慧校园使用中存在的问题。

3. 全面评价与重点评价相结合的方法

智慧校园的评价涉及智慧校园基础设施、智慧校园资源建设、智慧校园应用水平、智慧校园保障机制等各个方面,在评价中不可能面面俱到、一视同仁。教育信息化发展到了重视应用的阶段，智慧校园的建设也是如此。在智慧校园评价中，重点突出评价智慧校园的应用水平。应用水平不高的智慧校园，即使建设投入资金很多，基础设施相当完备，也不是一所高水平的智慧校园。在智慧校园评价中，重要指标将给予特殊控制。

4．静态评价与动态评价相结合的方法

智慧校园的评价，既要重视评价期间智慧校园的建设和应用情况，又要重视智慧校园日后的建设和应用情况。评价中要关注智慧校园是否真正发挥了效益，是否真正支持了教育教学改革，是否真正提升了学校的办学水平。在智慧校园发展中，动态评价智慧校园具有重要的意义。

8.6.6　智慧校园的评价指标体系

目前，专家学者已经对智慧教育、智慧校园的建设标准和评价指标体系展开了研究，研制出了一些具有代表性的成果。2015 年，江苏省发布《江苏省职业学校智慧校园建设评价指标体系（2015 版）（征求意见稿）》[①]，职业学校智慧校园建设评价指标分为师生发展、应用服务、数字资源、基础设置、组织保障 4 个一级指标，学生发展、教师发展、校长领导力等 28 个二级指标。2015 年 3 月 23 日，深圳市发布《深圳市中小学"智慧校园"建设与应用标准指引（试行）》[②]，该标准指引根据科学性、前瞻性、创新性原则，兼顾可操作性和突出应用的特点，分为基础支撑环境、数字教育资源、应用能力水平、可持续发展机制与保障 4 个一级指标，基础设施、网络空间、信息化应用系统等 17 个二级指标。

智慧校园评价指标体系，由智慧领导力、智慧环境、智慧资源、智慧学习和智慧教学、智慧服务及特色共 6 个一级指标组成，如表 8.9 所示。

---

① 江苏省职业学校智慧校园建设评价指标体系（2015 版）（征求意见稿）[EB/OL]. http://www.cssysxx.com/Article/ShowArticle.asp?ArticleID=5651.2015-07-15.

② 深圳市教育局关于印发《深圳市中小学"智慧校园"建设与应用标准指引（试行）》的通知 [EB/OL]. http://www.szeb.edu.cn/xxgk/flzy/tzgg2/201503/t20150327_2834732.htm. 2015-03-27.

表 8.9 智慧校园评价指标体系

一级指标	二级指标	三级指标	评价细则
智慧领导力（10分）	机构队伍（3分）	领导机构（2分）	有校级领导主管智慧教育，并定期召开工作会议，每年至少 4 次； 有中层级智慧教育管理机构，职能明确并常态化开展工作； 成立智慧教育中心（教育技术中心、现代教育技术中心等）； 主管领导具有较强的智慧教育领导力； 主管教育信息化领导具有智慧校园规划与设计能力； 在有条件的学校设置 CIO 职位，全力推进智慧校园建设
		管理人员（1分）	有专职智慧校园建设维护人员（不低于教职工总数的 1%）； 智慧校园建设维护人员有一定的职称（中级或高级职称约占专职人数的 40%）
	制度规划与经费（3分）	制度规划（1分）	有智慧校园发展规划，既有短期规划（每年、每学期规划），又有中期规划（3～5 年）和长期规划（6 年以上）； 有智慧校园管理、使用和激励制度； 有设备报废处理制度
		建设经费（2分）	每年有智慧校园建设专项经费，生均年建设经费不得少于 100 元； 智慧资源建设和信息素养培训费用占专项经费的 1/3 以上
	用户培训与智慧应用研究（4分）	学生培训（1分）	每年对学生使用智慧校园开展培训，每年至少 2 次； 每年对学生使用智慧校园支持学习和创新开展培训，每年至少 2 次，
		教师培训（1分）	经常开展技术支持教学创新与变革培训，每年至少 2 次； 经常开展智慧教学、智慧管理、智慧评价、智慧教研、智慧资源设计与开发等交流、研讨、比赛活动
		管理员培训（1分）	管理员定期参与智慧校园培训、交流、研讨活动
		建设与智慧应用研究（1分）	有智慧校园建设与应用研究团队，人数不得少于教职工的 20%； 研究团队能够解决本校智慧校园建设和维护中的常见问题，能够指导用户有效使用智慧校园； 研究团队能够为本校智慧校园的升级改造提出具体方案，并能不断挖掘智慧校园的新应用

续表

一级指标	二级指标	三级指标	评价细则
智慧环境 （20分）	硬件设备 （7分）	服务器（1分）	配有智慧校园服务器、服务器磁盘阵列（至少1台）
		教室设施（1分）	多媒体教学设备全部进入普通及专用教室，且能接入宽带互联网
		教师电脑（1分）	教师普遍拥有办公电脑，且能接入宽带互联网； 鼓励教师自带设备，在工作、学习和生活中使用自带设备
		学生电脑（1分）	学生普遍拥有电脑，学习过程中可以随时使用电脑，电脑能够接入宽带互联网； 鼓励学生自带设备，在学习和生活中使用自带设备
		一卡通（2分）	一卡通系统管理和应用较好，功能丰富，数据准确； 学生的IC卡丢失率较低（每学期1%以下）
		移动设备（1分）	教师普遍拥有智慧移动终端，且能接入宽带互联网； 学生普遍拥有智慧移动终端，且能接入宽带互联网
	网络系统 （3分）	校园网络 （2分）	互联网覆盖校园（100MB以上）； 无线网络覆盖校园； 有网络信息安全设施（软硬件）
		监控系统（1分）	教室安装了视频监控系统，安装率达到了100%； 校园安装了视频监控系统，覆盖整个校园
	校园电视台 与广播站 （2分）	校园电视台（1分）	建有校园电视台和闭路电视系统； 节目能实现网络同步播放； 能转播电视台的教育电视节目
		校园广播站（1分）	建有校园广播网； 校园广播能实现网络同步播放
	安全问题 （4分）	网络问题（3分）	智慧校园运行稳定； 病毒防范措施到位，无安全隐患
		使用安全（1分）	师生无重大网瘾现象； 师生文明上网，不利用网络发表危害国家安全的信息
	生态（4分）	绿色环保（2分）	智慧校园设备符合节能标准，符合生态建设理念； 废旧设备报废处理及时，并进行了环保处置； 设备噪声低，符合相关标准
		以人为本（2分）	智慧教育资源的应用突出师生的主体性； 信息安全保障措施得当，无信息安全问题； 渐进式推进智慧校园

一级指标	二级指标	三级指标	评价细则
智慧资源 (15分)	智慧教学资源（8分）	智慧学科资源（3分）	校园智慧平台上各学科的教学资源（含数字图书）丰富，学科资源涵盖学校的所有学科； 资源质量高，资源容量大； 自制资源比例较大； 资源可以实现智慧推送
		智慧教研资源（3分）	教师资源多样性（教案、课件、动画、文字、图片、微课等）； 资源质量高，资源容量大； 自制资源比例较大； 资源可以实现智慧推送
		智慧拓展资源（2分）	德育资源丰富； 科普类资源丰富； 科技发明、创新创造类等资源丰富； 软件资源丰富； 资源可以实现智慧推送
	智慧应用系统平台（7分）	智慧门户系统（1分）	建有智慧门户系统，能实现统一身份认证、信息发布、大数据挖掘、资源智慧推送、教育管理智慧决策等功能
		智慧学习系统平台（1分）	建有智慧学习系统平台，学生能实现在线智慧学习
		智慧教研系统平台（1分）	建有智慧教研系统平台，教师能实现在线智慧研修
		智慧德育系统平台（1分）	建有智慧德育系统平台，能提供各种德育资源，实现在线帮助学生树立正确的价值观、人生观和社会观的功能
		智慧互动平台（1分）	建有智慧互动平台，能实现学生、教师和家长之间的在线智慧互动信息交流
		智慧通道（1分）	校园智慧通道（FTP系统、共享文件系统、邮件服务等）
		智慧应用系统集成（1分）	智慧应用系统能够高度集成
智慧学习和智慧教学（20分）	智慧学习（10分）	智慧学习（2分）	智慧校园能够有效支持学生学习，有助于培养学生的智慧学习习惯； 智慧校园能够创新和变革学习方式

续表

一级指标	二级指标	三级指标	评价细则
智慧学习和智慧教学（20分）	智慧学习（10分）	智慧学习支持（3分）	借助智慧校园有助于学习知识点； 借助智慧校园有助于开阔视野、拓宽知识面； 借助智慧校园能够记录学生学习的数字痕迹，便于发现学习中存在的问题； 借助智慧校园能够对学生进行综合素质评价，有利于促进学生树立人生目标，有利于促进学生进行职业规划
		智慧信息交流（1分）	能够方便地与教师进行信息交流； 能够方便地与家长进行信心交流； 能够方便地进行在线心理咨询（匿名）； 能够方便地与校领导进行信息交流； 能够方便地与同学进行信息交流
		智慧资源获取（2分）	智慧学习资源获取方便； 智慧学习资源数量多、质量高
		智慧综合实践活动支持（1分）	借助智慧校园能够开展在线协作、网络试验等活动； 借助智慧校园能够开展智慧研创活动
		智慧个人综合信息查询（1分）	能够查询自己的学籍信息、成绩、学习记录、综合素质评价等综合信息
	智慧教学（10分）	智慧教学方式（2分）	智慧校园能够创新和变革教学方式
		智慧资源发布（3分）	有方便的智慧教学资源发布系统 智慧资源发布的形式多样化（视频、音频、文本、图片、PPT 等）
		智慧信息交流（2分）	能够方便地与学生进行信息交流； 能够方便地与家长进行信息交流； 能够方便地与领导进行信息交流； 能够方便地与同事进行信息交流
		智慧教研（2分）	有丰富的智慧教研资源； 能够顺利地开展智慧教研活动
		智慧信息查询（1分）	能够方便地查寻通知、教学计划、课程大纲等信息； 能够方便地查询个人工资、个人所得税等个人信息
智慧服务（20分）	智慧家校通（2分）	智慧信息查询（1分）	能够查询学生在校情况、学习情况、缴费情况等； 能够查询学校的招生政策、管理制度等； 能够与教师一起对学生进行协同培养
		智慧信息交流（1分）	能够方便、快捷、实时地与教师、学校领导进行信息交流

一级指标	二级指标	三级指标	评价细则
智慧服务 (20分)	智慧管理 (4分)	智慧信息展示(0.5分)	有大量的专题版块（校园展示、团建、党建、学生心理辅导、学生展示、校友沟通等）； 有及时更新的校园新闻
		智慧行政管理(0.5分)	行政管理无纸化、智慧化（每周工作、公示、通知、文件、课程表等）
		智慧人事管理(0.5分)	人事管理网络化、智慧化，教师可以在线查询工资等人事信息； 人才招聘采用网络招聘
		智慧协同办公（1分）	多部门人员可以实现网上智慧协同办公，并经常在网络上进行办公，日常办公文件基本实现无纸化、智慧化
		智慧办公效率（1分）	智慧校园的应用能提高办公效率
		智慧信息交流(0.5分)	能够与各部门、教师、家长之间实现智慧信息交流
	智慧教学管理（4分）	智慧学籍管理（1分）	学生学籍管理（学生查询、统计、学籍变动等）
		智慧档案管理（1分）	学生档案管理（奖学金、奖惩记录、贫困生信息等）
		智慧成绩管理（1分）	学生成绩管理（学期成绩、平时成绩、统计查询等）
		智慧实践活动(0.5分)	综合实践活动管理（学生社团、研究性学习、社会实践等）
		智慧日常德育(0.5分)	日常德育管理（教师值周记录、国旗下讲话等）
	智慧后勤 (4分)	智慧图书查询（1分）	可实现图书查询、预约、续借等
		智慧资产管理（1分）	可实现资产设备网络管理、查询
		智慧维修申请（1分）	可实现在线维修申报
		智慧校园卡（1分）	校园卡功能丰富，具有身份信息、电子钱包、图书借阅等功能
	智慧应用效果（6分）	智慧网络活动（2分）	各部门有独立版块或网站； 班级有网络学习空间； 教师和学生有个人网络学习空间； 独立版块、网站或学习空间质量高，功能齐全、点击率高、界面美观等； 校园网上各种智慧教学资源的使用效果佳、访问率高； 智慧协同办公成为常态； 智慧教研活动成为常态； 智慧研创活动成为常态

续表

一级指标	二级指标	三级指标	评价细则
特色（15分）	智慧应用效果（6分）	智慧校园科研（2分）	与智慧校园相关的著作、学术论文质量高，数量多； 与智慧校园相关的成果获奖等级高、数量多； 普遍利用智慧校园提供的平台和应用系统开展科学研究工作
		智慧校园课题奖项（2分）	与智慧校园相关的课题等级高、数量多； 与智慧校园相关的成果获奖等级高、数量多； 智慧校园支持的课题等级高、数量多； 智慧校园支持的成果获奖等级高、数量多
	在研究、管理、技术、应用、人才培养、业务整合、拓展校园时空维度、丰富校园文化、优化相关业务等方面存在几项特色。 智慧研究：承担了智慧校园研究课题；出版智慧校园相关著作或发表系列论文；研发了智慧教育软件系统（申请专利）；研究成果具有推广价值等。 智慧管理：智慧校园管理方面有特色，能明显提高管理效率；智慧校园队伍管理有特色，参与人员能够各尽其能，积极参与智慧校园建设等。 智慧技术：智慧校园建设技术有特色，智慧校园建设和应用体现了物联网、大数据、学习分析、云计算、全息投影、仿真技术、3D 成像技术等新技术，并且新技术运用良好等。 智慧应用：智慧校园能够有效创新与变革学习方式、教学方式和管理方式；智慧校园能够再造学校业务流程，变革学校形态和组织制度；在智慧管理方面有特色，能有效提高教育管理效率；在智慧教学应用方面有特色，能明显改善教学效果，降低教师的工作负担；在智慧互动方面有特色，能实现学生、教师和家校之间的无障碍实时沟通；在智慧资源建设方面有特色，资源丰富，实用性强；智慧应用事迹在国家、省市等媒体报道。 智慧人才培养：培养出智慧校园专家型校长；培养出智慧校园应用名师；智慧校园有助于促使学校形成创新型组织，培养一批具有创新、创造能力的智慧型人才等。		
合计 100 分			

注：该评价指标体系适合智慧校园建设学校自我评价，或者第三方对智慧校园建设进行评价，学校提供评价的支持材料，供智慧校园评价专家审查。

专家对学校自评进行实地核实，并对用户进行访谈（随机抽取访谈对象），对于学校自评分与实际情况不符的学校将进行扣分处理。

专家对每个智慧校园评价结束后，将出具一份"智慧校园专家诊断书"，给出智慧校园建设和应用中存在的问题的具体分析报告，并给予切实可行的改进建议。

第 9 章

智慧校园建设实例

9.1 洛阳师范学院新校区智慧校园建设背景

9.1.1 洛阳师范学院教育信息化概况

洛阳师范学院校园网于 2000 年建成，首期投资 500 多万元。2001 年 2 月建成"千兆主干、百兆桌面"的中型规模网络，并以 2 兆专线接入教育网河南省网中心。2003 年 5 月，校园网扩充为千兆带宽接入教育网河南省网中心，2004 年 5 月，校园网以百兆带宽接入铁通公网，实现了校园网的双接入和线路双备份。2007年增加中国联通 300MB 出口带宽，2009 年被评选为河南省数字校园建设示范校，2010 年学校被评为河南省信息化建设先进单位，2011 年增加中国电信 300MB 出口带宽。目前校园网通过联通、电信、移动、教育网四条出口接入互联网，总出口带宽为 1.4GB。

基础网络所用的交换设备全部是世界著名网络设备生产商（Cisco、华为）的产品。核心主交换机选用了 Cisco Catalyst 6509，汇聚层选用了 Cisco 公司的4506、3750 系列交换机，接入层交换机使用 2960 系列产品。经过十多年的发展，基础网络已经覆盖校内所有办公、教学、宿舍楼宇所有房间。每个房间有 1～2

个信息点（RJ45 接口），千兆光纤主干，百兆超五类或六类双绞线到桌面。图书馆、逸夫楼、行政楼等部分楼宇及其楼外周边实现了无线覆盖，用户通过认证系统接入基础网络，通过教育网、电信、联通、移动四个出口接入互联网，出口总带宽为 2GB。

应用系统涵盖教务（排课、选课、成绩录入、评教、教室使用）、学生事务、人事、科研、OA、财务、图书借阅、就餐消费、国资管理、后勤管理和报修、心理咨询、网络监控、招生就业、信息发布等，服务器均为 HP 中端服务器 DL580、DL380 等。

在分析老校区信息化建设现状及其不足的基础上，经过调研和论证，2012年 9 月开始新校区智慧校园建设。2013 年 9 月，伊滨校区一期工程"万兆主干，千兆桌面"智慧校园投入试运行。伊滨校区智慧校园基础网络采用 GPON（无源光网络）技术实现全光接入，核心设备采用两台博科 SX1600 冗余热备，并配备较为完善的监控、安全设备，接入使用华为 5680T OLT，伊滨校区同时实现了室内外 WLAN 无缝覆盖；智慧校园一期数据中心拥有 HP 小型机 2 台，HP 虚拟化云存储系统 1 套（存储容量为 48T），智能 DNS 系统 1 套。30 余台服务器全部使用最新的 HP DL580、DL388 系列高端产品，提供应用有教务管理、迎新系统、精品课程、校园一卡通系统、OA、E-mail、新闻通知系统、科研管理、人事管理、国资管理、财务管理、后勤资产管理、车辆出入管理、节能平台等。智慧校园数据中心不间断电源控制系统使用的是 APC 和科士达品牌产品，可为主要设备提供 2 小时以上不间断供电。

下一步，伊滨校区二期智慧校园工程将建设更加现代化的 400 平方米无人值守数据中心，采用机房专用空调新风系统、统一供配电系统、消防安防联动报警系统，建设完善的智慧校园管理系统、掌上校园、校内 GIS 导航、能源监管平台、云平台服务系统、统一认证、统一数据库、统一存储系统。

9.1.2　智慧校园建设的必要性

河南地处中原，洛阳师范学院地处豫西，是豫西地区唯一的师范类高等院校，然而受经济社会发展水平的制约，教育管理和教学观念相比全国其他地区尤其是东部发达地区较为落后，信息化发展水平较低，信息化投入不足。以 2012 年在校生生均信息化设备资产值为例，如表 9.1 所示，河南在全国 31 个省区中排名倒数第五（根据中国教育统计年鉴计算）。[①]

表 9.1 全国分省区生均信息化设备资产值

地区	在校生数(人)	信息化设备资产值（万元）	在校生生均信息化设备资产值（元）
北京	591 243	950 982.14	16 084.45
上海	506 596	455 069.05	8 982.88
浙江	932 292	484 478.06	5 196.63
江苏	1 671 173	734 405.40	4 394.55
西藏	33 452	13 891.93	4 152.80
宁夏	96 440	37 802.00	3 919.74
天津	473 114	174 800.52	3 694.68
辽宁	934 078	339 053.40	3 629.82
吉林	578 953	206 407.05	3 565.18
重庆	623 605	211 965.55	3 399.04
福建	701 392	233 476.57	3 328.76
广东	1 616 838	538 102.03	3 328.11
四川	1 223 680	392 216.95	3 205.22
黑龙江	704 538	218 896.68	3 106.95
山东	1 658 490	494 425.25	2 981.18
云南	512 178	150 394.78	2 936.38
新疆	268 716	78 785.77	2 931.93
陕西	1 026 254	290 829.21	2 833.89
内蒙古	391 434	107 275.48	2 740.58
湖北	1 386 086	378 493.96	2 730.67
贵州	383 815	97 783.15	2 547.66
湖南	1 082 235	271 832.77	2 511.77
青海	48 668	12 006.60	2 467.04
江西	851 119	201 001.88	2 361.62
甘肃	431 069	95 549.52	2 216.57
海南	168 270	34 393.33	2 043.94
河南	1 559 025	310 140.76	1 989.33

---

① 谢焕忠．中国教育统计年鉴 2012[M]．北京：人民教育出版社，2014：203，286．

续表

地区	在校生数（人）	信息化设备资产值（万元）	在校生生均信息化设备资产值（元）
广西	629 243	124 629.05	1 980.62
山西	637 330	120 914.02	1 897.20
河北	1 168 796	218 748.67	1 871.57
安徽	1 023 033	179 680.90	1 756.35

经济社会整体发展状况和教育信息化行业发展状况及学校自身特殊情况（如办学特色、学校定位）制约着洛阳师范学院整体发展水平，信息化建设的不足，表现在如下几个方面：（1）缺乏整体和长期发展规划，顶层规划缺失。（2）对教学的支持力度不够，信息化与教学融合层次较低。（3）资源利用率较低，如局域网带宽、计算资源等。（4）对信息化人员和资产应用不够重视，资产和资源管理水平较低，未体现信息化时代应有的智慧型手段和智慧性特征。（5）管理信息化程度低。（6）应用系统不完善，数据不统一，不重视数据挖掘在教学、科研、管理中的应用（如并未实现真正的一卡通）。（7）信息化设施和机构管理比较落后，应用系统基本无法实现冗余。

近年来，学校提出了"十二五"期间新的奋斗目标，这就要求学校信息化建设必须有所跨越，以洛阳市建设智慧城市样板单位为契机，新校区要进行智慧校园建设。这些不足将通过智慧校园的建设逐步克服。

9.2　洛阳师范学院新校区智慧校园建设方案

9.2.1　智慧校园利益相关者分析

（1）决策层的需求。通过信息化建设提升学校的竞争能力，为提高管理、教学、服务、科研水平提供一个良好的平台，为学校的可持续性发展提供支持环境。这不仅是当前的需要，更是未来发展的需要。智慧校园对学校教学、管理（职能履行、节能）、科研数据应该能够进行监测和分析，如可视化的数据统计和呈现，用以辅助学校领导决策，提高运行效率和经济效益。

（2）师生的需求。共享信息时代互联网的便利，对教学和科研有很强的支撑，尤其是个性化教学和个性化学习，如充沛的教学资源、便利的计算资源、便捷的教学和学习环境、高效的教学管理。

（3）教育信息化专职人员的需求。要能实现对信息化资产的智慧管理。如各应用能充分共享数据资源，能自动生成各种格式的单据，支持数据的自动交换，具有远程访问和操作的功能；能对设备进行自动化管理如配置，能进行故障预测等。

（4）管理层的需求。管理层的主要工作是根据学校的战略目标做好学校教务、科研、人事、组织、财务、招生与就业、后勤保障等工作，确保学校战略目标的实现，学校各个部门的管理者需要通过管理信息系统，根据学校战略目标完成自己部门的工作内容及业务流程优化。

9.2.2 组织机构、建设原则、建设目标、建设内容、建设范围，制度与标准建设

洛阳师范学院于 2006 年成立教育信息化工作领导小组，组长为主管信息化的副院长，具体事务由信息化工作办公室负责，办公室设在网络与电化教育中心。网络与电化教育中心负责全校信息化规划、管理、维护，信息化建设有关规划、规章制度、采购等请示主管副院长（重大事项由院长办公会或者党委会研究）后执行。新校区信息化建设组织机构在原有信息化工作领导小组和"洛阳师范学院新校区建设办公室"之下，成立"弱电部"，为信息化建设执行机构，负责制定新校区信息化建设规划、智慧校园建设方案的制定、建设过程质量监督、工程验收、管理维护等。

新校区智慧校园的建设原则是：从全局考虑，统一规划、分步实施，本着高起点、可扩充、易管理、实用安全、先进可靠、绿色环保、高性价比的原则，兼顾现实与长远需求，采用先进并且成熟的技术和产品，并考虑潜在的扩充，建成在一定时期内保持先进水平的智慧校园。

新校区智慧校园的建设目标是：便捷、协作、节能的校园环境；泛在学习、个性化学习、协同办公环境；可预测的大数据分析系统。

新校区智慧校园的建设内容：万兆主干、千兆桌面无源光基础网络，有线和无线相结合，无缝覆盖，为校内任何数据及信息的及时、准确、可靠的收集、处

理、存储和传输提供支持，提供基础网络服务；能实现智慧管理的数据中心，包括统一认证系统、统一数据库系统、统一存储系统，数据中心智慧监控系统（照明、温 / 湿度、防雷、防噪声、安保、防尘）；个性化教学、个性化学习，移动学习、泛在学习支撑平台和资源平台；职能部门人财物协同管理与办公平台；能源监管平台；大数据挖掘平台；云服务平台，学校及各部门网站提供运行环境，为网络教学、教学资源的共享提供数据和多媒体信息传输服务；掌上校园；导航系统。

新校区智慧校园的建设范围：新校区智慧校园音频、数据基础网络，一卡通消费、门禁，能源监控，车辆监控、安保监控覆盖全部楼宇及相关场所，无线网络覆盖校内的室内、室外所有区域。

新校区智慧校园的制度建设是在原有制度的基础上，以国家或者地方相关制度、法律法规为指导，制定了新校区信息化号码资源分配制度、信息化事项实施方案制度、数据质量和数据管理制度等内部管理制度。

新校区智慧校园建设中新出台的制度有：《智慧校园管理制度》、《智慧校园号码资源分配制度》、《智慧教学与资源平台使用制度》、《云平台使用管理制度》、《一卡通管理制度》等。遵循的标准除了国家相关行业标准，还包括学校内部执行标准。

9.2.3　智慧校园实施方案

1. 基础网络（一期）：基于 GPON 和移动互联网技术构建有线、无线相结合的智慧校园无缝网络

有线网络采用 GPON 技术，基于网络扁平化的思想进行智慧校园基础网络拓扑图设计（新校区智慧校园一期工程）。扁平化是为了让信息通道更快捷而减少接入层到核心层的层次，其好处是优化了网络结构和路由策略，提高了网络资源利用率。本方案的拓扑结构图如图 9.1 所示。上行 ONU 以上均使用光缆连接，分光器到 ONU 使用皮线光缆，熔接成端。ONU 可具有无线功能，以方便智能终端联网。OLT 上行的连接方式有多种，直接连核心交换机的优势是使网络扁平化和管道智能化，通过核心交换机接安全设备后接入互联网。扁平化网络中 OLT 融合了汇聚层和部分接入层功能，减少了网络层次，使网络架构更简洁，便于管理维护；管道智能化可通过 ONU 将用户的多种业务汇入网络，为网络融合提供基础。

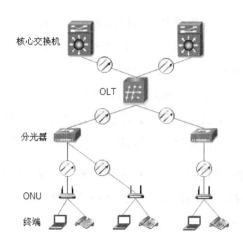

图 9.1 无源光网络 FTTH 拓扑结构图

1）OLT 数量、位置及选型

OLT 的作用是汇聚各办公室的 ONU 数据，由于 OLT 价格较高，且目前一个 OLT 设备最多能支持 128 个 PON 口，每个 PON 口下行带宽为 2.5GB，即能达到下联 128 个 ONU 设备，由于新校区一期教学区楼宇在同一个区域即方圆一公里范围内，比较集中，因此综合考虑上述因素，一期工程有一个 OLT 即可。考虑到后期扩展，OLT 并未放置于办公区中心地带，而是放置于方便后期扩展的区域。

2）分光级数、分光比设计

对于 GPON 系统，FTTH 可以支持 1:8、1:16、1:32、1:64、1:128、1:256 的分光比，根据实际情况，有一级分光、二级分光等形式。根据区域及用户集中的特点，此处采用一级分光即可，即每栋楼集中一级分光模式：每栋楼于一层弱电间集中设置光分器，并采用 1:32 分光比，皮线光缆到各房间。

3）光功率预算

实际使用中，从 OLT 到 ONU 之间的光功率，衰减应在 10～26dB 之间。影响衰减的因素包括分光器插入损耗、光纤本身损耗、光跳线和尾纤的插入损耗等，其参考值分别为：16.5dB（1:32 分光比）、0.35dB/km（1310nm）、0.3dB，在本设计中每条光缆有接头 8 个、分光器 1 个，光缆长度以 2km 计，加上光富裕度 1dB，衰减总计：16.5+0.3×8+0.35×1+2=21.25dB，符合工程标准要求。

4）主干路由设计

主干路由是项目实施的基础，通过主干路由图，可以明确光缆走向及芯数、光交箱和分光分纤箱的位置、各楼宇分纤箱和光交箱的相对位置等。在建筑平面分布图的基础上，本设计主干路由图如图 9.2 所示。该图中虚线框为楼宇及其相对位置，所有室外光缆均从 OLT 机房光纤配线架（Optical Distribution Frame，ODF）机柜出，到各楼宇弱电间内的光交箱，完成光纤汇接。

5）楼内组网方案

光缆进入室内弱电间光交箱，后至各层分纤箱，连接分光器，再通过皮线光缆至各房间。各楼宇大同小异，以 A1 号楼为例，楼内配线图如图 9.3 所示。

光交箱光缆至每层弱电间（或竖井）分纤箱，然后通过皮线光缆至各房间成端。房间内 ONU 设备可选择端口数目、类型均较多的型号，也可选择端口数目或端口类型较少的型号，综合考虑，还可选择带无线功能的 ONU。

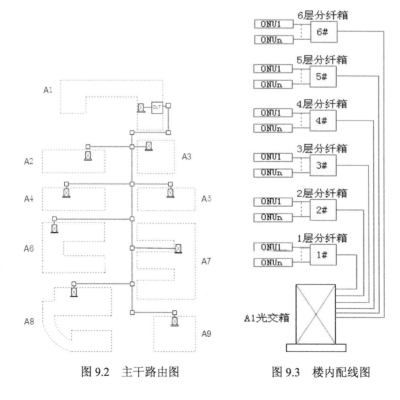

图 9.2　主干路由图　　　　图 9.3　楼内配线图

6）有效带宽

上行至核心层带宽相同的情况下，以太局域网，以"千兆主干、百兆桌面"为例，接入层若使用 24 口交换机直连汇聚设备，用户有效带宽为 1000/24=41.7Mbps，若使用 48 口交换机，其有效带宽为 1000/48=20.8Mbps；在 GPON+FTTH 组网、1:32 分光比情况下，用户有效带宽为 2300/32=71.8 Mbps。

7）校园基础网络拓扑结构图

基础网络拓扑结构图如图 9.4 所示。

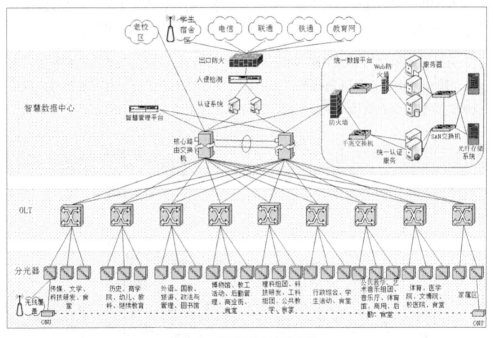

图 9.4　基础网络拓扑结构图

2．智慧数据中心

智慧数据中心包括两方面内容，一方面是各应用系统、基础网络附着设备之平台和内容，另一方面是智慧数据中心环境，本部分主要指后者，前者需在其后部分说明。智慧数据中心环境即要对能源、照明、温 / 湿度、防雷、防噪声、安保、防尘进行系统性设计，并达到无人值守的智慧监控程度。

（1）环境参数智慧调节：对设备运行所需电压、光照、温 / 湿度等智慧调节，保证设备运行于最佳设计环境。

（2）可视化管理：实现对所有监控项目的可视化智慧管理，相关环境参数及能源参数均实现可视化，如电压稳定性、噪声、温 / 湿度的可视化监控；设备 CPU、内存、带宽等的可视化监控。

（3）无人值守：全封闭无尘设计，所有非物理操作（设备配置、系统安装、应用配置、通断电源等）均能通过管理间进行。

（4）故障预警：对设备状态、运行状态进行监控，对温 / 湿度超出阈值、安全事件能智能预警。

（5）安全联动：安防系统故障预警或事后报警与校园安防联动。

3. 协同办公及智慧教学系统支撑平台

协同办公及智慧教学系统支撑平台主要由如下几个部分组成：统一身份认证、定制化智慧门户、统一数据库系统、统一存储系统。

（1）统一身份认证主要实现统一认证及单点登录。

（2）定制化智慧门户应提供一个支持信息访问、传递及协作的集成化环境，实现根据每个用户的特点、喜好和角色的不同，为其提供个性化应用界面，使用户可以浏览到相互关联的数据，进行相关的事务处理。用户应通过统一认证系统登录，通过门户访问各种应用和服务，同时实现访问及内容的个性化设置。

（3）统一数据库系统采用 Oracle 数据库、UNIX 操作系统实现。

（4）统一存储系统采用 HP 存储系统冗余实现。

上述基于主流操作系统、大型数据库管理系统（代码库元数据、学校基本情况、学生信息、教职工信息、各应用系统数据）、中间件、J2EE、SOA、Web 2.0 等技术和理念，支持网络门户构建、网站管理、频道管理、单点登录、内容智慧生成、个性化服务等。

智慧校园应用支撑平台系统和应用系统逻辑关系如图 9.5 所示。

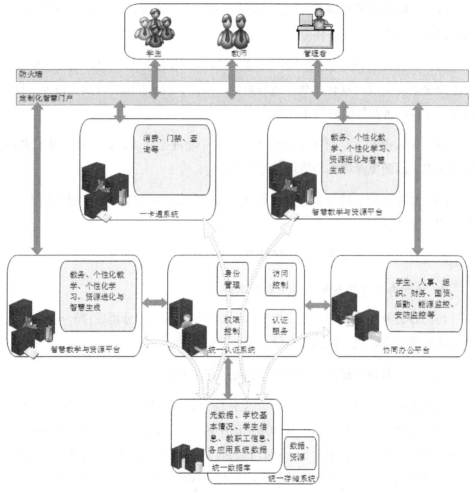

图 9.5　智慧校园应用支撑平台和应用系统逻辑关系

4．智慧教学与资源平台（教务、教学和资源）

智慧教学与资源平台主要基于学习分析技术、大数据实现个性化教学和个性化学习。

5．一卡通系统

一卡通可以实现身份验证、电子支付、信息查询等功能。系统主干平台基于统一认证、统一数据库和统一存储部署实现，包括中心数据库服务器、各应用服务器、前置机等。中心服务器负责一卡通中心所有数据的存储、更新、备份、维护，在 Oracle 数据库管理系统上实现一卡通数据库管理系统；查询服务器提供网上查询、触摸屏查询、领导查询等综合的 Web 查询服务；查询子系统实行无人值守的 7×24 小时服务实现挂失、解挂、查询等业务。

6. 掌上校园

掌上校园平台包含移动平台管理和客户端应用两部分。移动平台包括数据的集成、应用管理和用户权限三个模块。数据集成模块主要面向数据库，组装所需要的数据结构，并与权限绑定，进行数据集的过滤。应用管理相当于功能菜单管理，方便用户维护应用。用户权限模块通过用户角色管理权限。客户端可以实现"掌上办公"、教学服务、科研服务、生活服务、移动学习资源利用、空闲教室查询等功能。如修改密码、考勤信息、奖惩信息、考评信息、工资、个人报账信息、日程安排、邮件提醒、学籍信息、财务信息、健康情况、移动学习等查询交互功能。

7. 云服务平台（资源租用、虚拟实验室）

云服务平台和虚拟化实现对服务器资源和应用服务的冗余、安全、稳定性、个性化管理和应用。主要构建面向师生的虚拟化服务、面向教学的桌面云服务：通过自助管理门户向学校师生提供基于向导的虚拟服务器映像管理、个性化管理、自助服务管理、软硬件模板管理、监控管理等功能，满足教师处理多个实验环境的需求。

8. 智慧校园智慧管理平台

实现对所有信息化资产的信息采集，建立设备档案袋（即设备履历表：询价、购买、使用、维护、报废，如编码、购买日期、厂家品牌规格、主件附件可选件等详细配置、价格、集成商、保修信息、采购合同、位置变更、配置变动、运维记录、故障记录、责任人等）进行设备生命周期管理，并与国资管理系统共享设备维修、折旧率等信息，便于查阅；基础网络可视化呈现，即实现对管线的智能维护（窨井、管道、线路编号，距离，位置）、线上设备的拓扑结构生成和发现；路由交换设备的自动配置及应用管理和健康状况展示（带宽、速率、流量、吞吐量）；云服务资源管理和服务提供（号码资源管理、统一认证计算资源出租、服务器及存储系统监控管理）；应用系统使用状况监控（在线人数、时长、操作）；数据中心环境监控；服务台服务流程及业务处理（统一认证接入服务、特殊需求、报修）；问题处理（故障处理）。

9. 导航平台

导航平台应实现：三维校园地图展示，支持新生引导、校内导航等功能，极大地方便广大师生的校内工作和学习生活，支持校园公共场所触摸屏、PC 端、智能终端展示；支持地理数据、空间数据的处理、发布、呈现。具体模块包括系统基础平台、校园立体可视化导览软件系统、智能学习服务、新生引导服务、平台对接、数据采编。

10. 协同办公系统

用户中心、服务导向的模块化设计，B/S/D 三层架构，基于 Portal、J2EE、HTML 5、WebService、目录存取技术，实现网络、应用的统一身份认证、数据的统一存储管理和业务流程优化管理，实现对教育教学管理决策和科研的智慧支持。

11. 能源监管平台

依托物联网技术，如智能水表、智能电表等，能源监管平台实现以工业实时 Web 服务、国际标准 OPC 服务、现场设备组态及安全门户服务为核心技术基础，涵盖能源综合监管分析、智能照明监管、给水管网检测、供暖计量监控、关键设备远程监控等。

技术指标包括：Web 报表、数据可视化、以基础网络为传输信道、历史数据记录、故障报警。

9.2.4　智慧校园过程管理

1. 项目组织与施工准备

教育信息化建设领导小组负责智慧校园建设项目的整体规划、组织、协调、督促检查信息化建设专职人员的工作。

成立智慧校园招投标工作组（含审计、监察、财务、国资、信息化专职人员），统一组织智慧校园招标工作。

信息化专职人员责任到人，负责招标后的过程管理、质量控制、验收完工后的交接和管理维护。

项目完工，领导小组指定成立验收工作组，进行完工后的验收。

2．过程管理与质量控制

过程管理：督促施工方严格按照合同施工时间、施工工序等的要求，控制施工时间，进行过程管理。

质量与安全管理：智慧校园建设专职人员，要监督中标方施工过程严格执行投标方案及投标设备，加强设备、线缆等材料的进场验收和把关，做好标记和记录，以严格的产品质量要求确保施工和工程质量；对施工方提出的施工方案、施工组织、技术措施、软硬件系统配置等，全面分析、综合考虑；制定质量目标或设备运行效果明细，以此促进监督的标准化、流程化和精细化。

9.2.5　智慧校园应用举例

1．基于二维码的校内导航

基于二维码及其他相关技术，搭建泛在服务平台，对教学、管理、服务等提供技术支撑。功能包括：校内智慧旅游及泛在导航；办公室人员、职能及办事流程服务；教学信息服务，如教室课表、责任人、开放时间等；校内外活动宣传；景观及绿植音 / 视频及文字介绍等。通过泛在导航平台，实现对教学、教室信息及课表等的查询，信息技术融入教学和管理。使用方法是通过智能联网的智能终端，使用二维码扫描工具扫描所在位置的二维码图片，实现对位置导航、楼宇及房间功能、人员职能及办事流程、教学信息等的信息获取。同时，通过网络链接到学校其他相应的信息服务系统。

泛在服务平台基于 HTML 5 和应用编程，能自适应各种类型终端，包括数据库、Web 管理接口和用户端二维码三个部分。数据库用于存储各种分类编码、分类内容的相关信息、二维码信息；Web 管理接口实现对系统平台的管理维护、分类信息的管理、二维码生成、地图信息维护；客户端二维码用于用户扫描，作为用户导航入口。

功能展示如下。

（1）辅助教学：楼宇教室平面图、教室课表查询（见图 9.6）。

图 9.6 楼宇教室平面图、教室课表查询

（2）辅助协同办公系统：办公室职责、办事流程（见图 9.7）。

（3）道路实景导航（见图 9.8）。

图 9.7 办公室职责、办事流程　　图 9.8 道路实景导航

（4）绿植、景点、文物介绍（见图 9.9）。

图 9.9 绿植、景点、文物介绍

2．智慧能源管理系统

智慧能源管理系统采用数据融合、数据挖掘及远程动态图表生成等技术，实时从各子系统（智能水表、智能电表、水电网关等）中提取数据，形成数据综合分析，通过 Web 发布形式可视化管理、操作、查看、展示。

功能展示如下。

（1）用电统计（见图 9.10）。

用电统计可以显示楼宇、楼层、房间用电量。

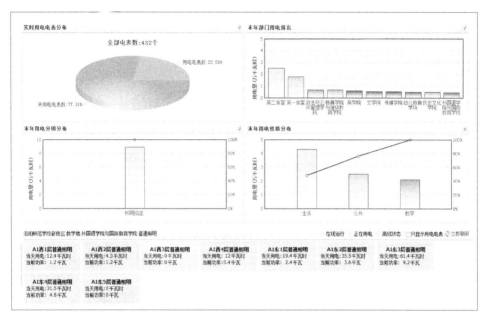

图 9.10　用电统计

（2）用电分析（见图 9.11 和图 9.12）

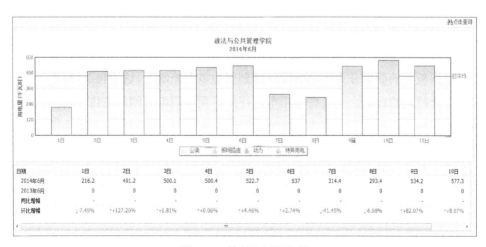

图 9.11　按部门逐日比较

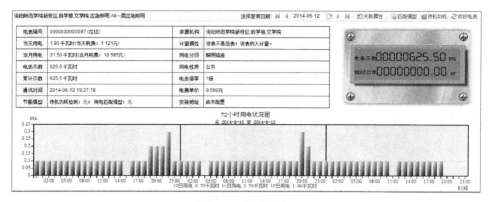

图 9.12　用电明细

（3）用电实时监测（见图 9.13）。

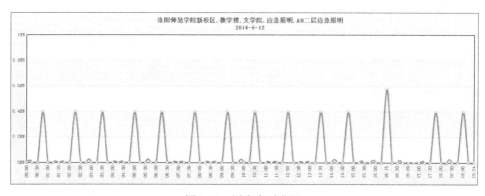

图 9.13　用电实时监测

（4）教室照明节能管控。

根据教室的面板开关控制情况安排划分为多个控制区。达到按照时间＋照度＋感应综合控制的目的，实现按需用电。在定时允许用电时间范围内，由光照度传感器检测屋内光照度，当室内照度高于照度关闭值时，关闭室内所有照明。当室内照度低于照度开启值时，再由检测到的人数多少来决定灯的开启数量。

附录 A　智慧校园政策文件一览表

发布时间	发布单位	文件编号	战略规划与政策文件
2013.4.8	广州市教育局	穗教科〔2013〕34 号	关于开展中小学智慧校园建设试点工作的通知
2014.9.17	青岛市教育局	青 教 通 字〔2014〕092 号	青岛市中小学数字智慧校园建设评估指标（试行）
2015.1.29	湖南省教育厅	湘教通〔2015〕27 号	关于开展中小学"智慧校园"建设试点工作的通知
2014.5.17	苏州市教育局		苏州市"智慧校园"示范校建设指南
2014.10.16	连云港市海宁小学		连云港市海宁小学智慧校园总体规划方案
2015.11	莲花小学	校办发〔2015〕39 号	莲花小学"智慧校园"建设五年规划（2015—2020 年）
2015.3.23	深圳市教育局	深教〔2015〕100 号	深圳市中小学"智慧校园"建设与应用标准指引（试行）
2015.7.14	深圳市教育局	深教〔2015〕321 号	深圳市中小学"智慧校园"示范学校行动方案
2015.7.15	江苏省教育厅		江苏省职业学校智慧校园建设评价指标体系（2015 版）
2015.5.8	盐城市教育局	盐教技〔2015〕4 号	盐城市中小学"智慧校园"创建工作方案；盐城市中小学智慧校园建设标准（试行）；盐城市中小学智慧校园评估细则
2015.3.12	常熟高新园中等专业学校		常熟高新园中等专业学校"智慧校园"建设规划方案
2016.1.15	江苏省教育厅 江苏省财政厅	苏教职〔2016〕3 号	江苏省教育厅 江苏省财政厅关于推进职业学校智慧校园建设的通知
2016.3.25	深圳市北斗小学		深圳市北斗小学智慧校园发展规划
2016.5.7	深圳市翠园中学		深圳市翠园中学智慧校园三年发展规划（2016—2018 年）
2016.6.27	宿迁市教育局		关于推进智慧校园建设的通知；宿迁市智慧校园评估细则（试行）

参考文献

1. （美）爱德华·弗里曼著. 战略管理——利益相关者方法 [M]. 王彦华, 梁豪, 译. 上海：上海译文出版社, 2006.

2. （美）特南鲍姆, 韦瑟罗尔. 计算机网络（第 5 版）[M]. 北京：清华大学出版社, 2012.

3. 敖志刚. 网络新技术概论 [M]. 北京：人民邮电出版社, 2006.

4. 何锡涛. 智慧教育 [M]. 北京：清华大学出版社, 2012.

5. 黄济, 王策三. 现代教育论 [M]. 北京：人民教育出版社, 1996.

6. 李志刚. 大数据——大价值、大机遇、大变革 [M]. 北京：电子工业出版社, 2012.

7. 刘鹏. 云计算（第二版）[M]. 北京：电子工业出版社, 2011.

8. 全国一级建造师执业职格考试用书编写委员会. 通信与广电工程管理与实务 [M]. 北京：中国建筑工业出版社, 2011.

9. 桑新民. 学习科学与技术——信息时代大学生学习能力培养 [M]. 北京：高等教育出版社, 2004.

10. 孙维平. FTTx 与 PON 系统工程设计与实例 [M]. 北京：人民邮电出版社, 2013.

11. 王道俊, 王汉澜. 教育学 [M]. 北京：人民教育出版社, 1999.

12. 王运武, 陈琳. 中外教育信息化比较研究 [M]. 北京：电子工业出版社, 2008.

13. 王运武. 基于协同理论的数字校园建设的协同机制研究 [M]. 北京：中国社会科学出版社, 2013.

14. 王运武. 教育信息化战略规划学 [M]. 北京：电子工业出版社, 2015.

15. 谢焕忠. 中国教育统计年鉴 2012[M]. 北京：人民教育出版社, 2014.

16. 杨现民, 陈耀华. 信息时代智慧教育研究 [M]. 上海：上海交通大学出版社, 2013.

17. 张铎. 物联网大趋势 [M]. 北京：清华大学出版社, 2010.

18. 张平伟. 大学信息化与资源计划管理 [M]. 北京：科学出版社, 2011.

19. 中国科学技术协会学会学术部. 仿真——认识和改造世界的第三种方法吗 [M]. 北京：中国科学技术出版社, 2007.

20. Viktor Mayer-Schönberger，Kenneth Cukier.Big Data：A Revolution That Will Transform How We Live，Work，and Think[M]. 盛杨燕，周涛，译 . 杭州：浙江人民出版社，2013.

21. CNNIC. 中国互联网络发展状况统计报告 [R]. 北京：中国互联网信息中心，2016.

22. 黄荣怀 . 利用 SOA 提升数字校园价值 [R]. 2009 教育网络管理与应用大会暨数字校园创新应用研讨会，2009-9-24.

23. 于双和 . 应用教育仿真技术推动实践教学改革 [R]. 第九届中国教育信息化创新与发展论坛，2009-07-12.

24. 中国 SOA 标准体系研究报告（征求意见稿）[R]. 中国电子化标准研究所，2009 年 6 月 .

25. 本报赴新加坡特派记者 王天乐，施晓慧 . 新加坡推出"智慧国家 2025"计划 [N]. 人民日报，2014-08-19022.

26. 王捷，汤继强 . 创新时代的智慧学习 [N]. 中国青年报，2015 年 05 月 04 日第 02.

27. "国家教育云"正式上线 首批惠及全国 500 万师生 [J]. 中国教育信息化，2013（5）.

28. NMC 地平线项目，龚志武，吴迪 等编译，焦建利 审校 . 新媒体联盟 2015 地平线报告高等教育版 [J]. 现代远程教育研究，2015（2）.

29. 北京大学与 Avaya 合作构建无线校园网 [J]. 电信技术，2002（6）.

30. 毕瑞 . 大学生信息素养教育现状调查及对策研究 [J]. 科教导刊（上旬刊），2014（7）.

31. 陈翠珠，黄宇星 . 基于网络的智慧校园及其系统构建探究 [J]. 福建教育学院学报，2012（1）.

32. 陈琳，陈耀华，李康康，赵苗苗 . 智慧教育核心的智慧型课程开发 [J]. 现代远程教育研究，2016（1）.

33. 陈明选,徐旸 . 基于物联网的智慧校园建设与发展研究 [J]. 远程教育杂志,2012（4）.

34. 陈如明 . 泛在 / 物联 / 传感网与其他信息通信网络关系分析思考 [J]. 移动通信，2010（8）.

35. 陈舜明，金仲根 . 教育发展动态仿真 [J]. 农业系统科学与综合研究，1989（4）.

36. 陈卫东，刘欣红，王海燕 . 混合学习的本质探析 [J]. 现代远距离教育，2010（5）.

37. 陈卫东,叶新东,许亚锋 . 未来课堂:智慧学习环境 [J]. 远程教育杂志,2012（5）.

38. 陈卫东 . 未来课堂：智慧学习环境 [J]. 远程教育杂志，2012（5）.

39. 陈耀华，杨现民 . 国际智慧教育发展战略及其对我国的启示 [J]. 现代教育技术，2014（10）.

40. 从 FDDI 转向千兆——北京邮电大学校园网二期改造 [J]. 每周电脑报，2000（23）.

41. 董春华，张茂林 . 网络信息平台在运动技术教学中的时效性 [J]. 上海体育学院学报，2011（3）.

42. 杜玉霞 . 信息化教学资源老化的影响因素探析 [J]. 中国电化教育，2014（2）.

43. 郭惠丽 . 基于物联网的智慧校园移动服务构建 [J]. 网络安全技术与应用，2011（9）.

44. 何克抗 . 我国教育信息化理论研究新进展 [J]. 中国电化教育，2011（1）.

45. 胡钦太，郑凯，林南晖 . 教育信息化的发展转型：从"数字校园"到"智慧校园"[J]. 中国电化教育，2014（1）.

46. 黄嘉胜 . 马来西亚智能学校教育系统之分析研究 [J]. 湛江师范学院学报，2001（5）.

47. 黄荣怀，胡永斌，杨俊锋，肖广德 . 智慧教室的概念及特征 [J]. 开放教育研究，2012（2）.

48. 黄荣怀，杨俊锋，胡永斌 . 从数字学习环境到智慧学习环境 [J]. 开放教育研究，2012（1）.

49. 黄荣怀，张进宝，胡永斌，杨俊锋 . 智慧校园：数字校园发展的必然趋势 [J]. 开放教育研究，2012（4）.

50. 黄小卉，黄宇星 . 基于云计算的智慧校园探究 [J]. 中小学电教，2011（11）.

51. 黄宇星，李齐 . 基于网络智慧校园的技术架构及其实现 [J]. 东南学术，2012（6）.

52. 蒋东兴 . 清华大学新一代数字校园建设规划与实践 [J]. 厦门大学学报（自然科学版），2007（S2）.

53. 蒋家傅，钟勇，王玉龙，李宗培，黄美仪 . 基于教育云的智慧校园系统构建 [J]. 现代教育技术，2013（2）.

54. 教育部新春新闻发布会介绍教育信息化工作进展情况 [J]. 中国教育信息化，2013（5）.

55. 李本友，李红恩，余宏亮 . 学生学习方式转变的影响因素、途径与发展趋势 [J]. 教育研究，2012（2）.

56. 李卢一，郑燕林 . 美国中小学"自带设备"（BYOD）行动及启示 [J]. 现代远程教育研究，2012（6）.

57. 李明强，张永，李鑫. 基于 GPON 的校园网方案设计 [J]. 科技信息，2013（13）.

58. 李如密，刘玉静. 个性化教学的内涵及其特征 [J]. 教育理论与实践，2001（9）.

59. 李湘洲. 协同学的产生与现状 [J]. 科技导报，1997（4）.

60. 李学农，黎达. 清华大学校园网（TUnet）建设 [J]. 计算机系统应用，1995（9）.

61. 李玉顺，武林，顾忆岚. 基于学习对象的教学资源设计及流程初探 [J]. 中国电化教育，2012（1）.

62. 梁燕华. 高校教师信息技术素养的实证研究 [J]. 中国成人教育，2013（1）.

63. 刘冬雪. 分布式学习理论浅谈 [J]. 现代教育技术，2004（1）.

64. 刘启茂，蔡红梅. 华中理工大学校园网建设与图书馆自动化发展策略 [J]. 计算机应用研究，1995（4）.

65. 刘亚荣，杨春，李新，等. 基于 GPON 的高校 FTTH 设计方案 [J]. 光通信技术，2011（2）.

66. 陆光华. 对美国高等教育信息素养能力五大标准的分析与思考 [J]. 图书馆学研究，2003（4）.

67. 罗军舟，吴文甲，杨明. 移动互联网：终端、网络与服务 [J]. 计算机学报，2011（11）.

68. 吕倩. 基于云计算及物联网构建智慧校园 [J]. 计算机科学，2011（S1）.

69. 马希荣，刘琳，桑婧. 基于情感计算的 e-Learning 系统建模 [J]. 计算机科学，2005（8）.

70. 南国农. 信息化教育理论体系的形成与发展 [J]. 电化教育研究，2009（8）.

71. 南国农. 我国教育信息化发展的新阶段、新使命 [J]. 电化教育研究，2011（12）.

72. 南开大学校园网建设规划 [J]. 天津科技，1997（4）.

73. 聂鑫. 信息素养概念界定研究进展 [J]. 图书馆学研究，2005（7）.

74. 宁波建成首个智慧校园 [J]. 浙江教育技术，2013（1）.

75. 齐立森，皮宗辉，徐岫，土树国. 增强现实的技术类型与教育应用 [J]. 现代教育技术，2014（11）.

76. 上海交通大学 ATM 校园网建成 [J]. 邮电高教论坛，1996（1）.

77. 谭娇连，徐晓东. 用视频转变学生的学习方式 [J]. 中国远程教育，2013（11）.

78. 唐丽，王运武，陈琳. 智慧学习环境下基于学习分析的干预机制研究 [J]. 电化教育研究，2016（2）.

79. 童慧，杨彦军. ICT 支持的人类学习方式的发展与变革 [J]. 电化教育研究，2013（5）.

80. 王力纲. 基于 Smart Client 教务管理系统的评价 [J]. 系统科学学报，2010（3）.

81. 王强. 教育复杂性研究进展 [J]. 开放教育研究，2003（4）.

82. 王文静. 情境认知与学习理论: 对建构主义的发展 [J]. 全球教育展望，2005（4）.

83. 王佑镁，祝智庭. 从联结主义到联通主义：学习理论的新取向 [J]. 中国电化教育，2006（3）.

84. 王运武，陈琳. 多视角下的教育信息化透视 [J]. 开放教育研究，2008（3）.

85. 王运武，周静，杨曼. 新兴技术促进高等教育创新与变革——《2015 地平线报告（高等教育版）》深层次解读 [J]. 中国医学教育技术，2015（3）.

86. 王运武，周静，杨曼. 新兴技术如何变革高等教育——<2014 地平线报告（高等教育版）> 深层次解读 [J]. 中国医学教育技术，2014（4）.

87. 王运武，朱明月. 学习方式何以变革: 标准与路径 [J]. 现代远程教育研究，2015（3）.

88. 王运武，陈琳. 仿真在教育中的应用初探 [C]. 第 13 届中国系统仿真技术及其应用学术年会论文集，2011.

89. 王运武. "数字校园"向"智慧校园"的转型发展研究——基于系统思维的分析思辩视角 [J]. 远程教育杂志，2013（2）.

90. 王运武. 论创立教育信息化战略规划学 [J]. 现代远程教育研究，2016（2）.

91. 王运武. 国外中小学数字校园：进展与启示 [J]. 中国远程教育，2010（5）.

92. 王运武. 教育信息化发展亟需转型 [J]. 中国电化教育，2009（2）.

93. 王运武. 数字校园协同效应的产生及提升策略 [J]. 现代远程教育研究，2012（1）.

94. 王运武. 数字校园协同效应实现的八种作用机制 [J]. 现代远程教育研究，2012（3）.

95. 王运武. 我国数字校园研究综述 [J]. 现代远程教育研究，2011（4）.

96. 王运武. 我国智慧校园建设研究综述 [J]. 现代远程教育研究，2011（4）.

97. 王运武. 协同提升数字校园价值——基于数字校园建设案例的分析 [J]. 中国远程教育，2011（9）.

98. 王运武. 协同学视野下的数字校园建设——数字校园建设中的战略协同与团队协同 [J]. 中国电化教育，2012（7）.

99. 王运武. 协同学视野下的数字校园建设——数字校园系统的协同进化与协同发展 [J]. 电化教育研究，2011（10）.

100. 王运武．中小学数字校园优化发展的思考 [J]．中国远程教育，2010（3）．

101. 魏柏丛，梁辉芳．北邮校园网建设与应用 [J]．电子科技导报，1995（11）．

102. 魏顺平．学习分析技术：挖掘大数据时代下教育数据的价值 [J]．现代教育技术，2013（2）．

103. 温从雷，王晓瑜．马来西亚智能学校及其实施计划 [J]．现代远距离教育，2006（4）．

104. 文传源．系统仿真学科与仿真系统技术 [J]．系统仿真学报，1992（7）．

105. 吴建平．清华大学校园网——TUnet 概况 [J]．电信科学，1994（5）．

106. 吴颖骏．浙江大学：基于"云"的智慧校园 [J]．中国教育网络，2010（11）．

107. 伍必涵，施项君，钱燕鸣．汕头大学校园网 ATM 主干的实现 [J]．华南理工大学学报（自然科学版），1998（S1）．

108. 伍海波，匡静，朱承学，谢景杨．基于 MVC 的教学资源管理系统的设计与实现 [J]．计算机技术与发展，2014（7）．

109. 校园网迈进万兆时代 [J]．中国教育网络，2011（10）．

110. 辛蔚峰，刘强．利益相关者导向的学校教育信息化绩效评估——基于绩效三棱镜方法 [J]．现代教育技术，2014（6）．

111. 邢丽刃，徐博．基于云计算的网络教学资源平台建设研究 [J]．武汉大学学报（理学版），2012（S1）．

112. 许棣华，许建真．校园网无线接入技术的研究 [J]．南京邮电学院学报（自然科学版），2000（1）．

113. 严大虎，陈明选．物联网在智慧校园中的应用 [J]．现代教育技术，2011（6）．

114. 杨虎民，余武．当代大学生信息素养的现状调查与思考——以皖北地区高校为例 [J]．教育研究与实验，2014（2）．

115. 杨现民．信息时代智慧教育的内涵与特征 [J]．中国电化教育，2014（1）．

116. 于长虹，王运武，马武．智慧校园建设的现状、问题与对策 [J]．教学与管理，2015（6）．

117. 于长虹，王运武．大数据背景下数字校园建设的目标、内容与策略 [J]．中国电化教育，2013（10）．

118. 于长虹,王运武,马武．智慧校园的智慧性设计研究 [J]．中国电化教育,2014（9）．

119. 袁贵仁.在全国教育管理信息化工作视频会议上的讲话 [J]. 中国教育信息化，2013（16）.

120. 张成光. 信息素养落地——高职学生信息素养现状调查分析及培养策略 [J]. 中国信息技术教育，2014（1）.

121. 张帆.基于物联网的智慧校园建设方案探索 [J]. 安阳工学院学报，2012（2）.

122. 张虹.我国基础教育教育信息化政策二十年（1993—2013 年）——以政策文本阐释为视角 [J]. 电化教育研究，2013（8）.

123. 张一春.Web2.0 时代信息化教学资源建设的路径与发展理念 [J]. 现代远程教育研究，2012（1）.

124. 张永和，肖广德，胡永斌，黄荣怀.智慧学习环境中的学习情景识别——让学习环境有效服务学习者 [J]. 开放教育研究，2012（1）.

125. 赵国栋，王婷婷，阎妍，李志刚.校园信息化应用与发展状况分析——2010 年高校信息化调研报告 [J]. 远程教育杂志 .2011（6）.

126. 赵慧臣，马欢欢.我国教育信息化政策法规年表构建与分析 [J]，现代远程教育研究，2012（5）.

127. 赵玉.基于网络教学平台的流媒体课件与录像教材在远程学习中的效果比较研究 [J]. 远程教育杂志，2004（2）.

128. 中国电子信息产业发展研究院 .2010—2012 年中国信息化发展水平评估报告 [J]. 电子政务，2014（2）.

129. 朱洪波.南京邮电大学基于物联技术的"智慧校园"建设与规划 [J]. 中国教育网络，2011（11）.

130. 朱明月，王运武.国内数字校园研究综述分析：基于 2010—2012 年文献 [J]. 江苏开放大学学报，2015（1）.

131. 祝智庭.智慧教育：教育信息化的新境界 [J]. 电化教育研究，2012（12）.

132. 宗平.智慧校园设计方法的研究 [J]. 南京邮电大学学报自然科学版，2010（4）.

133. "互联网 +"战略上升至国家战略 [EB/OL]. http：//news.qq.com/a/20150305/040278. htm. 2015-03-05.

134. "机器人老师"会不会接管课堂？ [EB/OL]. http：//www.robot-china.com/news/201511/16/27100.html. 2015-11-16.

135. 《通信业"十二五"发展规划》等三《规划》发布 [EB/OL]. http：//www.gov. cn/gzdt/2012-05/04/content_2129697.htm.2012-05-04.

136. 4D 打印技术问世 可创造出"智能化"的物体 [EB/OL]. http：//tech.qq.com/ a/20130301/000020.htm.2013-03-1.

137. IBM. 智慧地球赢在中国白皮书 [EB/OL].http：//www-935.ibm.com/services/ cn/bcs/iibv/strategy/smarter_planet.html.2014-03-19.

138. 浙江大学智慧型校园探索 [EB/OL]. http://www.doc88.com/p-2844735495045. html.2014-09-01.

139. 蚌埠学院开启"智慧校园"之旅 [EB/OL]. http：//epaper.bbnews.cn/shtml/ bbrb/20150105/306098.shtml.2015-01-05.

140. 北京教育信息化产业联盟揭牌成立 [EB/OL]. http：//www.edu.cn/info/focus/ xs_hui_yi/201601/t20160126_1360714.shtml. 2016-01-26.

141. 北京市海淀区发展智慧教育促进教育均衡 [EB/OL]. http：//www.wxmp.cn/ cms/detail-76361-295129-1.html#.2016-06-04.

142. 财政部　住房城乡建设部关于进一步推进公共建筑节能工作的通知 [EB/OL]. http：//www.gov.cn/zwgk/2011-05/11/content_1861716.htm.2011-05-11.

143. 常熟高新园中等专业学校"智慧校园"建设规划方案 [EB/OL]. http：//www. cssysxx.com/Article/ShowArticle.asp?ArticleID=4874.2015-03-12.

144. 超轻光伏电池：可以放在肥皂泡上 [EB/OL]. http：//tech.sina.com.cn/d/ i/2016-03-03/doc-ifxqaffy3537228.shtml. 2016-03-01.

145. 仿生机器人表达愿望：想上学成家成为合法的人 [EB/OL]. http：//tech.sina. com.cn/d/i/2016-03-24/doc-ifxqswxk9561112.shtml. 2016-03-24.

146. 佛山教育信息港 . 智能教育 [EB/OL].http：//base.tt.eecn.cn/fsjbh/index.jsp. 2014-7-1.

147 关于"智慧交大"上线试运行的通知 [EB/OL]. http：//www.ecjtu.net/html/ news/rixinggonggao/20150331/33640.html. 2015-03-31.

148. 关于 2016 年 CELTSC 第一批教育行业标准立项的通知 [EB/OL]. http：// www.celtsc.edu.cn/content/ywjb/26ef87d94e9981cf015355a5822a4447.html. 2016-03-08.

149. 关于对 2012 年公共建筑节能相关示范名单进行公示的通知 [EB/OL]. http：

//jjs.mof.gov.cn/zhengwuxinxi/tongzhigonggao/201208/t20120801_671128.
html.2012-08-01.

150. 关于举办全国教育仿真技术培训班的通知 [EB/OL]. http：//218.22.0.27/news/
show.asp?tbxid=380&lb=w. 2009-09-09.

151. 关于全面提高高等职业教育教学质量的若干意见 [EB/OL]. http：//www.moe.
edu.cn/edoas/website18/50/info24250.htm. 2009-09-10.

152. 关于组织 2012 年度公共建筑节能相关示范工作的通知 [EB/OL]. http：//www.
mohurd.gov.cn/zcfg/jsbwj_0/jsbwjjskj/201204/t20120401_209374.html.2012-03-22.

153. 汪玉凯 . 中央网络安全与信息化领导小组的由来及其影响 [EB/OL].http：//
www.gmw.cn/xueshu/2014-03/04/content_10565701_2.htm.2014-09-06.

154. 国家中长期教育改革和发展规划纲要（2010-2020 年）[DB/OL.]http：//www.
gov.cn/jrzg/2010-07/29/content_1667143.htm. 2010-07-29.

155. 国务院关于积极推进"互联网 +"行动的指导意见 [EB/OL]. http：//scitech.
people.com.cn/n/2015/0704/c1007-27253601.html.20150704.

156. 杭州市教育局关于印发《推进杭州教育信息化发展智慧教育行动计划（2015-
2017 年)》的 通 知 [EB/OL]. http：//www.hzedu.gov.cn/sites/main/template/
detail.aspx?id=41479. 2014-12-26.

157. 华东师范大学：推进信息化建设，打造"智慧校园" [EB/OL]. http：//www.
chinadaily.com.cn/dfpd/dfjyzc/2015-11-27/content_14363769.html. 2015-11-27.

158. 黄荣怀 . 智慧学习环境重塑校园学习生态 [EB/OL].http：//www.ict.edu.cn/
forum/huiyi/n20140612_13981.shtml.2014-06-12.

159. 江苏教育 . 江南大学践行绿色教育 构建智慧校园 [EB/OL]. http：//www.ec.js.
edu.cn/art/2013/11/7/art_4344_138184.html.2014-7-1.

160. 江苏省职业学校智慧校园建设评价指标体系（2015 版）（征求意见稿）[EB/
OL]. http：//www.cssysxx.com/Article/ShowArticle.asp?ArticleID=5651.2015-07-15.

161. 江苏智慧教育三年行动计划（2015—2017 年）（征求意见稿）[EB/OL]. http：
//www.ict.edu.cn/laws/difang/n20141014_18401.shtml.2014-10-14.

162. 教育部 . 教育部发布《教育管理信息 教育管理基础代码》等七个教育信息
化 行 业 标 准 [EB/OL]. http：//www.moe.gov.cn/publicfiles/business/htmlfiles/
moe/s5889/201204/134097.html. 2014-09-14.

163. 教育部.教育部关于全面启动实施"教学点数字教育资源全覆盖"项目的通知（教技函[2012]74号）[EB/OL]. http：//www.moe.edu.cn/publicfiles/business/htmlfiles/moe/s3342/201211/144800.html. 2014-09-01

164. 教育部.教育部关于印发《教育信息化十年发展规划（2011-2020年）》的通知 [EB/OL].http：//www.gov.cn/gzdt/2012-03/30/content_2103672.htm.2014-09-01.

165. 教育部办公厅关于印发《2016年教育信息化工作要点》的通知 [EB/OL]. http：//www.cac.gov.cn/2016-02/28/c_1118180280.htm.2016-02-28.

166. 教育部关于深入开展节粮节水节电活动的通知 [EB/OL]. http：//www.moe.edu.cn/publicfiles/business/htmlfiles/moe/s7050/201310/158134.html.2013-09-27.

167. 教育部网站.中共中央关于全面深化改革若干重大问题的决定 [EB/OL].http：//www.moe.gov.cn/publicfiles/business/htmlfiles/moe/moe_1778/201311/159502.html.2014-09-01.

168. 莲花小学"智慧校园"建设五年规划（2015—2020年）[EB/OL]. http：//lhxx.szftedu.cn/details.aspx?id=2305.2015-11-27..

169. 刘延东国务委员在全国教育信息化工作电视电话会议上的讲话 [EB/OL]. http：//www.moe.gov.cn/publicfiles/business/htmlfiles/moe/s3342/201211/xxgk_144240.html. 2014-09-01.

170. 洛阳将全面推进智慧城市建设 打造信息产业园区 [EB/OL].http：//news.xinhuanet.com/house/gz/2014-02-18/c_119392008.htm. 2014-7-1.

171. 南京邮电大学.智慧校园 [EB/OL]. http：//my.njupt.edu.cn/ccs/main/loginIndex.do.2014-09-01.

172. 人民网.中国移动4G用户已超4000万 [EB/OL].http：//media.people.com.cn/n/2014/1005/c14677-25779230.html.2014-10-01.

173. 日产开发自动泊"椅" [EB/OL]. http：//www.wtoutiao.com/p/10eqXYs.html. 2016 02-16.

174. 厦门推出教育信息化三年行动计划：将建百所智慧校园 [EB/OL]. http：//www.edu.cn/xxh/xy/xytp/201605/t20160518_1399101.shtml. 2016-05-18.

175. 陕西省教育厅 陕西省工业和信息化厅关于印发《陕西省智慧教育建设技术标准和数据规范》的通知 [EB/OL]. http：//www.snedu.gov.cn/news/jiaoyuting/wenjian/201409/26/8395.html .2014-09-26.

176. 深圳市教育局关于印发《深圳市中小学"智慧校园"建设与应用标准指引（试行）》的通知 [EB/OL]. http：//www.szeb.edu.cn/xxgk/flzy/tzgg2/201503/t20150327_2834732.htm. 2015-03-27.

177. 世界首例！日本高中录取机器人与人类共同学习 [EB/OL]. http：//tech.gmw.cn/newspaper/2016-04/16/content_111722318.htm. 2016-04-16.

178. 市二中迈入株洲市首个"智慧校园"时代 [EB/OL]. http：//www.zznews.gov.cn/news/2014/1225/150012.shtml. 2014-12-25.

179. 我省首家"智慧校园"开建 [EB/OL].http：//news.xinhuanet.com/local/2016-05-27/c_129019327.htm.2016-05-27.

180. 西南大学"十二五"建智慧校园 [EB/OL]. http：//www.edu.cn/xy_6541/20110726/t20110726_655591.shtml. 2011-07-26.

181. 新型超薄太阳能电池板面世 成本缩减 10 万倍 [EB/OL]. http：//www.qqdcw.com/content/wjzx/2013/2/19/30558.shtml. 2013-02-19.

182. 浙江大学 . 网上办事目录 [EB/OL]. http：//www.zju.edu.cn/c2031577/catalog.html.2014-09-01.

183. 浙江大学 . 信息化建设 [EB/OL]. http：//zuits.zju.edu.cn/xxhjs/redir.php?catalog_id=187343.2014-09-01.

184. 智慧技术助力 让传统建筑工地长出"智慧大脑" [EB/OL].http：//www.afzhan.com/news/detail/44703.html.2016-03-23.

185. 中国互联网络信息中心 .ITU 新标准定义物联网并描绘其发展蓝图 [EB/OL]. http：//www.cnnic.net.cn/gjjl/gjyjydt/201207/t20120727_32808.htm.2014-10-01.

186. 中国计算机学会 . 大数据专家委员会 [EB/OL].http：//www.ccf.org.cn/sites/ccf/dsfzw.jsp，2014-09-01.

187. 中国教育仿真专业委员会在南宁成立 [EB/OL]. http：//www.dmuit.com/ZxView.asp?id=86. 2009-09-09.

188. 中国教育和科研计算机网 .2009 教育信息化基础应用水平分析报告 [EB/OL]. http：//www.edu.cn/xy_6541/20120307/t20120307_749107.shtml.2014-09-01.

189. 中国教育和科研计算机网 .高校教育信息化建设与应用水平调查 [EB/OL]. http：//www.edu.cn/20050613/3140528.shtml.2014-09-01.

190. 中国教育科研计算机网 . 数字资源全覆盖：西部 95% 教学点配上数字教学设

备 [EB/OL]. http：//www.edu.cn/zy_6504/20130303/t20130303_909974.shtml.2014-09-01.

191. 中华人民共和国公安部 . 中华人民共和国计算机信息系统安全保护条例（国务院令第 147 号）[EB/OL].http：//www.mps.gov.cn/n16/n1282/n3493/n3778/n492863/493042.html.2014-09-16.

192. 中华人民共和国信息产业部 . 电信服务规范（中华人民共和国信息产业部令第 36 号）[EB/OL]. http：//www.miit.gov.cn/n11293472/n11294912/n11296542/12154546.html.2014-09-17.

193. 中华人民共和国中央人民政府 . 公安部等通知印发《信息安全等级保护管理办法》[EB/OL].http：//www.gov.cn/gzdt/2007-07/24/content_694380.htm. 2014-09-16.

194. 中央政府门户网站 . 住房城乡建设部公布首批国家智慧城市试点名单 [EB/OL].http：//www.gov.cn/gzdt/2013-01/31/content_2323562.htm. 2014-7-1.

195. 住房城乡建设部办公厅关于开展国家智慧城市试点工作的通知 [EB/OL].http：//www.gov.cn/zwgk/2012-12/05/content_2282674.htm.2012-12-05.

196. A Brief History of Aircraft Flight Simulation[EB/OL]. http：//homepage.ntlworld.com/bleep/SimHist1.html. 2009-09-08.

197. America's Digital Schools[EB/OL]. http：//epotential.education.vic.gov.au/showcase/download.php?doc_id=818. 2009-07-27.

198. Anthony Emeakaroha，Chee Siang Ang，Yong Yan. Challenges in Improving Energy Efficiency in a University Campus Through the Application of Persuasive Technology and Smart Sensors[J]. Challenges，2012（2）.

199. Big Data Across the Federal Government [EB/OL].http：//www.whitehouse.gov/sites/default/files/microsites/ostp/big_data_fact_sheet_final_1.pdf，2014-09-01.

200. Brief history of 'simulation' in midwifery education[EB/OL]. http：//www.studentmidwife.net/educational-resources-35/midwifery-history-43/1631-brief-history-simulation-midwifery-education.html. 2009-09-08.

201. George Siemens. Connectivism：A Learning Theory for the Digital Age [J]. Instructional technology &distance learning，2005（1）.

202. George Siemens. Narratives of coherence：sense making and way finding in complex information ecologies ［EB/OL］.http：//www.slideshare.net/gsiemens/sensemaking-and-wayfinding.2014-09-01.

203. Information Literacy Competency Standards for Higher Education[EB/OL].http：// www.ala.org/acrl/sites/ala.org.acrl/files/content/standards/standards.pdf.2014-8-30.

204. Introduction to Simulation[EB/OL]. http：//www.eng.uwi.tt/depts/mech/ieOld/ ugrad/courses/ieng3016/Simulation/Chapter1.pdf. 2009-06-03.

205. Jeremy Ginsberg，Matthew H. Mohebbi，Rajan S. Patel1，Lynnette Brammer， Mark S. Smolinski1 & Larry Brilliant.Detecting influenza epidemics using search engine query data[J].Nature，2009，457：1012-1014.

206. Johnson，L.，Adams，S.，and Cummins，M.（2012）. NMC Horizon Report： 2012 Higher Education Edition[R]. Austin，Texas：The New Media Consortium.

207. Khabou Nesrine，Rodriguez Ismael Bouassida，Gharbi Ghada，Jmaiel Mohamed. A Threshold based Context Change Detection in Pervasive Environments：Application to a Smart Campus[J]. Procedia Computer Science，2014，32：461-468.

208. S. Omidinia，M. Masrom，H. Selamat. Adopting ICT for interactive learning：smart school case in Malaysia[J]. International Journal of Academic Research Part B，2012， 4（4），107-115.

209. Service Oriented Architectures [EB/OL]. http：//www.gartner.com/ DisplayDocument?doc_cd=29201. 2010-07-06.

210. Service-oriented architecture [EB/OL]. http：//en.wikipedia.org/wiki/Service- oriented_architecture. 2010-07-06.

211. SIM0183 Simulation[EB/OL]. http：//staff.unak.is/not/andy/Year%203%20 Simulation/Lectures/SIMLec2.pdf. 2009-06-03.

212. Systems Simulation[EB/OL]. http：//en.wikipedia.org/wiki/Systems_Simulation. 2009-06-03.

213. The 2009 21st-Century Campus Report：Defining the Vision[R]. CDW-G 2009 21st-Century Campus Report，2009.

214. The ADS2006 Report[EB/OL]. http：//ads2008.org/ads/Report06. 2009-07-27.

215. The Campus Computing Survey[EB/OL]. http：//www.campuscomputing.net/ survey. 2010-07-13.